韓国の国際ビジネス

――グローバル時代の市場変革――

クォン・オユル 著

奥 本 勝 彦 監訳

中央大学企業研究所
翻訳叢書13

中央大学出版部

日本語版への序文

　本書は，韓国における国際ビジネスの環境と経営のダイナミックスの最近の発展を示している．1960年代初めから，1997年の金融危機に陥るまで，韓国経済は成長し続けた．金融危機に対応して，韓国は，国主導の産業経済を市場志向で知識に基づいた経済へ押し進めるために，ドラスティックな経済改革を行った．それによって韓国はグローバル時代を受け入れた．経済は，ドラスティックな改革のおかげで危機からすばやく立ち直り，それ自体2005年までに世界の11番目の経済大国として基盤を固めた．経済改革とともに，韓国社会は，価値体系を転換し，独裁政権から成熟した民主主義へ政治制度を転換させた．韓国の経済，社会，政治の変化と平行して，国際ビジネスの環境と慣行は，最近注目に値する進化を行ってきた．この進化が，本書の主題である．

　グローバル時代に韓国市場の進化を追究する際に，本書は，ビジネスの環境と慣行に対する制度的転換の影響の慎重な分析を可能にする制度的アプローチを採用している．このアプローチを利用することによって，本書は，韓国で国際ビジネスのためのマクロの環境とミクロな経営の両者をカバーし，国際ビジネスに対する韓国のアプローチを理解するために貴重な情報を提供する．韓国における国際ビジネスの環境と慣行が1997年の金融危機を受けて変質を遂げたが，世界中で市場慣行と経営システムを同質化するのに役立つグローバリゼーションのもとでさえ，それらはその特異な文化と制度のため，依然として一部の顕著な特徴を維持している．

　1960年代初頭から1980年代の終わりまで，韓国の経済発展戦略は日本にならってモデル化された．そして，2つの経済大国は，互いに多くの点でまさに比較可能であった．そして，それは，広範囲な国の介入，政府と企業の馴れ合いの関係，企業コングロマリットの発展を含んでいる．韓国のビジネス部門

は，組織構造と経営システムでも日本を模倣してきた．そのうえ，2つの近隣国は，両国とも儒教の影響のもとで文化と制度のさまざまな面を共有している．ところが，日本と韓国の経済とビジネス制度間のように現代史において2ヵ国間の経済とビジネスでそのようなパラレルな発展を見出すことは困難であろう．

しかしながら，1990年代の夜明けまでに，2つの経済大国間の類似性は，薄らぎ始めた．日本経済の成長は，1980年代後半の過剰投資の影響と，株式市場や不動産市場の過剰投機を絞る上での国内政策の失敗のために，主に1990年代に減速した．このことが，成長の停滞をもたらし1990年代の10年間の日本経済を先導した．日本は，経済部門とビジネスや金融部門に真剣に取り組んで構造改革を行うことなく経済的病弊を乗り越えようとしたために，2000年代まで経済停滞を引きずった．

一方，韓国は，1990年代のはじめから資本市場を含んで経済を広く開放した．主に負債資本によるチェボルの過度の拡大によって，韓国の経済は，1997年に金融危機に陥った．そして，金融危機に対応して，韓国はビジネスと金融部門を含む経済においてドラスティックで全面的な改革を行った．それによって経済を自由化し，国際化した．これらのドラスティックな改革のおかげで，韓国の経済は，すばやく金融危機から立ち直って，その後比較的健全な成長を維持してきた．

これらの大きな制度改革は，金融危機以来10年にわたる韓国の国際ビジネスの環境と経営システムの転換の主要な推進力であった．1997年の金融危機以前では，多くの観測筋によると，ビジネスを行う外国人にとって世界でもっともむずかしい国の1つと韓国はみなされた．しかしながら，危機に対応した救済策は，外国企業を妨げていた多くの障害を取り除くことによって，韓国の国際ビジネスの環境と慣行を転換させた．国内市場はグローバルな実業界に広く開放され，そのビジネス・システムは西洋のものへと移行された．

韓国のビジネス慣行も，著しく改善された．透明性と説明責任は，コーポレート・ガバナンスの改善を通してビジネス経営を向上させた．そのことによって，韓国市場はより競争的で効率的になった．それでも，金融危機から10年

のすべての変化のために，最近の制度的発展の他に類のない方法とともに韓国の社会に深くしみ込んだ特異な文化は，韓国の市場とビジネス慣行が独特なままであることを守っている．それゆえ，日本と韓国が 1990 年代半ばから 20 年間に国際ビジネスの環境と経営システムと同様に，経済システムできわだったコントラストになった点に注目するべきであろう．

　韓国の経済は，もはや日本経済の先例にならってはいない．その独特の政策環境の下で韓国の経済戦略は，必然的に日本のそれらから袂を分かつルートをとった．そこで，韓国における国際ビジネスの環境と慣行も，日本のものとは著しく違った発展をしてきた．韓国の経済と同様にその経営は，今やグローバル市場の多くの分野で日本に対する手ごわい競争者であり，挑戦者である．それゆえ，ビジネス・パーソンと同様に日本の政策担当者が韓国における国際ビジネスの環境と経営のダイナミックスを理解し，正しく評価することは重要である．日本がかつて経験したこともなかった韓国の国際ビジネスのダイナミックスの洞察を理解する際に，本書が日本の読者にとって大いに役に立つことが望まれる．

2012 年 4 月

クォン・オユル
（O. Yul Kwon）

はじめに

　本書は，韓国の国際ビジネスにおける環境のダイナミックスと経営の特質を研究する．1960年代の初頭から，韓国経済には，1997年の中頃に多くの東アジア経済を突然襲った金融危機が怒涛のごとく押し寄せてきた．金融危機で苦しんでいるいずれの国とも違っていると韓国の国民経済は見られたが，金融危機からの決定的な回復は，韓国を2005年までに世界で11番目の大国として確立させた．構造改革に関する政府の方策は，国主導の産業経済から市場志向へ，知識に基づいた経済や情報に基づいた経済へ推し進めるように国際通貨基金（International Monetary Fund：IMF）によって課された回復計画をはるかに上回っていた．韓国の社会は，社会階層や価値体系を転換した．また，韓国の政治体制も，一連の独裁体制から十分に成熟した民主主義へ転換した．韓国の経済，社会，政治と同時に，国際ビジネス環境やビジネス慣行は，最近著しい進化を遂げてきた．この進化は，文献ではほとんど注目されてこなかったけれども，本書の主題になっている．

　本書は，多くのきわだった特徴をもっている．第1に，本書は，台頭しつつあるグローバリゼーションや情報の時代のもとで韓国市場の進化を追究する上で，制度的視点を採用している．制度的研究方法は政治学，社会学，経済学などという種々の学問から導き出されたものであるが，これによって，ここで検討されるビジネス環境や経営慣行の転換の中核である制度的移行の慎重な分析が可能となる．制度的な眼鏡をかけて見てみると，国の文化的特質と制度が必然的にビジネス環境や慣行で固く保持されている一方，グローバリゼーションは，世界的規模で企業行動や市場慣行を同質化させるのに役立っているが，韓国の市場と経営慣行が独自の特徴をもち続けるであろうという評価を生み出している．

第2に，本研究の広範囲にわたる研究方法は，マクロ的な国際ビジネス環境とミクロ的な企業経営の両者をカバーしている．マクロ・レベルでは，カントリー・リスクや輸入市場の形態におけるビジネス・チャンスと文化的影響までを分析する．また，これらは，文献でほとんど関心を引いてこなかったものである．ミクロ・レベルの分析では，企業の交渉スタイル，経営倫理，国際合弁事業の経営などを見通す分野の検討を含んでいる．このようにして，本書は，学問的目的でも，韓国市場への参入を考慮し，あるいは，この市場ですでに経営している外国企業の業績を改善しようとしている直接の実務目的でも，国際ビジネスについて韓国の例を理解しようとしている人々にも貴重な情報を提供する．

　第3に，本書は，公表されている資料と同様に電子版の英語と韓国語の文献からばかりではなく，研究者として，実務家としての著者の経験からも広範囲にわたって描かれている．本研究を準備する際に，著者は，韓国ビジネスの幅広い経験に教えられた．著者は，外国人が学究目的で韓国を訪問することにかかわり，韓国市場に関連したプロジェクトのコンサルタントとして長年にわたる経験を有している．韓国企業に従事していたビジネス・パーソンとして，翻訳者として，韓国銀行の理事として，著者の経験は，韓国ビジネスに関して直接体験した知識を発展させる豊富な機会と，金融危機後の転換期における韓国の国際ビジネスの市場主導型経済への移行に対する洞察とを提供した．また，著者は，韓国における外国企業のビジネス・パーソンに対して調査やインタビューを行い，そしてこのことが本書の研究に知識を与えたので，経験的研究に貢献している．

　1996年以来，オーストラリアのグリフィス大学（Griffith University）で「韓国の国際ビジネス（International Business in Korea）」というタイトルの講座を担当するなかで，著者にとって本書の必要性が明らかとなった．1冊の書物でこの主題を広範囲にわたって取り扱った書物はまったく存在していない．そのうえ，関連した情報は散在しており，十分な情報に基づいた説明を行うには適切ではなかった．国主導のシステムを放棄して以来，韓国の政治的，社会的，文化的生活と同様に，韓国経済の転換は，国際ビジネスの部門でかなり発展した

ことが見られた．この発展は，韓国における国際ビジネスの進化を理解するのにきわめて重要であるが，北東アジアの戦略的にダイナミックな地域における韓国の経済的強さのゆえに，それが受けるに値する注意深い検討を避けてきた．一部の章は，制度改革のスピードとその結果が本書の作成を追い越してしまったので，何度も書き変えられた．グリフィス大学の講座の大学生は，数年にわたって本書のいくつかの章にコメントしてくれた．

　多くの人々が，本書の作成に貴重な貢献をしてくれた．本書は，ソウルにある韓国財団（Korea Foundation）の資金援助を受けたリサーチ・プロジェクトの一部であり，著者は，深謝の意を表わしたい．著者は，草稿の段階でコメントしてくれたグリフィス大学の同僚であるラリー・クランプ（Larry Crump），ピーター・ロス（Peter Ross），ディビッド・シャック（David Schak）に感謝申し上げる．優れた研究支援と本書の念入りな編集に対しては，特にダニエル・ハーバーソン（Daniel Halvorson）の名をあげておかなければならない．また，出版社の厳しい要請を満たすために細部にわたって注意深く能率よくチェックしてくれたロビン・ホワイト（Robyn White）にも感謝する．おそらくもっとも重要なことであるが，著者が数年にわたり四六時中，研究室で研究し，本書を書くことに埋もれていた間に，不平不満を言うこともなく，家で一人待っていた妻，クォン・ジョアン（Joanne Kwon）に深く感謝の意を表わしたい．それゆえ，著者は，感謝の気持ちをこめて本書を贈るものである．もちろん，本書の内容で過誤や不足があれば，それは著者に帰するものである．

クォン・オユル（O. Yul Kwon）

訳者まえがき

　中央大学企業研究所におけるプロジェクト「韓国の経済と経営に関する研究」グループは，韓国の経済や経営，特に，1997年以降のそれらの変容に関心をもち，研究を重ねてきた．韓国は，高度経済成長期，すなわち，1969年から1996年に著しい発展を遂げた．ところが，1997年のタイバーツに端を発した金融危機は，韓国をも容赦なく襲った．IMF資金の導入によって，「漢江（ハンガン）の奇跡」といわれるほどの急速な回復を果たし，韓国は，世界の最貧国の1国から先進国の1国へ飛躍的発展を遂げた（本書，第1章）．そして，1997年の金融危機以前にあっては，わが国と同様に終身雇用や年功序列制度が一般的であった．しかしながら，今日では，経営上の理由での解雇が認められ，非正規労働者が増大し，すでに50パーセントを超えている．わずかずつであるかもしれないが，欧米型の経営に変容しつつある．しかし，これについては，韓国人の見方と欧米人の見方には若干の違いがあるようである（本書，第9章）．

　本書は，韓国企業，政府，制度，労働者，韓国人のものの考え方などについて，韓国人研究者の手によって書かれたものである．韓国企業や韓国人と国際ビジネスを行う上では，ぜひとも理解しておかなくてはならないことが多く述べられている．日本や日本人を一言で表現できないのと同様に，韓国や韓国人も一言ではなかなか表現できないであろう．韓国でも日本同様に，朝鮮王朝の末期に，外国との交流を禁止する「鎖国政策」が行われていた．また，わが国とは違い島国ではないけれども，韓国社会は，外国人に対して閉鎖的であった．そのうえ，外国人の土地所有が長く禁止されていたため，中華街がないことも世界的に見てもきわめて珍しいことである（本書，第5章）．韓国人は，外国の商品や会社を敵対視することをすっかりナショナリズムとみなし，韓国社

会は，最近まで外国人に閉ざされていた（本書，第3章）．

　さらに，韓国企業では，契約は，単なる申し合わせに過ぎず，ひとたび契約し，契約書を交わしても，材料費等の高騰によっては，その契約の値上げもありうる．また，Phau and Kor-Weai Chan（2003）によれば，ナショナリズムと自民族中心主義については，その両者において日本やシンガポールがもっとも低く，韓国やタイがもっとも高いことが調査によって明らかにされている[1]．そのうえ，韓国は階級社会（貴族と学者，農民，商人，職人，奉公人）であった．もちろん今日ではそうではないであろうが，このことや儒教の影響などによって，企業内においても，常に年長者や上司を立てようとする傾向がうかがえる．

　また，企業についていえば，韓国企業，特に韓国の財閥であるチェボルの行動様式としては，拡大・成長・多角化という路線が一貫してとられてきた．その多くは，負債資本によって行われた．それを支援したのは，政府の介入であった．また，1997年の金融危機以前にあっては，外国企業が韓国へ参入しようとしても，直接的ではなくとも，参入の手続きを複雑化することによって外国企業の参入を阻んできた．

　したがって，このような韓国の状況によれば，韓国のビジネス慣行を十分に知ることが，韓国企業との取引，あるいは，韓国企業と合弁企業を設立するに当たっては，きわめて重要なことと考えられる．それについて，本書は，十分に答えてくれるものと思われる．韓国の経済や経営を研究するものにとって，また，それらと取引を考えているビジネス・パーソンにとって，格好の書物といえよう．ただただ，韓国，韓国企業，韓国人をすこしばかりでも理解する一助になれば，翻訳者としてはこれにすぐるものはない．

　また，本書の訳出に当たっては，オリジナルでは，North and South Koreaという場合には，北朝鮮と韓国，North and South Koreanの場合には北朝鮮の人々や韓国の人々，単にKoreanという場合には，朝鮮の人々と訳した．非常に微妙な問題を含んでいるが，細心の注意を払って訳出したものであるが，十分でない点があれば，その都度修正していくつもりである．

　本書 "International Business In Korea : The Evolution of the Market in the

Globalization Era"（O. Yul Kwon, 2008, Edward Elgar Publishing : UK, USA）の翻訳に当たっては，著者であるグリフィス大学教授のクォン先生が快諾してくださったばかりではなく，また，本書の出版に当たっては，クォン先生ならびに出版社である Edward Elgar 社の Laura Elgar 氏のご好意によって翻訳に当たって特段の便宜をはかっていただいたことに対して心から感謝申し上げる次第である．

さらに，出版に当たっては，中央大学出版部に一方ならぬお世話になったことを記し，感謝申し上げる次第である．また，資料の整理に当たっては，金貞姫先生に労をとらせてしまった．御礼申し上げる．

監訳者　奥　本　勝　彦

注

1) Ian Phau and Kor-Weai Chan (2003), "Targeting East Asian markets : A comparative study on national identity", *Journal of Targeting, Measurement and Analysis for Marketing*, Vol. 12, No. 2, pp. 157-72.

目　　次

日本語版への序文

はじめに

訳者まえがき

序　章……………………………………………………………… 1

第Ⅰ部　韓国における国際ビジネスの環境

　第1章　ビジネス・チャンス：韓国の経済的展望…………… 15
　　1.1　はじめに　15
　　1.2　奇跡的発展：1963-96年　17
　　1.3　1997年の金融危機と改革　26
　　1.4　韓国経済の見通し：成長の可能性　33
　　1.5　おわりに　35

　第2章　韓国の政治的リスクの評価：韓国と北朝鮮間の経済関係，
　　　　　政治，政府―企業関係…………………………………… 41
　　2.1　はじめに　41
　　2.2　韓国と北朝鮮間の経済関係　42
　　2.3　韓国政治における最近の進展　48
　　2.4　政府―企業関係　57
　　2.5　韓国のカントリー・リスクと政治的リスクの測定　61
　　2.6　おわりに　69

第3章　転換期における韓国の社会と文化……………………………… 77
　　3.1　はじめに　77
　　3.2　韓 国 文 化　79
　　3.3　韓国文化に対する歴史的影響　81
　　3.4　韓国文化に対する宗教的影響　84
　　3.5　韓国の工業化と文化：現代社会への転換　90
　　3.6　現代の韓国社会の特徴　94
　　3.7　1997年の金融危機後の韓国社会　95
　　3.8　お わ り に　98

第4章　転換期における韓国市場の構成………………………………… 103
　　4.1　はじめに　103
　　4.2　韓国の輸入市場：傾向と将来性　104
　　4.3　貿易体制の自由化　109
　　4.4　消費者市場の人口統計的・文化的特徴　112
　　4.5　流通システム　118
　　4.6　電子商取引　121
　　4.7　お わ り に　126

第5章　韓国の対内FDI：体制の変化と展望…………………………… 135
　　5.1　はじめに　135
　　5.2　韓国のFDIにおける最近の進展　137
　　5.3　韓国のFDI体制　144
　　5.4　韓国におけるFDI停滞の原因　147
　　5.5　外国人ビジネス・パーソンの認識　153
　　5.6　お わ り に　155

第Ⅱ部　韓国におけるビジネス経営と管理

第6章　韓国におけるビジネス交渉：異文化的側面 …………………… 165
- 6.1　はじめに　165
- 6.2　国際ビジネス交渉のモデル　167
- 6.3　ビジネス交渉に関連した韓国の文化的特性　169
- 6.4　韓国人の交渉過程の特徴　171
- 6.5　韓国におけるビジネス交渉の倫理　183
- 6.6　韓国における国際ビジネスのインプリケーション　187
- 6.7　おわりに　189

第7章　韓国の経営倫理 …………………………………………………… 195
- 7.1　はじめに　195
- 7.2　経営倫理の概念的問題　197
- 7.3　経営倫理の重要性の増大　199
- 7.4　韓国の経営倫理　202
- 7.5　韓国における低レベルの倫理と高レベルの汚職の理由　206
- 7.6　経営倫理を向上させるために韓国は何をしたか　212
- 7.7　おわりに　214

第8章　転換期における韓国の経営システム ………………………… 221
- 8.1　はじめに　221
- 8.2　韓国の経営システムの顕著な特徴　223
- 8.3　韓国経営の制度的影響　229
- 8.4　最近の制度的変更　233
- 8.5　転換期における韓国経営　235
- 8.6　変革期にある韓国経営システムの外国人による認識　239

8.7　おわりに　240

第9章　転換期における韓国の労働市場とHRM ………………… 245
　　9.1　はじめに　245
　　9.2　韓国の労働市場　246
　　9.3　労使関係と労働基準　252
　　9.4　Ｈ　Ｒ　Ｍ　256
　　9.5　韓国のHRMに関する外国人の認識　266
　　9.6　おわりに　267

第10章　韓国におけるIJV：顕著な特徴と経営 ………………… 277
　　10.1　はじめに　277
　　10.2　IJV：動機づけと成功要因　278
　　10.3　韓国におけるIJV　283
　　10.4　韓国におけるIJVの経営　291
　　10.5　おわりに　299

序　章

　本書は，前例のない経済成長のおよそ30年（1963年から1996年）から1997年の金融危機後の回復期までの韓国のビジネス環境と，経営実務における転換期を分析しようとするものである．また，それは，グローバリゼーションのもとで韓国の国際ビジネスの将来性を批判的に評価する．韓国のビジネス環境と実務は，国民経済が朝鮮戦争に続いて離陸し始めて以来，国際ビジネスにおける最近の発展の状況を批判的に分析されることはなかった．また，韓国における将来の国際ビジネスに対する戦後の経済発展の意味合いを注意深く考察されることもなかった．本書は，韓国経済の重要な側面として国際ビジネスに対する実務的情報と同様に，アカデミックに分析することによって文献の空白を埋める一助となることを意図している．

　1997年の金融危機以前，多くの人々は，外国人がビジネスを行うのに世界でもっとも難しい国の1つとして韓国を見ていた．外国企業がビジネス・チャンスの出現を利用するために韓国における国際ビジネス環境を理解しようとしたとき，その難しさによって，韓国市場，企業文化，経営システムのきわだった特徴は国際的な注目を集めた．しかしながら，1997年の金融危機の救済策は，外国企業に，韓国でビジネスを行うことを思いとどまらせた多くの障害を取り除くことによって，韓国の国際ビジネス環境と経営慣行を転換させた．国内市場は，グローバル・ビジネスの社会へ広く開放され，そして，ビジネス・システムと慣行は，西洋諸国のものへと移行した．しかし，金融危機以後の10年間の変化にもかかわらず，近年の制度的発展の1つの方法とともに韓国社会に深くしみ込んだ特異な文化が，韓国の市場と経営慣行が依然として特異なままであることを確かなものにしている．

　1960年代からの韓国経済の成功については，十分に解説し，どのようにし

て世界でもっとも貧しい国からわずか一世代でもっとも豊かな国の1つへ急に躍り出たかを立証している．国民経済は，1963年から1996年までの期間に8.8パーセントの年成長率を記録した一方，1人当たりの所得は，100USドルから10,548USドルへ100倍も増大した（Kwon 1997）．1996年に，韓国は，29番目の加盟国としてOECDへ加盟した．また，成功した経済発展の教科書的な事例として広く国際的論議を促した．

しかしながら，突然に，また，予想だにしていなかったが，韓国は，1997年の中頃に種々のアジア経済に打撃を与えた金融危機へ引き込まれた．そこで，1960年代の初頭以来となる，6.9パーセントのマイナス成長を1998年に記録し，最悪ともいうべき経済的挫折を経験した．韓国政府は，IMFの条件付き救済パッケージをすばやく受け入れ，それに合わせて，民営化，労働市場の調整，その他の法案によって国民経済を自由化するための徹底した改革プログラムに着手した．金融危機からの初期の回復の兆しは，1999年から2005年までの期間における年5.6パーセントの成長率というかたちで，1999年の初めから国民経済データに現れた（Bank of Korea: BOK 2006）．韓国のGDPは2005年に7,910億USドルへ，また1人当たりGDPは16,438USドルへ増大した．この成果によって，そのときまでに，韓国経済は世界で11番目の経済大国になった．そのような実績は，今度はそのような急速で力強い回復を可能とし，それを成し遂げるために変化した特徴に関連していたので，韓国経済のきわだった特徴について広く国際的論議を再び促した．

明らかに，1997年の金融危機に対する国としての対応は，韓国のビジネス環境と実務の著しい変化を生み出した．IMFの救済パッケージに付随する条件によって，韓国政府は，企業経営を形成する制度によって経済を国際化し，自由化するための具体的な改革を実施することを義務づけられた（Kwon 1998）．国際化は，外国企業に対する経済の開放を必要とする一方で，自由化は，国主導の経済から市場志向の経済への移行を誘導することを必要とした．

国の経済的，政治的，社会的制度によって行われたこれらの主要な制度改革は，金融危機以後の10年にわたって韓国のビジネスと経営を転換させた主要な推進要因でもあった．それらは，コーポレート・ガバナンスの改善によって

企業経営における透明性と説明責任を増大させ，より競争的で効率的な韓国市場を生み出した．韓国の政治制度は，一連の独裁主義体制から，活気に満ち，十分に自立できる民主主義体制へ転換した．韓国の社会と文化は，経済的・政治的転換と並行して必然的に変化した．韓国のビジネス環境と経営システムを転換させたこれらの基本的な移行に続いて，韓国は，短期的には著しく成功した一方，厳しく統制され，保護されていた市場から，自由化され，国際化され，再び経済のグローバリゼーションの状況のもとで大いに成功した国内市場の進化に対する調査に適した，魅力的な例を示している．

　この韓国の経済的ドラマは，1997年の金融危機以降明らかになったけれども，韓国の国際ビジネス環境とビジネス・システムに関する文献の批判的解釈と再評価を求めている．というのは，初期の研究の大部分は，金融危機が打撃を与えてから10年経って入手できるようになった情報と洞察を利用できなかったからである．韓国の国際ビジネスにおける大きな変遷やその将来の潜在能力を解明するために再評価が必要である．この発展の突然で，予想もしなかった，革命的なほどの性質のために，韓国ビジネスの変遷と国際ビジネスの特質に関する新しい認識は，依然として発展の初期の段階にある．クォン（Kwon 2001, 2004, 2005, 2006），リー（Lee Y. I. 2004），ローリイ（Rowley 2002），ローリイならびにベ（Rowley and Bae 2003, 2004）は，この豊かな分野の諸側面を追究しようと試みた．しかしながら，今日の韓国の国際ビジネス環境と経営の「全体図」をつかむために，将来の展望の詳細な情報，分析，評価を一緒に引き出す広範囲にわたる研究が明らかに必要である．本書はこのことを追究する．

　既存の文献がほとんど注意を払ってこなかったもう1つの重要な側面は，韓国ビジネスの最近の発展に関する外国人の視点である．韓国が真に外国企業を誘致しようとするならば，外国企業が韓国の国際ビジネス環境と実務の進化をどのように考えているかは，すでに韓国市場に参入しているか，または参入を計画している外国企業にとってばかりではなく，韓国にとってもきわめて重要である．この重要な問題は，学問的範囲を超えており，本書はこのことを取り扱うことを試みる．

　本書が明らかにするように，韓国の国際ビジネスは，ビジネス環境や経営の

ダイナミックスにおける違いゆえに，主としてその他の国々におけるものとは違いがある．それゆえ，韓国のこのような環境を経験したことがないか，なじみのない外国企業には，リスクの高い事業が成功するかどうかを学ばなければならない多くのことがある．ビジネス環境は，収益性と同様にビジネス・チャンス，カントリー・リスク，文化，市場の形態，海外直接投資（Foreign Direct Investment：FDI）に関連した規制などを含んだ多くの範囲に広がっている．韓国市場への参入を決定するときに，外国企業は，ビジネス・チャンス，政治的リスク，カントリー・リスクのバランスを比較考量しなければならない．また，それらは，韓国における経営実務の規範を理解する必要がある．韓国企業や韓国の文化におけるそれらの基盤の特定の側面に関する知識は，交渉過程や経営倫理から一般的経営管理や人的資源管理の範囲にまで及んでおり，韓国で国際的合弁事業を経営することについての特定の知識と同様に不可欠である．本書で取り扱われるテーマの広範囲にわたる性質は，これらの情報の必要性に直接対応している．

　レディング（Redding 2005）は，国際ビジネスを説明することに対する伝統的な取り組みの弱さが，歴史，文化，制度の影響を含んだ状況の不十分な取り扱いにあると主張する．本書は，レディングの立場を認め，そして，ビジネス・システムが制度的に構造化され，制度上の違いがさまざまな種類のビジネスを結果としてもたらすというウィトレイ（Whitley 1991）の主張によって導かれた制度的視点を採用する．ホッジソン（Hodgson 1998）が指摘したように，制度的取り組みによって，社会的，政治的，経済的制度の変遷を詳細に描写することができ，企業行動やビジネス環境に対する制度的変遷のインパクトに焦点を当てることができる．本書は，ノース（North 1990）によって提案された制度の概念を用いる．それは，制度を社会における「ゲームのルール」として見ており，公式の文書になった規則と同様に，文書になっていない非公式のルールあるいは文化を含んでいる．

　制度的取り組みは，経済学と同様に，政治学，社会学，人類学の洞察力を認識しているので，率直にいって学際的である．また，それは，すべてを包括する一般理論を生み出そうとする試みよりもむしろ進化論的である．それゆえ，

本研究は，歴史，社会，文化，政治などの複合的な視点によって韓国の制度的状況を検討し，この点から韓国市場やビジネス・システムの諸側面を分析する．制度に対する企業経営の影響の論理的ループが無視されないように留意するべきである．むしろ，この課題を対処可能の状態にしておくために，韓国における制度的変化からビジネス環境や経営の変化への因果的フローに焦点がおかれる．

　一連の8つの命題が，この主題に関する英語と韓国語の文献の徹底した調査から導き出された．これらの命題は，韓国におけるビジネスの環境と経営にとっての制度的変化の関連性を要約している．それらは，以下の通りである．

1．1997年の金融危機に続いて起こった公的な制度の著しい変化は，韓国ビジネスと経営の転換の道筋を決定する主要な力である．
2．グローバリゼーションと情報の時代の出現に対応して，韓国の経済政策のパラダイムは，徹底した国の介入を伴う国主導の工業政策を発展させることから市場志向経済や知識に基づいた経済を促進することへ移行した．このパラダイムの移行は，韓国におけるビジネス・チャンスや市場の形態にとって重要な意味合いをもっている．
3．金融危機のショックとその結果として起こった制度改革は，グローバリゼーションと相まって，韓国の社会と文化を変化させた．韓国人は，外国のビジネスや文化を尊重するようになり，古い時代にあった極端な愛国心は，すっかり消え去った．文化的変化のもう1つの現れは，個人的な人間関係の重要性が低下したことと，ビジネスを行い管理する際の非個人的活動の重要性が高まったことである．
4．韓国の制度改革と同時に起こった十分に自立できる政治的民主化は，政治過程における透明性と説明責任を高め，国際ビジネスの政治的リスクを減少させることに資するだろう．
5．制度改革の結果もたらされた国際化は，外国の企業にとって韓国の国際ビジネス環境の魅力を増大させた．このことは，商品やサービスの取引ばかりではなく，韓国へのFDIの流入をも促進した．

6．市場を自由化する動きは，国内企業，特にチェボルという財閥に対する国の干渉政治——国の介入，保護，補助金——を減少させた．このことは，韓国市場における外国の競争者に多くの公平な競争の場を提供することになった．

7．透明性，説明責任，小口株主の保護によるコーポレート・ガバナンスの改善によって，金融リスクやビジネス・リスクと，国際ビジネスとの取引や代理店コストはともに減少した．このことによって，韓国市場はより効率的で競争的になった．

8．近年の韓国社会における労働市場の改革や民主的変化は，人的資源管理（Human Resource Manegement：HRM）のほとんどの様式や気風を変えた．

　これらの命題は，注意深く追究され，次に述べる10章にわたって展開される．本書の分析範囲が国際ビジネスのほとんどの伝統的な分析の範囲を超えるので，韓国のケースに特に関連した幅広いさまざまな論題が，これらの章で追究される．本書は，ビジネス交渉や経営倫理を考察するばかりではなく，国際的合弁事業に関連した問題が韓国における国際ビジネスの重要な分野となることから，それらも取り上げる．各章は，それぞれの章の主題に関連した国際ビジネスの状況の記述ではじまり，その進化を説明し，最近の制度改革やその結果を検討する．

　本書が追究する2つの相互に関連した流れ——環境のダイナミックスと韓国における企業経営の特質——に関連していることから，本書には2つのセクションが設けられている．前半の5つの章は，第Ⅰ部をなし，そこでは，韓国企業や外国企業の特質や動機づけ，取引や投資の特徴を説明するために韓国における国際ビジネスのマクロ環境を追究する．第Ⅱ部は，後半の5つの章から成り立っているが，韓国におけるビジネス経営や経営管理のミクロ過程を述べる．

　第1章は，韓国におけるビジネス・チャンスの検討によって，韓国の国際ビジネスのマクロ環境に関する第Ⅰ部の議論をはじめる．これは，特に外国の視点から国際ビジネスにおけるもっとも重大な問題の1つである．ビジネス・チ

ャンスを評価する方法として，この第1章は，最近の40年にわたる韓国の急速な経済発展と重要な貢献要因，特に重要な制度的状況を考察する．それから，本章は，成功した成果をあげたこの期間から1997年の金融危機そして新しい21世紀の到来による急速な復活までの韓国経済の変遷を批判的に検討する．特に国の過度な介入のために，制度が効率的に適応することができないことが，金融危機の主要な理由として明らかにされた．次に金融危機に対応して追求された思い切った制度改革が批判的に検討される．また，本章は，一連の政策指針を提案し，そして，出現しつつある政策環境のもとで経済の中期的展望を評価する．

第2章は，国際ビジネスを行う際に，ますます重要となっているカントリー・リスクを検討する．北東アジアという場所を考慮すると，韓国の国際的な地政学的関係，特に北朝鮮との関係によって，韓国への市場参入を考えている外国のビジネス・パーソンにとってカントリー・リスクが重要な関心事となっている．本章は，韓国と北朝鮮の政治的，軍事的コンフリクトを評価する方法として，両国の経済関係に特別な注意を払うことによって，これらの国際関係に関して韓国のカントリー・リスクを評価する．また，この第2章は，国内状況がカントリー・リスクを評価する際の手段であることを認識しており，したがって，韓国のカントリー・リスクを形成する主要な要因を評価するために韓国における政治的安定性，民主的説明責任，政府と企業との関係などを考察する．

国際ビジネスを行おうとしているホスト国の文化を理解する重要性は，広く受け入れられてきた．ウィトレイ(1999)が述べたように，文化は，公の制度の基礎となっており，同様にビジネス・システムの基礎となっている．韓国の場合には，文化が公の制度の基礎となっているばかりではなく，それは，本書で検討されるように，韓国の国際ビジネスのあらゆる分野にも直接，間接に影響を及ぼしている．第3章は，韓国の文化とその歴史的発展の特質を検討する．伝統的な文化の顕著な側面と最近の文化的変化の原因と程度を追究する．それは，韓国の国際ビジネス環境と実務に影響を及ぼしているからである．

第4章は，市場選択の方法としての1990年から現在までの変遷の広範囲に

わたる評価によって韓国市場の構造を検討する．外国企業が，韓国の輸入市場のトレンド，関連した制度的変化，流通システム，社会文化的諸力，人口統計的変化，電子商取引のトレンドなどの輸出審査過程を必要とする情報に注意が払われる．韓国の複雑で特異な流通システムが外国企業による市場参入にとって主要な障害と見られているので，流通システムを検討する．電子商取引は，韓国市場構造で急速に出現しつつある新しい現象である．

第5章は，韓国へのFDIの流入における最近の傾向を検討し，FDIを誘致する上で，韓国の相対的に貧弱な実績の原因を研究する．政府の政策がFDIの流入にとっては重要な変数であるので，FDI政策のパラダイム・シフトやこれらの政策の転換の基礎となっている原理について特別な考察を行う．また，韓国へのFDIの流入を決定する際に，この要因の重要性を考慮して，韓国のFDI環境に関する海外の投資家の認識にも注意が払われる．

第6章は，本書のパートIIに入り，韓国の企業経営と経営管理のミクロ過程を考察する．第6章は，韓国の国際ビジネスになくてはならない部分であるビジネス交渉を検討する．グラハム（Graham 1981）が述べたように，国際ビジネスにおける優れた交渉の重要性と難しさは，強調されすぎることはない．交渉者が通常ビジネスを行う文化に交渉過程とその実践が埋め込まれていることから，国際ビジネス交渉は文化相互間の交渉である．本章は，文化的視点からビジネス交渉に対する韓国の取り組みを検討し，そして，交渉倫理に対する特異な取り組みが国際ビジネスにおける重要な問題になることから，これを考察する．

第7章は，韓国の経営倫理に焦点を当てる．金融危機と数多くのアメリカ企業の総崩れによってもたらされた一連の企業倒産の後で，エシックスは，韓国ビジネスでいっそう重要な関心事となり，それは，企業行動のために適切な行為規定のより厳格な遵守の必要性に焦点を当てた．そのため，経営倫理に関する指針は，国内組織と政府間組織によって制度化され，そして，倫理的なビジネスの文化を維持することは，企業の成功と長期的な生き残りのための賢明な戦略として認識されるようになった．本章は，金融危機までの韓国企業の倫理的行動が相対的に未発達であった理由を追究し，金融危機後の倫理的なビジネ

ス環境を構築する政府と民間企業の活動を評価する．

　経営管理に関連した制度的枠組みもまた，金融危機以降著しく変化してきた．そして，それは，韓国の経営システムにおける変遷を深く形成する助けとなった．第8章は，金融危機までの韓国の経営システムの顕著な特徴や制度的視点から金融危機後におけるシステムの変遷を検討する．また，経営システムの現状と将来の展望も，韓国における外国のビジネス・パーソンが現在の形の経営システムに対してもっている考えを考慮して評価される．

　第9章は，韓国におけるHRMを検討する．韓国のビジネスが国内外で前例のない競争に直面しているけれども，韓国企業は，労働者の義務や忠誠心を維持し，人口統計的変化へ適応する一方で，HRMシステムにおける非効率を排除しようとする主要な制度的変更に対応しなければならない．本章は，韓国のHRMシステムがどのように，また，なぜ転換したかを分析する．また，この第9章は，外国企業のビジネス・パーソンがこの進化するHRMシステムにもっている認識を考察する．本章はまた，HRMの範囲を超えた韓国における労働市場と労働基準に関する情報が，特に韓国市場を理解し，あるいは，そこへ参入しようとしている外国人にとって有益であることから，それらを考察する．

　第10章，すなわち，最終章は，国際的合弁事業（International Joint Venture：IJV）の最近の増大を考慮して，韓国におけるIJVの明確な特徴と管理に焦点を当てる．グローバリゼーションの強化と新しいテクノロジーの普及は，韓国企業に一流の外国企業と国内でグローバル戦略パートナーシップを積極的に追求することを促した．市場参入の形としてそれらに優位と人気があるにもかかわらず，韓国のIJVには，パートナーと相容れないことから生ずる経営問題を原因とする失敗率が高かった．本章は，パートナーと仲良くやっていく観点から韓国におけるIJVを評価する一連の確立された規準を用いる．

　全体的に，本書の分析は，21世紀の初期に，韓国における国際ビジネスの情報的で広範囲にわたる状況を提示するために10章にわたって考察された豊富なトピックを関連づけて記述している．本書の大部分は，非公式制度（文化）と公式制度の両者を検討する制度的分析の枠組みを用いることによって記述し

ている．したがって，韓国文化の影響が１つの章で詳細に論究されるけれども，ビジネス行動に対する文化的影響の全体図は，すべての章で明らかにされる．このことは，それ以降に続く論究を通して繰り返される多くのトピックの取り扱いにも当てはまる．この論究にもっとも関連したトピックの選択は，1997年の金融危機に続く韓国のビジネスにおける制度的転換の性質と方向性によってもたらされる．

　本書は，グローバリゼーションの性質を鋭く認識し，世界中の国際ビジネスに対するインパクトによってつくり上げられている．一部の研究者は，グローバリゼーションの過程が，グローバル・スタンダードにすべて，あるいはほとんどの国々を引き入れている一方で，韓国における国際ビジネスのさらなる変化を引き起こすだろうと主張している．しかしながら，本書は，韓国の文化のきわだった特質と制度的枠組みが韓国市場とビジネスの実務を形成し続けるであろうと主張している．これらの状況は，本書で明らかにされるように，韓国のビジネス環境やシステムとそれらの特異性に関する知識を，特に韓国における国際ビジネスを理解しようとしている人々や積極的にそれに従事しようとしている人々にとって価値のあるものにしている．

(訳・兒嶋　隆)

参 考 文 献

Bank of Korea (2006), '*Economic statistics system*', http://ecos.bok.or.kr/Elndex_en jsp.

Graham, J. L. (1981), 'A hidden cause of America's trade deficit with Japan', *Columbia Journal of World Business*, Fall, pp. 5-15.

Hodgson, Geoffrey M.(1998), 'The approach of institutional ecnomics', *Journal of Economic Literature*, 36 (1), pp. 166-92.

Kwon, O. Yul (1997), 'The Korean Economic Developments and Prospects', *Asian-Pacific Economic Literature*, 11 (2), pp. 15-39.

Kwon, O. Yul (1998), 'The Korean Financial Crisis : Diagnosis, Remedies and Prospects', *Journal of the Asia Pacific Economy*, 3 (3), pp. 331-57.

Kwon, O. Yul (2001), 'Korea's International Business Environment Before and After the Financial Crisis', in O. Y. Kwon and W. Shepherd (eds.), *Korea's Economic Prospects : From Financial Crisis to Prosperity*, Cheltenham, UK and Northampton, MA, USA : Edward Elgar publishing, pp. 245-65.

Kwon, O. Yul (2004), 'Causes for Sluggish Foreign Direct Investment in Korea : a Foreign Perspective', *Journal of the Korean Economy*, 5 (1), pp. 69-96.

Kwon, O. Yul (2005), 'A Cutural analysis of South Korea's economic Prospects', *Global Economic Review*, 34 (2), pp. 213-31.

Kwon, O. Yul (2006), 'Recent Changes in Korea's Business Environment : Views of Foreign Business People in Korea', *Asia Pacific Business Review*, 12 (2), pp. 77-94.

Lee, Y. I. (2004), 'South Korean Companies in Transition : an Evolving Strategic Management Style', *Strategic Change*, 13 (1), pp. 29-35.

North, D. (1990), *Institutions, Institutional Change and Economic Performance*, Cambridge : Cambridge University Press.

Redding, Gordon (2005), 'The thick description and Comparison of societal systems of capitalism', *Journal of International Business Studies*, 36 (2), pp. 123-55.

Rowley, C. (2002), 'South Korean Management in Transition', in M. Warner and P. Joynt (eds), *Managing Across Cultures : Issues and Perspectives*, London : Thomson Learning, pp. 178-92.

Rowley, C. and J. Bae (2004), 'Culture and Management in South Korea', in M. Warner (ed.), *Culture and Management*, London : Curzon, pp. 187-209.

Rowley, C. and J. Bae (2004), 'Human Resource Management in South Korea after the Asian Financial Crisis', *International Studies of Management and Organization*, 34 (1), pp. 52-80.

Whitley, R. D. (1999), 'Competing logic and units of analysis in the comparative study of Organization', *International Studies of Management and Organization*, 29 (2), pp. 113-26.

第Ⅰ部
韓国における国際ビジネスの環境

第1章 ビジネス・チャンス：韓国の経済的展望

1.1 はじめに

　韓国の発展モデルは，1963年から1996年までの期間に世界でもっとも貧しい国の1つからもっとも豊かな国の1つへ経済的転換を成し遂げたために国際的な注目を引いた．天然資源が乏しく，人口密度が高く，戦時中にひどく荒廃し，国防費が高く，独裁的軍事体制にもかかわらず，経済成長率は，1963年から1996年の期間に平均して1年につき8.7パーセントであった（表1.1）．一人当たりのGDPは，1962年の87ドルから1996年に10,548ドルへ増大した．名目GDPは，1962年の23億ドルから1996年の4,804億ドルへ増大した．そして，韓国は世界で11番目の経済大国となった．1996年に，韓国は，OECDの29番目の加盟国となった．韓国の経済的奇跡は，1998年に6.7パーセントのマイナス成長と50パーセントまでの通貨の下落を経験して，アジアの金融危機の期間の1997年の11月に突然終焉した．しかしながら，金融危機によって影響を受けたその他の国々とは違い，韓国は，1999年に10.7パーセントの成長率ですばやく回復し，2000年に8.8パーセントの成長が続いた．韓国の経済実績は，このとき過去の発展モデルとしてよりもむしろ，金融危機を克服したモデルとして，今一度，広く国際的論議を呼び起こした．

　ビジネス・チャンスを評価する方法として，本章は，高度経済成長から金融危機へ韓国経済を転換させたこと，それから新しい21世紀に復活したことなどをレビューし，批判的に検討する．次節は，1963年から1996年までの急速な成長期間を分析する．第1.3節は，その原因を含んだ1997年の金融危機を

表 1.1 韓国の主要経済指標

	1963	1970	1980	1990	1996	2000	2002	2003	2004	2005
人口（100万人）	27	32	38	43	46	47	48	48	48	48
年次人口増加率（％）	2.82	2.21	1.57	0.99	0.96	0.72	0.55	0.49	0.49	0.44
一人当たりGDP（USドル）	100	250	1,673	6,151	11,422	10,888	11,485	12,707	14,161	16,306
GDP（1億USドル）	2.3	8	64	264	520	512	547	608	681	787
GDP成長率（％）	9.1	7.5	-1.5	9.2	6.8	8.5	7.0	3.1	4.7	4.0
総貯蓄率（％）	14.4	17.8	24.7	37.5	33.8	33.7	31.3	32.8	34.9	33.0
総投資率（％）	18.1	24.8	31.9	37.4	38.1	31.1	29.1	30.1	30.3	30.2
GDPの割合（％）										
農業	43.5	26.5	14.9	8.5	5.8	4.9	4.1	3.6	3.3	3.3
製造業	11.6	22.7	29.8	29.6	28.9	29.8	27.2	26.9	25.8	28.8
サービス業	44.9	50.8	55.3	61.9	65.3	65.3	68.7	69.5	70.9	67.9
雇用（100万人）	7.7	9.6	13.7	18.1	20.9	21.2	22.2	22.1	22.6	22.9
失業率（％）	8.2	4.4	5.2	2.4	2.0	4.1	3.1	3.4	3.5	3.4
インフレ率（％）	20.2	12.8	28.7	8.6	4.9	2.2	2.7	3.6	3.6	2.7
為替交換率（ウォン／USドル）	130	317	660	716.0	844	1,260	1200	1198	1044	1013
輸出高（10億USドル）	0.09	0.8	17.5	65.0	130.0	173.0	162.0	194.0	254.0	284.0
輸入高（10億USドル）	0.5	2.0	22.3	69.8	150.0	160.0	152.0	179.0	224.0	261.0
貿易収支	-4.1	-1.2	-4.8	-2.0	-20.0	17.0	8.0	15.0	30.0	23.0
輸出／GDP（％）	3.9	13.6	32.1	28.6	30.3	33.7	29.6	31.9	44.1	36.1
輸入／GDP（％）	16.1	23.8	40.0	29.0	32.6	31.3	27.7	29.4	39.7	33.2

	1963-69	1970-79	1980-89	1990-99	1963-96	1963-2004	2000-2005
平均年次成長率（％）	9.8	9.7	8.3	6.2	8.7	8.0	5.2
年次生産性増加率（％）[a]	n.a	8.9[b]	9.6	11.2	9.8[c]	9.4[d]	

注：a 労働生産性は次式によって算出された。労働生産性＝消費者GDPの指標／労働者入時投入の指標。
b 1971-79 間の値を示している。
c 1971-96 に対して。
d 1971-2002 に対して。
出所：KNSO (2002), (2005), BOK (2003), (2005), KLI (2003), and Korea Productivity Centre (2004).

検討し，それに続いて起こった構造改革と制度改革を評価する．第1.4節は，韓国経済の潜在力や将来の方向性を検討し，第1.5節は，研究の主要な調査結果を簡単にレビューし，結論を述べる．

1.2 奇跡的発展：1963-96年

1.2.1 広範囲にわたる国の介入

韓国の経済発展は，2つの歴史的期間に分けることができる．すなわち，1963年から1996年までの高度経済成長期と，1997年の金融危機と危機以降の構造改革の期間である．高度経済成長期に，政府は，経済に広範囲にわたって介入した．1980年代の後半まで，市場諸力というよりは，むしろ政府が韓国の工業化の方向性とスピードをコントロールした．1962年にはじまった継続的な5ヵ年計画は，国内経済と国際経済の両者のプレイヤーに明確で一貫したシグナルを送った．

1960年代における最大の成長は，軽工業で労働集約型産業における輸出主導型工業化によって行われた．すべての政策と規制の手段が，税金，貿易，短期借款，外国為替，金利などを含み，この戦略を支援するために動員された．これらのうちでもっとも強力なものは，特定の産業における輸出と投資に優遇金利で資金を割り当てたことであった．1970年代に，産業政策の重点は，重工業と化学工業へ変更された．すべての政策ツール，特に信用割当ては，6つの対象とされた産業，すなわち，鉄鋼，石油化学，金属，造船，電子機器，機械などの産業へ新しい方針を与えた．1980年代の初頭に，経済の自由化に対する構造調整法案は，その他の部門を犠牲にして，また国際的パートナーの圧力で，重工業への過剰投資によって引き起こされたひどい経済的不均衡のために採用された．

1980年代後半に，盧泰愚（Roh Tae-Woo）政権は，独裁主義支配の40年に終わりを告げ，経済の自由化と並行して，政治の民主化の道をたどった．国主導の経済運営から自由市場の取り組みへの転換は，労働争議のはびこり，賃上

げ，インフレなどの圧力の形でかなりの調整コストを課した．1993年に，この30年間で初めての市民政府が選挙で選ばれた．その金泳三（Kim Young-Sam）政権は，金融部門の規制緩和というようなグローバリゼーションに韓国を開放することに改革を集中させた．

1.2.2　経済の転換

　韓国経済は，この高度経済成長期にことごとく変貌を遂げた．表1.1は，製造部門とサービス部門の成長が1963年の43.5パーセントから1996年の5.8パーセントへGDPの農業部門のドラスティックな衰退を結果としてもたらしたことを示している．製造部門とサービス部門は，それぞれGDPの11.6パーセントから28.9パーセントへ，また，44.9パーセントから65.3パーセントへ成長した．もう1つの著しい転換は，貿易の加速であった．輸出は，1963年の9,000万ドルから1996年に1,300億ドルへ増加した．GDPの比率では，輸出は3.9パーセントから30.3パーセントへ増大し，直接的な結果は製造品の輸出を増加させた．1996年までに，製造品は，総輸出の92.9パーセントを構成していた．韓国経済は，原材料，原油，農産物，中間資本財を輸入に依存している．結果的に，輸入も，1963年の5億ドルから1996年に1,500億ドルへ増大した．GDPの比率では，輸入は，16.1パーセントから32.6パーセントへ増加した．韓国は，この急速な輸出入の増加の結果として世界で12番目の貿易国となった．

　貯蓄と投資の急速な増加は，韓国の経済発展のもう1つの著しい特徴であった．総投資率は，1963年の18.1パーセントから1996年に38.1パーセントへ増大した．そのような資本の持続的な蓄積は，国内貯蓄の著しい増加がなければ，起こりえなかったであろう．総貯蓄率は，1963年のGDPの14.4パーセントから1996年に33.8パーセントへ増加した．1971年から1996年の期間に，労働生産性は，1年につき9.8パーセントずつ増大した．また労働需要も増大し，雇用は1963年から1996年の期間に770万人から2,090万人へ，言い換えれば，1年につき3.1パーセントの成長率で増加した．失業率は，1963年の

8.2パーセントから1996年に2パーセントへ減少した．

1962年以降の韓国の経済発展のもう1つの重要な側面は，大規模で，家族所有で管理された産業コングロマリット，言い換えれば，チェボル（Chaebols：韓国の財閥）による経済力の集中であった．そして，本部の計画部と政府の癒着がチェボルの特徴であった．経済の多角化によって，チェボルは，急速に事業の範囲を拡大した．1970年に，トップ30のチェボルは，各々平均して4.2社の子会社を所有していた．1989年までに，この数字は，17.1社へ増加した（K. U. Lee 1994）[1]．1995年までに，トップ30のチェボルの総売上高は，韓国のGDPの90パーセントに等しかった（Department of Foreign Affairs and Trade：DFAT 1996, p. 1）．銀行を中心にした日本の系列とは違って，チェボルは，商業銀行が過半数の所有権を保有しているということはなかった．所有による支配は，企業間の株式持ち合い，また，子会社間の相互債務保証によって維持された．

1960年代における韓国の急速な成長の初期の段階に，所得の分配や社会的発展にはほとんど注意が払われなかった．しかしながら，1947年から1950年の期間の農地改革の成功や朝鮮戦争（Korean War）の物理的破壊のために，人々は，同じレベルの貧困から出発しなければならなかった．このことは，発展途上国でもっとも公平であると位置づけられた所得分配をもたらした．その上，韓国社会における文化的同質性と，堅く守られた地域的，宗教的，階級的違いがなかったことは，特に教育の分野で，本物の機会均等を提供した．韓国の労働集約型発展は，最低レベルの教育を受けた労働者に雇用を提供することによって平等主義の所得分配に貢献した．

1.2.3 韓国の経済的成功の諸要因

国の介入

広範囲にわたる国の介入は，高度成長期に韓国経済のすべての部門で行われた．国の介入は，経済発展の初期の段階では容易に正当と認められた．市場の工業化は，小規模で，非能率で，非効率であった．また，技術や規模の経済性

の不足は，政府の介入や振興を必要とした．介入は，韓国の経済発展の初期の段階では正当と認められたばかりではなく，協力的な外部環境に加えて，韓国の強いナショナリズムによって広く浸透していた政策目標に対する明確な社会的コンセンサスや高い組織能力のゆえに，1980年代後半まで効果的に働いていた．重要な制度は，高度経済成長期に作り上げられた．1962年に，強力な経済計画委員会（Economic Planning Board）は，予算の権限と金融システムに対する行政上の支配を含めた，中心的政策策定の役割を果たした．有能なテクノクラートは，競争的な市民サービスの審査によって確保され，ほとんどの省はそれ自体のリサーチ・センターを設立した．官僚は，経済部に関連した社会的尊敬と威信のために，政治的介入とはまったく独立した立場を享受した．

輸出主導の工業化

　天然資源がないことと小規模な国内市場のために，輸出主導の工業化は，韓国の発展の基礎であった．この戦略の焦点は，ゆっくり時間をかけて変化した．1960年代に，韓国の余剰労働者における比較優位は，労働集約型製造業の輸出の振興によって利用された．1970年代に，先進工業国は，労働集約型製品の貿易を制限し，労働集約型産業の比較優位を侵食した賃上げに圧力を加えた．また，韓国は，慢性的な貿易赤字を解消するために資本財の輸入を減少させる必要があった．したがって，輸出の構成は，重化学工業における精巧で，付加価値の高い製品へ構造改革され，貿易相手国は多様化した．1980年代に，韓国の輸出戦略は，さらなる輸入の自由化をもたらし，国内からの圧力と国際的な圧力によって輸出動因を調和させることで，その経済を開放させようとする国際的な圧力によって再び修正された．1990年代に，韓国は，経済をさらに開放し，WTOの義務のもとで輸出補助金を削減した．国際競争が激しくなるにつれて，急速な国内賃金の高騰によって，韓国は，高付加価値で，知識や技術志向の産業へ産業構造を転換し，輸出をこれらの分野へ集中させた．

　高度経済成長期には，税，外国為替の利益，不自然に低い金利での輸出貸付を含んだ多くの奨励策が韓国の輸出戦略を実施するために用いられた．また，

政府は，輸出振興協議会（Export Promotion Council），大韓貿易投資振興公社（Korea Trade Investment Promotion Agency：KOTRA），韓国貿易商協会（Korea Traders' Association）を含んだ輸出促進に欠かせないさまざまな機関を設立した．総合商社，すなわち，チェボルの先駆者は，国際貿易の規模と範囲を最大化するように促された．輸出の増大という現象は，国の政策ばかりではなく，民間の企業家のためでもあった．韓国の企業家は，国の比較優位を活かし，外国の多国籍企業とは無関係に世界の輸出市場で生み出されるビジネス・チャンスを利用することに優れていた．

韓国の輸出促進戦略の成功は，GDP対輸出比率が1963年から1996年の期間に3.9パーセントから30.3パーセントへ増大し，世界輸出の比率で1962年の0.04パーセントから1996年に2.5パーセントへ増加したことによっても明らかであった．また，輸出主導の発展は，韓国の産業構造の深化を結果的にもたらした．製造品の輸出割合は，1962年の27パーセントから1996年の93パーセントへ増大した．1970年代の工業政策に起因して，重化学工業の割合は，1962年の10.4パーセントから1996年に71.7パーセントへ拡大した（Lee et al. 2003）．

重化学工業

1970年代に，韓国は，資本や技術集約型の重化学（heavy and chemical）工業へ産業政策を転換した．それゆえ，政策の課題は，資本，技術，熟練労働者，工業用地，企業家を重化学工業へ動員することであった．そのために，政府は，戦略上で4つのイニシアティブをとった．すなわち，多くの奨励制度，熟練労働者を供給する教育能力の拡大，新しい研究機関の設立，重化学工業部門に向けられたチャンウォン（Changwon）の巨大な工業用地などである（Kwon 1997）．

奨励制度は，すでに述べられたように，金銭上の奨励策ばかりではなく，国内の競争や国際競争から産業を保護することも含んでいる．もっとも強力な手段は，優遇金利による投資資金の割当てであった．1973年から1981年の期間に，すべての投資資金のおよそ50パーセントは，商業銀行から得られる金利

よりも実質的に低い金利で重化学工業部門に対して政策貸付金を割り当てられた (Kwon 1997). その結果, 資本は, 重化学工業部門に急速に蓄積され, 集中した. 重化学工業部門における雇用は, 全製造部門よりもすばやく増大した. また, 輸出構成も, 軽工業と比較して, 著しく増大した重化学工業の輸出割合によって変化した.

韓国の重化学工業政策は, 輸出拡大と経済成長を促進する上で成功したけれども, さまざまな問題を生み出した. すなわち, チェボルへの経済力の集中であり, チェボルは政府の加護によって拡大し, 多角化した. このことは, 重大な資産問題を提起し, 中小規模産業の発展を妨げ, 長期にわたる政府の管理のために金融部門が発展できないことになった.

高い投資と貯蓄

総投資率の増加は, 驚くほどの高い経済成長の火に油を注ぐこととなった. 高い投資率は, 高い資本収益率と低いビジネス・リスクのためであった. 収益率は, 時間の経過とともに低くなったけれども, 先進国よりも1970年代と1980年代に韓国では著しく高かった (Kwack 1994 ; Pyo 1996). 高い資本収益は, 1980年代後半までの低い金利, 低い賃金, 海外投資からの国内産業の保護などによって可能であった. また, 資本財の価格は, 優遇税制や関税協定のために相対的に低いままだった. 多くの場合に, 政府は, 補助金あるいは保証貸付によって優先順位の高いプロジェクトに投資するよう企業に奨励あるいは強制した (Stern et al. 1995). また, 国は, 多くの問題を抱えたプロジェクトを救済した. それによって, 民間の投資に関連した実際のリスクと認識されたリスクを削減した. また, マクロ経済の安定性は, 過度に低いインフレと安定した為替相場によって示されるように, 投資の不確実性を減少させた.

韓国の持続的な資本蓄積は, 国内の貯蓄における著しい増加があってはじめて可能となった. 韓国は総貯蓄率が世界でもっとも高い国の1つであった. 1963年から1996年の期間に, 民間の貯蓄は, 国の貯蓄の78.3パーセントを占めていた. このうち, 企業の貯蓄は57.1パーセントを構成していた (KNSO 2002). この期間における企業の主要な目的は, 製品のマーケット・シェアを

拡大することであった．結果として，それらは，短期的な利益にほとんど関心がなく，利益のかなりの部分を貯蓄として留保していた．

　急速な成長期間に韓国の家庭の消費決定は，相対的に安定したパターンに基づいており，計画された将来の所得よりもむしろ現在の所得に密接に関連していた（Kuznets 1994；Collins 1994）．したがって，所得が増加するにつれて，貯蓄も増加した．倹約という儒教の文化的特徴は，高い貯蓄率の一因となった．韓国の報酬の大部分はボーナスの形で支払われ，そして，ボーナスから貯蓄への限界性向は高いとみなされた（Song 1994, p. 159）．また，政府の政策は，マクロ経済の安定，預金に対する高い実質金利，安定した金融制度，信用利子に対する租税免除などを維持することによって，高い貯蓄率に貢献した（Nam and Kim 1995）．また，社会保障制度がないことが，韓国における家族の関心事として一般に考えられている福祉とともに高い貯蓄率を説明している．

　1986年から1989年の4ヵ年を除いた1963年から1996年の期間に，投資は，国内貯蓄を超えた．この超過分は，政府保証によって韓国に付与された商業貸付の形で海外の貯蓄によって融資された．国外から経済を支配されることを制限しようと政府が規制したため，FDIはわずかな部分を占めているにすぎなかった．

人的資本の発展

　韓国の経済発展の著しい特徴は，国の人的資源を効果的に利用する能力にあった．労働需要は，労働集約型の工業化戦略の結果として，1960年代にドラマティックに増大した．その結果として，1960年代の労働者過剰から，韓国は，1977年までに労働者不足の経済へ転換した（Kim and Lee 1995）．実質賃金は，生産性以上に増大し，それによって単位当たりの実質賃金を高騰させた．生産性にまさった賃金のこの高騰とは対照的に，貸付金の実質金利は，1980年代初頭まで，不自然に低いままであった．賃金―貸付比率における結果としてもたらされた増大によって，企業は，労働者の代わりに資本を用いた．この傾向は1987年以後も続いた（Kuznets 1994, p. 68）．

　人的資源の供給は，労働者の人口統計的増大，高学歴化，不完全就業状態の

農業労働者の可動性などによって急速に増大した．1963年から1996年の期間に，労働者は，1年につき2.9パーセントまで増大した．また，労働インプットは，1963年から1965年までに平均して週当たり47.2時間の労働時間から1994年に56時間へ増加した（Kuznets 1994, p. 9）．1996年に，韓国人は，アジアの平均の44.8時間と比較して平均して1週当たり49.2時間労働した（*Korea Herald* 1997）．

韓国の柔軟で効率的な労働市場は，雇用や経済の急速な成長において重要な要因であった（Kim and Lee 1995；Kuznets 1994, p. 4）．高度成長政策を重視した独裁主義体制のもとで，最低賃金，労働者保護法，労働組合の独占というような反競争的協約は存在しなかった．市場諸力が，賃金と雇用の大部分を決定した．しかしながら，「競争的に見える」労働市場は，実際には，厳格な政府の管理下にあった．経営権は労働者を犠牲にして促進され，組合活動は抑圧され，賃金指針が押しつけられた．政府が指揮を執ることによって，経営者は，労使関係に独裁主義的な取り組みを行った．国は，しばしば紛争を解決するために介入した．その結果，企業における労働者と経営者が熟練を身につけないままになった．その状況は，政治的民主化と政府の管理を弱めることによってドラマティックに変化した．1980年代後半の労働者不足とともに，1987年から1989年に起こった数多くの労働争議は，韓国の過去の労働慣行がもはや働いていないということを証明した．

また，韓国の教育水準は，著しく高くなった．儒教のもとで歴史的に高く評価されていた教育は，社会的地位と物質的な成功へ直接結びつくと考えられた．これらの属性は，個人よりもむしろ家族について考えられ，両親は，一般に子供の教育に大金を捧げている．労働者になるほとんどの韓国人は少なくとも12年の教育を受けた．また，第三次教育[訳注]は指数的に拡大した．登録者は，1965年の12万3,000人から1996年の190万人へ，9.3パーセントの年次成長率で増加した．高等教育に対するかなり強い社会的要請は，厳しい割当て

（訳注）　第3次教育（高等教育）とは，初等教育（第1次教育），中等教育（第2次教育）の12年間の教育以後の大学教育（専門学校，4年制大学）ならびに大学院教育の総称をいう．

制度の実施へつながり，それは初等学校や中等学校の生徒を大学への進学という激しい競争へ必然的に導いた．しかしながら，韓国の教育制度は，多くの問題を経験してきた．第三次教育の質，科学やテクノロジーの能力，熟練労働者に対してますます増大する要請に対処するための経営や職業課程などに関する疑問が提起された (Kim 1995)．競争の激しい試験を重視したおかげで，教育制度は，批判的思考や分析能力を犠牲にして暗記学習法を助長したことを批判された．

文化的特徴

伝統的な儒教文化と経済発展の関係については多くの文献が存在している (Lee 1995)．儒教は，勤勉にして，規律正しく，一所懸命働き，高等教育を受け，質素で，責任感が強く，権威に対して忠実であり，社会的一体性を志向していることなどを保持する国民間の調和は取れているが，階級的人間関係であることを強調している (Morishima 1982; Cho 1994)．この価値体系は，経済成長の支えとなっている (Jones and SaKong 1982)．パク (Park 1995) は，自由企業，競争，国際貿易，ふさわしい制度，安定して増大する中流階級などを含んで，ある政治的経済的前提条件が満たされる場合にのみ，儒教的価値観が働くと述べている．チョ (Cho 1994) は，社会発展政策の誤った焦点により大きなマイナスの儒教的影響――特異な社会階層，肉体労働やその企業に対する嫌悪――が生じると付け加えた．それから，チョ (1994) は，経済が発展し，中流階級が生まれるにつれて，これらのマイナスの儒教的価値観が，その強さを失ってきたと述べている．

技術開発

技術的能力の蓄積は，韓国の経済的成功におけるもう1つの重要な要因である．儒教的社会文化的特性は，教育と技術の能力の発展のためになった．また，ビジネス部門の役割も重要であった．潜在的にリスクの高いイニシアティブは，技術的能力を拡大するために韓国ビジネスの中央集権的で，階層的な経営スタイルと効果的に結びついた．西洋企業とは違って，家族によって支配さ

れているチェボルは，株主に利益を与えるように絶えず迫られているわけではない．それゆえ，長期的に技術開発に再投資することができた．また，チェボルも海外の技術移転を見極め，交渉し，資金を拠出し，そして，新製品の魅力ある市場を獲得するために良い位置におかれていた．チェボルは，コングロマリット内の既存企業にビジネス・リスクを分散して回避した．

また，国は，技術改善で重要な役割を果たした．1960年代と1970年代に成長のキャッチアップの段階で，韓国は，海外の技術を輸入することが相対的に簡単であると見出した．経済が進歩するにつれて，固有の技術開発能力の発展は避けられなくなった．政府は，さまざまな税や金銭上の奨励策によってその能力を強化するために国の研究開発計画を始めた．その結果，GDPの比率として1980年の0.77パーセントから1990年の2.3パーセントへと研究開発費の増加がもたらされた．これらの前進にもかかわらず，韓国は，依然としてこの分野で巨大な課題に直面している．先進工業国と比較して，GDP対研究開発費比率は，依然として低いままである．また，大学はスタッフに対する学生比率が高く，その科学と技術施設は時代遅れで，不十分であるとみなされている．

1.3　1997年の金融危機と改革[2)]

1.3.1　金融危機の原因

ほとんど継続して経済成長を遂げた30年間の後，韓国は，1997年11月に未曾有の金融危機に陥り，IMFの救済パッケージを必要とした．金融危機が起こったことを立証し，ウォンの下落を予測して，海外の投資家と債権者は，韓国の証券市場の投資と短期貸付を短縮させ撤退した．その結果，株価と通貨の価値は急激に落ち込んだ．韓国銀行（Bank of Korea：BOK）は，ウォンを支えるのに役に立たない試みを行い，それによって，外貨準備高をドラスティックに枯渇させた．ウォンはおよそ50パーセントまで下落し，金利は30パーセントを超えて急騰した．高い金利と減益によって企業は，非常に多くの倒産へ

まっさかさまに落ちていった．さらに，このことは，対外債務と不良債権を拡大することとなり，金融危機を引き起こした．その結果，多くの銀行は，閉鎖に追い込まれた．経済は，高い失業とインフレーションによって1998年に6.7パーセントまで縮小した．

金融危機の重要な原因の1つは，高い経常赤字が続いたことであった．総額では，1996年のGDPの4.9パーセントにもなっていた（Kwon 1998）．韓国の高い経常赤字は，高い賃金，実質金利，不動産価格などを含んだ高い要素費用のために，国内産業には競争力がなくなったことにその原因があった．競争力が全体的になくなったことは，輸出収益の下落をもたらし，次に，支払不能企業を増大させた．支払不能企業は，金融危機の原因であった不良債権を国内銀行に投売りした．もう1つの重要な原因は，外国為替市場における国の介入によるウォンの持続的な過大評価であった．しっかり管理され，過大評価された為替相場制度は，通貨安定の幻想を生み出し，それによって，外国からの過剰な借り入れと国際競争力の喪失の原因となった．

負債資本によるチェボルの過度な拡大と多角化は，金融危機のもう1つの原因であった[3]．チェボルにおける経済力の集中は，韓国の国主導の工業政策と輸出振興政策の産物であった．政府と共謀して，チェボルは「大きすぎて潰せない（too big to fail）」，もし必要ならば救済されるであろうという認識をつくり出した．このことは，予想されるビジネス・リスクを減少させ，チェボルを負債資本によって拡大させることとなった．また，負債資本も，子会社相互の債務保証によって増大した．これらの要因が結びつくことによって，チェボルは金融危機の影響を受けやすかった．これにまつわる弱点は，韓国の企業経営には透明性と説明責任がなかったので，国内と国外の債権者に隠されたままであった．

また，韓国の金融危機は，銀行の透明性と説明責任がないことと非効率な管理に原因があった．銀行の規制と監督は，韓国銀行と財政経済部（Ministry of Finance and Economy：MOFE）によって分担された監督の役割によってばらばらで，非効率であった．1960年代から，銀行は，厳しく管理された政府の産業政策の主要な手段の1つであった．融資の割当てと金利の設定は，政府によっ

て広範囲にわたって規制された．同時に，政府は，チェボルが銀行の支配株主になることを禁止し，国際競争から銀行を隠れて保護するという競争制限法を課した．韓国の銀行の所有は，非常に多様化しているので，それらは「所有者のいない存在」とみなされ，したがって，政府に対してのみ説明義務があった．政府の保護のために「銀行は決して倒産しないだろう」という強い認識を生み出し，銀行部門におけるモラル・ハザードにつながった．また，銀行部門も，政府との強い関係のために，チェボルから独立しているものではないと特徴づけられた．チェボルは，銀行から融資の大半を受けていたが，連結財務諸表を公表することはなかった．このことは，銀行部門の独立性がないことをすべて示しており，大手債務者を監督する慎重さに欠けていた．資金の飽くことを知らない要求と相まって，上述した状況の結びつきは，チェボルへの無謀な貸付がきっと生じる運命にあるということを確実にした．

韓国の金融市場は，1990年代の初頭にかなり自由化された．それによって，銀行が国際金融を利用することが可能となった．しかしながら，規制構造はこの変化に順応しなかったし，適切な制度的制約は存在しなかった．その結果，海外の資本市場からの過剰な借入につながった．無謀な海外からの借入は，韓国の不自然な高い国内金利によって支えられた．金融機関は，海外からの低金利で短期の借入に過度に頼るようになった．対外債務は，主にアメリカ・ドルに支配された．というのは，韓国のウォンは海外の為替市場に上場されていなかったし，オプション，スワップ，デリバティブというようなヘッジ・ツールも設けられていなかったからである．

1980年代の後半から，内外の政策環境における逆転が，国の介入の効果を徐々に損なった．そして，実質的に，金融危機の主要で基本的な原因となった．政府の管理とチェボルの保護は，透明性と説明責任の欠如につながり，負債資本による過度な拡大を助長した．金融市場における国の介入によって，非効率で，資本不足で，モラル・ハザードによってさいなまれた金融機関が結果的にもたらされた．政府が国際競争から国内産業を保護したことは，効率と競争力を失う結果となった．労働市場における介入は，労務管理の非効率と労働市場の非弾力性をもたらした．最後に，政府は，じわじわ迫ってきた金融危機

の徴候が起きていたにもかかわらず，金融危機を食い止めるようなすばやい適切な対策を講じることができなかった．1997年の金融危機は，統制経済政策の古いパラダイムの終焉をもたらした．

1.3.2 構造改革と制度改革

韓国に対するIMFの救済パッケージは，次の3つから構成されていた．

1．マクロ経済政策
2．金融部門の構造改革
3．その他の構造改革措置

マクロ経済政策の目的は，財政政策と金融政策を制限することによって，総需要を抑制することであった．それによって，経常収支の赤字を削減し，物価の安定を維持することができる．その他のマクロ経済措置は，政府の介入がなくても，柔軟な為替相場を維持し，外貨準備高を適切なレベルへ取り戻すことを含んでいる．韓国政府は，当初，マクロ財政政策と金融政策を抑制することによって適切に対応した．しかしながら，抑制政策は，金融引き締めを結果としてもたらし，不良債権を悪化させ，金利を上昇させた．韓国経済に対する国際的信頼は，いっそう損なわれ，それによって資本流入を妨げた．1998年9月に，マクロ経済の抑制は，IMFとの合意によって緩和された．

韓国市場の開放
金融危機によって，韓国政府は，韓国のWTOの義務に対応して貿易と資本勘定を国際基準にのっとって自由化せざるを得なくなった．資本勘定の自由化は，海外の投資家に証券市場を開放することであり，韓国企業による海外からの借入が可能となり，FDIの制限を撤廃することなどが目的であった．政府は，制限と統制から振興と支援を重視した政策に転換することで，FDIを誘致するような特別な努力を行った．韓国は，サービス部門と不動産を含めた多く

の部門をFDIに開放し，複雑な行政上の手続きを簡素化した．また，対内FDIにいわゆる「ワン・ストップ」サービス・システムを導入した．敵対的買収を含んだM&Aは，自由化と一緒になって促進された．

金融部門の構造改革

金融部門は，銀行部門の独立性を増大させ，金融機関の監督を強化し，債務返済不能な金融機関を排除し，成長可能な機関に資本注入することで構造改革を行った．監査と開示の国際基準は，透明性と説明責任を改善するために採用された．経営者の説明責任は，株主に責任がある金融機関の選任された取締役会の設立によって増進された．また，構造改革は，金融部門をFDI，M&A，海外との競争に開放した．銀行部門の改革のなかで，631の銀行が閉鎖され，残りは157兆ウォンの公的資金で資本注入された．国内銀行の自己資本へ海外資本が加わることが著しく増大した．それで，現在では2つの銀行が外国の株主によって管理されている（Samsung Economic Reserch Institute : SERI 2001）．

チェボルの改革

チェボルの構造改革は，チェボルと政府が相互に同意した「5大原則プラス3大原則」を用いて追求された．「5大原則」は，経営の透明性，子会社間の相互債務保証の根絶，金融構造の改善，コア・ビジネスの専門化，コーポレート・ガバナンスの改善などを指している．「3大原則」は，ノン・バンクの金融部門に対するチェボルによる支配の防止，相互投資や違法な内部取引の禁止，途方もなく巨大な財産の相続の防止などである．同意された改革原理に従って改革は実質的に前進した．チェボルは，連結財務諸表を提供することをはじめた．つまり，子会社の相互債務保証を撤廃し，200パーセントまで負債―資産比率を削減し，社外重役を任命し，機関投資家の投票権に対する制限を取り除き，小口株主の権利を強化することなどである．

投資の最高限度の設定を廃止したり，敵対的M&Aの買収を許可したために，海外の投資家は，実質的に韓国のビジネス部門に入り込んだ．海外の投資家は，経営の透明性，コーポレート・ガバナンス，経営効率の改善などを期待す

るであろう．そして，彼らは，国の介入や政府と企業の関係の共謀の可能性を弱めるように期待しており，それによってチェボルによって享受された制度の特権を取り除くことを期待している．構造改革のなかで，トップ30のチェボルのうち16は，チェボルは「大きすぎて潰せない」という認識を失って，売却され，合併され，清算された．その上，韓国の金融機関における海外の投資家は，債務企業への干渉と債務企業の監視を強化した．透明性や説明責任の欠如した企業や，利益の低い企業，負債比率の高い企業は，銀行の融資を受けることが難しいであろう．このことは，チェボルをコア・コンピタンスに集中させ，わずかしかない利益を放棄させた．

労働市場の改革

1998年の2月に改正された労働法は，韓国の歴史上はじめて従業員の解雇を許可することによって労働市場の柔軟性と競争力を増進した．賃上げが労働争議の中心的分野となるよりもむしろ雇用の安定によって，そのような変更が労使関係の改善につながるということが期待されている．労働法の改正は，パートタイマーの増加に付随した正規労働者数の減少によって韓国の労働市場の形を変えた．

経済政策におけるパラダイム・シフト

1997年の金融危機以前，韓国の経済政策パラダイムは，継続した5ヵ年計画を通して広範囲にわたって国が介入したこととしてもっとも的確に述べられる．国の介入は1980年代後半まで，成功していたけれども，それは金融危機の主要な基本的原因であった．パラダイムは，市場志向型経済へシフトした．このシフトは，国内産業の自由化や，さらに，金融機関，チェボル，労働市場，公共部門などの改革に反映された．国の介入を目的とする大部分の政策は，官僚の人数に応じた削減によって廃止された．

1.3.3　金融危機からの回復

1999年初頭以来，韓国経済は，満期を迎えた短期の対外債務の拡大，マクロ経済の安定性の回復，通貨安による輸出の拡大，1998年半ばからの協調的な財政や金融のスタンス，海外からの信用の回復，対内FDIなどを含んだ多くの要因によって確実に回復した．そのうえ，高い貯蓄率，高等教育を受けた労働者，先進的な生産基盤というような韓国経済のファンダメンタルズは健全であった．これらの要因の組み合わせは，1999年まで急速な経済回復に貢献した．

1.3.4　未完成な経済改革

金融，企業，労働，公共の各部門の構造改革は実質的に前進したけれども，それは決して完全ではなかった（Ahn 2001; Jung 2002）．2000年半ばに，経済が余りにももろいので，金大中（Kim Dae-Jung）政権は政策の力点を改革から成長へシフトさせた．金融部門で，政府の保証によって国有化された銀行は，官僚の介入の可能性を削減するために民営化する必要があった．また，多くの銀行も，国際的な水準と比較して余りにも小規模で，非効率であったので，規模の経済を利用することができなかった．したがって，さらなる合併が進められるべきであろう．

チェボルの金融構造は，改善されたけれども，依然として不健全なままであった．負債比率が200パーセント以下に減少されたけれども，このことは，負債の削減よりもむしろ新株の発行，資産の売却，再評価によって達成された．創立者一族の支配の度合は，実質的には減少することはなかった．その改革というトラックを走ることで，政府は，また，業績不振のヒュンダイ（Hyundai）グループを救済した．銀行の所有が禁止されているにもかかわらず，チェボルは，依然としてノン・バンクの金融機関を所有することができた．労働市場の硬直化も問題として残ったままであった．企業がこの重大な金融危機に直面するまで，韓国の労働法は労働者の解雇を思いとどまらせてきた．銀行とチェボ

ルの構造改革は，労働市場の柔軟性が改善され，組合の闘争的態度が減少しない限り，うまく進めることはできないであろう．

さらに，韓国は，グローバル経済，特に対内 FDI に関して十分に開放されていない．FDI の管理体制が OECD の基準に一致するように自由化され，簡素化されたけれども，欠陥は残ったままである．これらには，規制，政策策定と実施，官僚の介入や妨害，機関相互間の縄張り争い，外国為替の管理，法的サービスの市場に対する制限などにおける透明性と一貫性の不足が含まれる (Kwon 2003b).

1.4 韓国経済の見通し：成長の可能性

1.4.1 政策の枠組み

韓国経済の見通しは，とりわけ経済政策に依存し，さらに，主要な政策目的と政策環境に基づいている．グローバリゼーションが強化されるなかで，世界経済は，いっそう相互関連し，統合され，競争的になり，また，知識に基づいた経済や情報に基づいた経済へ移行している．東アジアにおける最高の経済的プレイヤーで，韓国にとって恐るべき競争者になる中国の台頭は，韓国の経済政策に影響を及ぼすもう1つの重要な要因である．国内的に，韓国の人口統計的発展は，人口増加率の減少と高齢化の傾向を示している（表 1.1 および第 4 章）．その結果，労働者の増加は減少し，高齢者を支える社会的負担は増大するであろう．繁栄するにつれて，レジャーや生活の質の嗜好は増加するであろう．結果的に，労働時間数や国の貯蓄率の減少をもたらす．グローバリゼーションの台頭や中国の経済的重要性と一緒になって，政府の保護がなければ，経済的リスクや不確実性は増大し，国の投資率は低下する．韓国経済における外国資本の影響は，銀行，証券市場，ビジネスへの進出の増大によって増加し続けるであろう．

これらの状況のもとで，韓国の経済政策の基本原理は，市場原理とグローバリゼーションに適応するグローバル・スタンダードでなければならない．この

ことは，経済的構造改革と改革の現在進んでいる過程の完成を必要としている．国は，国内のビジネスと海外のビジネスの両者を含んだ民間部門の成長のためになる環境を提供する一方，民間部門と同様に，政府の政策と規制における公開性，透明性，説明責任を確実にすることである．政府には，人口統計的成長の低下と高齢者人口の増加を改善する戦略が必要である．このために，制度上の準備としては，知識に基づく産業と情報に基づく産業への女性の進出を支援し，外国の未熟練労働者と熟練労働者の両者の参入を可能にすることを必要としている．知識に基づいた経済への移行によって，韓国は，研究開発と高度な教育制度によって新しい技術を開発し，採用する社会的能力を発展させなければならない．グローバルな世界のメンバーとして，同質的な韓国の社会と文化は，グローバリゼーションへかなり開放することが必要である．

　将来韓国政府は，以前よりも公平な経済発展を重視するであろう．社会的発展は，新経済戦略の不可欠な要因であろう．ここ数年の金融危機や構造改革は，家族のセイフティ・ネットや終身雇用の文化を損なってきたので，失業保険やその他の社会的セイフティ・ネットというような社会計画は，経済成長と平行して発展させるべきである．資産の問題は，1997年の金融危機以来かなり重要視されてきた．しかし，所得分配は悪化してきたし，貧困家庭は増大している（An and Choi 2003）．知識に基づいた経済と情報に基づいた経済において，いわゆるデジタル・デバイドは，韓国に出現しつつある現象であろう．何の手も打たなければ，それは，所得の不公平さを悪化させ，社会は貧しい人々と豊かな人々の二極化に至るであろう．

1.4.2　中期的および長期的経済の見通し

　韓国経済の見通しを評価するために，経済成長の可能性の分析は，成功から金融危機以後の改革へ韓国経済の移行について上述した検討を考慮して行われる．経済成長の可能性は，外部要因と内部要因次第である．韓国にとっての重要な外部変数はグローバル経済の将来の発展を含んでおり，地政的発展は北朝鮮の核問題に取り囲まれている．もっとも重要な内部変数は，外部と内部の政

策環境を一致させた柔軟で適合的な経済政策の実施である．中期的に，韓国の経済成長の可能性は，労働者や資本のゆっくりした成長，国の貯蓄率と投資率の減退，労働市場の固定化の継続，人口増加率の低下，労働時間の減少，人口の高齢化，非効率な教育制度などのために低下するであろう．さらに，韓国は，海外の技術を誘致し，新技術を開発することがますます難しくなってきている．韓国は，ローテク製品を開発することですばやくキャッチアップしている中国と，韓国自体がキャッチアップすることが難しい先進国の両者にはさまれている．生産性を改善するために，経済は，研究開発費や，新しい技術を開発し，採用する社会的能力を拡大しなければならない．このような状況で，韓国の経済成長率の可能性は，2004年から2008年の期間に5パーセント，2004年から2013年の期間に4.9パーセントと推定されている（BOK 2003）．しかしながら，もし政府がハイテクや知識集約型産業の分野で適切な政策を制定することができなければ，あるいは，金融危機以降の制度改革や構造改革を完遂できなければ，その実際の成長はその予測よりも低くなるであろう．

1.5 おわりに

ビジネス・チャンスを評価する方法として，本章は，最近の40年間にわたる韓国の経済発展をレビューし，経済の中期的と長期的展望を詳しく評価した．1963年から1996年までの期間に，奇跡的な経済的成功は，かなりの困難を伴っていたにもかかわらず，達成された．このめざましい経済発展は，熟練労働者や豊富な労働力，高い貯蓄率や投資率，海外の技術を採用する高い社会的能力，助けとなった外部環境，適切な経済戦略などを含んだ多くの要因に起因していた．しかしながら，韓国は，多くの原因の結果として1997年に深刻な金融危機に陥った．この原因とは，経常赤字の累積，通貨の持続的な過大評価，モラル・ハザードで苦しんで誤った処置や非効率な金融部門，過剰な短期負債と外貨建て債務，構造的に欠陥のあるチェボルへの経済力の集中，この金融危機の悪影響などを含んでいる．特に，国の介入は，1980年代後半まではよく機能したが，やがてその効果を失い，1997年の金融危機の主要で基本的

な原因となった．この金融危機以降，韓国は，グローバル経済へ開放することに加えて，金融，企業，労働，公共の各部門で広範囲にわたる構造改革や制度改革を行ってきた．国の経済政策のパラダイムは，国の介入から市場経済の発展へ明確に移行した．

経済は，1998年に6.7パーセントのもっとも深刻な景気減退を経験したが，1999年の半ばから回復し始め，1999年から2005年までの期間に5.8パーセントの年平均成長率を記録した．急速な回復は，次のような理由に起因している．すなわち，マクロ経済の安定性の回復，輸出の拡大，不完全であったけれども，広範囲にわたる構造改革，外国からの信頼の回復，高い貯蓄率，高等教育を受けた労働者，先進的な生産インフラなどというようなしっかりしたファンダメンタルズなどがあったことに起因している．

将来の経済政策の枠組みに目を転じると，本章は，韓国の政策環境において出現しつつある重要な傾向を明らかにした．つまり，グローバリゼーションの増大，中国の台頭，韓国内における人口統計的変化，貯蓄率と投資率の低下，経済における外国の影響の増大，デジタル・デバイドの増加などである．これらの状況のもとで，経済発展のもっとも重要な点は，国内企業と外国企業の両者を含み，研究開発と教育の向上を通して国内技術を発展させ，民間部門の成長に貢献する国内のインフラと制度を改善することで移動可能な国際資源を誘致することにある．このようなことを支持して，韓国は，市場原理を採用し，広範囲にわたる自由化を行い，民間部門にセイフガードを与えるようにインフラを整備しなければならない．また，韓国は，現在進んでいる改革を完成しなければならない一方，民間部門の活動と同様に，政府の政策における公開性，透明性，説明責任を確実にし，そして，人口統計的変化や必要とされている科学や技術開発に合致した適切な人的資源政策を採用しなければならない．

（訳・奥本勝彦）

注

1) 韓国の独占禁止法によれば，1989年の時点で672社からなる43のチェボルが存在していた（Song 1994, p. 114）．

2) 本節は，主にクォンによっている（Kwon 1998, 2003a）．
3) このことは，1997年におけるトップ30のチェボルの519パーセントという負債比率で明らかである（Joh 2001）．

参 考 文 献

Ahn, Choong-Yong (2001), 'Financial and Corporate Sector Restructuring in South Korea : Accomplishments and Unfinished Agenda', *Japanese Economic Review*, 52 (4), pp. 452-70.

An, Chong-Bum and Kwang Choi (2003), 'Welfare Policy in Korea : Issues and Strategy', in O. Yul Kwon, Sung-Hee Jwa and Kyung-Tae Lee (eds), *Korea's New Economic Strategy in the Globalization Era*, Cheltenham, UK and Northampton, MA, USA : Edward Elgar Publishing, pp. 192-214.

Bank of Korea (BOK) (2003), *Quarterly National Accounts*, Seoul : Bank of Korea.

Bank of Korea (BOK) (2005), *Economic Statistics Yearbook 2005*, Seoul : Bank of Korea.

Bank of Korea (BOK) (2007), '*Economic statistics system*', http://ecos.bok.or.kr/Elndex_en jsp.

Cho, Lee-Jay (1994), 'Culture, Institutions, and Economic Development in East Asia', in Lee-Jay Cho and Yoon Hyung Kim (eds), *Korea's Political Economy*, San Francisco, CA : Westview Press, pp. 3-41.

Collins, S.M. (1994), 'Saving, Investment, and External Balance in South Korea', in Stephen Haggard, Richard N. Cooper, Susan Collins, Choongsoo Kim and Sung-Tae Ro (eds), *Macroeconomic Policy and Adjustment in Korea 1970-1990*, Cambridge, MA : Harvard Institute for International Development, pp. 231-59.

Department of Foreign Affairs and Trade (DFAT), Australia (1996), *The Korea Chaebol and the Implications of their Operations for Australian Interests*, Canberra : DFAT.

Joh, Sung Wook (2001), 'The Korean Corporate Sector : Crisis and Reform', in O.Y. Kwon and W. Shepherd (eds), *Korea's Economic Prospects : From Financial Crisis to Prosperity*, Cheltenham, UK and Northampton, MA, USA : Edward Elgar Publishing, pp. 116-32.

Jones, Leroy P. and Il SaKong (1982), *Government, Business and Entrepreneurship in Economic Development : The Korean Case*, Cambridge, MA : Harvard University Press.

Jung, Ku-Hyun (2002), 'The Korean Model : Can the Old and New Economies Coexist?', *Joint US-Korea Academic Studies*, 12.

Kim, Linsu (1995), 'Absorptive Capacity and Industrial Growth : a Conceptual Framework and Korea's Experience', in Bon Ho Koo and Dwight H. Perkins (eds), *Social Capability and Long-Term Economic Growth*, New York : St Martin's Press, pp. 266-87.

Kim, Soogon and Joo-Ho Lee (1995), 'Labour-Management Relations and Human Resource Development Policy', in Dong-Se Cha and Kim Kwang Suk (eds), *Half Century of the Korean Economy* (in Korean), Seoul : Korea Development Institute, pp. 524–65.

Korea Herald (1997), 'South Korea has World's 8th Longest Workweek', 31 May.

Korea Labor Institute (KLI) (2003), *2003 KLI Labor Statistics*, Seoul : Korea Labor Institute. Korea Productivity Center (2004), http://www.kpc.or.kr.

Korea Times (2003), 'Korea Outgrows Economic Development Model', 26 October.

Korean National Statistical Office (KNSO) (2002), *Major Statistics of Korean Economy*, Seoul : KNSO.

Korean National Statistical Office (KNSO) (2005), *Korea Statistical Yearbook 2004*, Seoul : KNSO.

Korean National Statistical Office (KNSO) (2006), *Korea Statistical Yearbook 2005*, Seoul : KNSO.

Kuznets, P. W. (1994), *Korean Economic Development : An Interpretive Model*, Westport, CN : Praeger.

Kwack, Sung (1994), 'The Rates of Return on Capital in the United States, Japan, and Korea, 1972–1990', in S. Y. Kwack (ed.), *The Korean Economy at a Crossroad*, Westport, CT : Praeger, pp. 57–71.

Kwon, O. Yul (1997), 'Korean Economic Developments and Prospects', *Asian-Pacific Economic Literature*, 11 (2), pp. 15–39.

Kwon, O. Yul (1998), 'The Korean Financial Crisis : Diagnosis, Remedies and Prospects', *Journal of the Asia Pacific Economy*, 3 (3), pp. 331–57.

Kwon, O. Yul (2003a), 'Korea's Economic Policy Framework in the Globalisation Era', in O. Y. Kwon, S. H. Jwa and K. T. Lee (eds), *Korea's New Economic Strategy in the Globalisation Era*, Cheltenham, UK and Northampton, MA, USA : Edward Elgar Publishing, pp. 29–49.

Kwon, O. Yul (2003b), *Foreign Direct Investment in Korea : A Foreign Perspective*, Seoul : Korea Economic Research Institute.

Lee, Kwan-Chun (1995), '"Back to the basic!" New Interpretation of Confucian Values in Korea's Economic Growth', *Korea Observer*, 19 (2), pp. 97–113.

Lee, Kyu Uck (1994), 'Ownershi-Management Relations in Korean Business', in Lee-Jay Cho and Yoon Hyung Kim (eds), *Korea's Political Economy : An Institutional Perspective*, San Francisco, CA : Westview Press, pp. 469–98.

Lee, Kyung-Tae, N. G. Choi and J. G. Kang (2003), 'Korea's Foreign Trade Strategy in the New Millennium', in O. Y. Kwon, S. H. Jwa and K. T. Lee (eds), *Korea's New Economic Strategy in the Globalisation Era*, Cheltenham, UK and Northampton, MA, USA : Edward Elgar Publishing, pp. 50–62.

Morishima, Michio (1982), *Why Has Japan 'Succeeded'? Western Technology and the Japanese Ethos*, Cambridge : Cambridge University Press.

Nam, Sang Woo and Jun-Il Kim (1995), 'Changes in Macroeconomic Policy and Macroeconomies', in Dong-Se Cha and Kwang Suk Kim(eds), *Half Century of the Korean Economy* (in Korean), Seoul : Korea Development Institute, pp. 121-78.

Park, Sang-Seek (1995), 'Culture and Development : the Korean experience', *Korea and World Affairs*, 19 (3), pp. 510-21.

Pyo, Hak Kil (1996), 'The East Asian Miracle or Myth : a Reconciliation between the Conventional View and the Contrarian Proposition', *Republic of Korea Economic Bulletin*, 18 (3), pp. 2-23.

Samsung Economic Reserch Institute (SERI) (2001), *Three Years after the IMF Bailout*, Seoul : Samsung Economic Research Institute.

Song, Byung-Nak (1994), *The Rise of the Korean Economy*, New York : Oxford University Press.

Stern, Joseph J., J. H Kim, D. H. Perkins and J. H. You (1995), *Industrialization and the State : The Korean Heavy and Chemical Industry Drive*, Cambridge, MA : Institute for International Development and Korea Development Institute.

第2章 韓国の政治的リスクの評価：
韓国と北朝鮮の経済関係，政治，政府―企業関係

2.1 はじめに

　カントリー・リスクは，一国における企業の収益性に有害なビジネス環境における変化の可能性に関連しているので，国際ビジネスの重要な一部である．カントリー・リスクの3つの典型的なタイプには，所有リスク，経営リスク，移転リスクが含まれる（Shenkar and Luo 2004, p. 184 ; Hodgetts and Luthans 2003, p. 288）．所有リスクは，本質的に資財の押収または強制的剥奪であり，経営リスクは，企業のマネジメントや業績を直接束縛する政府の政策と手続きの変更である．移転リスクは，その国から資本や配当などの生産要因の移転を制限する政府の政策から生じる．ホリならびにマクアリーア（Hoti and McAleer 2004）が論じたように，カントリー・リスクは，実際的な国際ビジネスでますます重要になってきており，いくつかの商業的なカントリー・リスク格付け機関によって裏づけられてきた[1]．

　特に商業機関によるカントリー・リスクの経験的な測定において，さまざまな変数が指標（または，従属変数）として採用されてきた．とりわけ，債務不履行または債務返済繰延べが頻繁に用いられた（Hoti and McAleer 2004）[2]．カントリー・リスクの原因（または，独立変数）は，政治的，経済的，金融的リスクを含んでいる．順に，政治的リスクは，政治的安定，民主的な説明責任，外国との紛争，政府―企業関係，汚職，社会的安定などというような幅広い変数を含んでいる（Hoti and McAleer 2004 : Dichtl and Koglmayr 1986）．経済的と金融的リ

スクは，経済的や金融的な誤った処置，つまり，高いインフレ，高い予算と経常赤字，高い対外債務，不安定な為替レートなどに関連している．経済的・金融的リスクに関連する問題は，その他の章で述べているので，本章は，政治的リスクに焦点を合わせて，以下の通り進める．

　以下の節では，韓国と北朝鮮の独特な対立に対して述べる．韓国と北朝鮮間の政治的，軍事的衝突に関する分析は，本書の範囲を超えている．その代わりに，韓国と北朝鮮間の経済関係が政治的な対立をまさに示しているので，本章では，それらを検討する．すなわち，互いに経済関係を進展させる限り，政治的，軍事的衝突はこの二国の間では起きないであろう．第2.3節は，政治的安定と民主的な説明責任の指標として韓国の政治における最近の発展を検討する．第2.4節は，最近の韓国における政府—企業関係を検討する．これは，企業経営における政府や官僚の介入の可能性を解明するのに役立つであろう．文献レビューからは，公共部門における韓国のカントリー・リスクあるいは政治的リスクの測定に関する経験的研究をまったく見出すことができなかった．韓国のカントリー・リスクの指標が民間の商業機関から入手できるけれども，それらは利用可能な，公的なものではないので，本章でも使用できない．したがって，第2.5節は，韓国のカントリー・リスクまたは政治的リスクをOECD，ベルギーの輸出信用調査機関，世界銀行からの指標というような公に入手可能な指標を用いて検討する．最後に，第2.6節は，まとめと結論を含んでいる[3]．

2.2　韓国と北朝鮮間の経済関係

　朝鮮半島の重大な問題は，平和と繁栄をどのように維持するべきかということであり，それは，順に，核拡散防止の6ヵ国協議，偽造貨幣（偽金），北朝鮮に対する引き続き行われている金融制裁というような多数の地政的変数に依存している．これらの地政的変数の分析は，本書の範囲を超えているが，朝鮮半島のなかで戦争が起きる可能性がほとんどないと主張することができる．韓国とアメリカは，次に挙げる2つの特定の目的で1953年10月1日に相互防衛条約（Mutual Defense Treaty）に署名した．

1．韓国での共産主義者による攻撃の再発の防止
2．正式なコミットメントによって韓国の安全保障に対するアメリカの保証
(Koo and Han 1985, p. 9)

1978年以来，国防閣僚会議は，毎年「核の傘」のもとで韓国を保護するというアメリカとの約束を確認してきた（*Korea Herald* 2006）．これは，起こる可能性のある軍事的挑発に対する北朝鮮への年に一度の警告になる．これらの状況下では，北朝鮮は，韓国とアメリカの同盟に軍事的に挑戦することをあえてしないであろう．本章は，韓国と北朝鮮の経済関係について論及するが，それは，朝鮮半島における平和に重要な関係がある．韓国と北朝鮮間の経済的相互作用の増大は，北朝鮮が韓国との重大な経済的つながりに損害を与えることを恐れて，政治的，または，軍事的な挑発を行うような行動を抑制する役割を提供するであろう．本節は，韓国と北朝鮮間の貿易，FDI，観光に焦点を合わせる．

韓国と北朝鮮の経済関係は，1988年に始まって，圧倒的に韓国の主導で1990年代を通して拡大した．1998年からの金大中政権の「太陽政策（Sunshine Policy）」は，二国間の経済関係の弾みを強化した．太陽政策は，相互の経済的利益が韓国と北朝鮮間に和解の基礎を提供することができるという考え方に基づいていた．2003年からの盧武鉉（Roh Moo-hyun）政権は，北朝鮮に向かってこれまでの太陽政策に沿った「平和繁栄政策（Peace and Prosperity Policy）」を続けた．

1945年のはじめから，北朝鮮の経済は，本来国に所属する財産権，計画メカニズムによって割り当てられる資源，厳しい政府統制下の物価，賃金，貿易，予算，銀行業などという従来の中央計画経済を維持している．1990年代のはじめから，ヨーロッパにおけるその他の指令経済が崩壊し，貿易関係は悪化し，それによる社会主義国からの対外援助は大幅に減少したので，北朝鮮の経済は衰退しはじめた．1990年から1998年の9年間に，北朝鮮の経済は，年平均3.7パーセントずつ収縮した（表2.1）[4]．北朝鮮は，1990年代のはじめから食糧不足を経験した．つまりそれは構造的不適切さによって引き起こされ，

1990年代半ばの一連の自然災害によって増大した状況である．北朝鮮は1995年から1998年にわたって，重大な飢饉を経験し，その時，飢餓は，100万から240万人の命を奪ったと推定された (Noland et al. 2001)．

表2.1　韓国と北朝鮮の経済成長

	1990-98	1999	2000	2001	2002	2003	2004
韓　国	+5.7／年	10.7	8.5	3.8	7.0	3.1	4.6
北朝鮮	-3.8／年	6.2	1.3	3.7	1.2	1.8	2.2

出所：KIEP (2004)．

表2.1で示しているように，1999年以降，わずかであったけれども，北朝鮮の経済は毎年プラスの成長率を記録した．この成長は中国の援助によるものであり，韓国との経済協力を増大させた．1999年から2004年にわたるプラスの成長にもかかわらず，北朝鮮の経済規模は，韓国のそれよりもはるかに小さいままである．表2.2で示すように，韓国経済の1兆1,800億USドルと比較して，北朝鮮の経済の規模はGDP購買力平価（Purchasing Power Parity：PPP）で測定すると，2006年に400億USドルであると推定された．韓国の人口は北朝鮮の2倍であるのに対して，韓国経済の規模は北朝鮮経済よりも29.5倍も大きい．一人当たりのGDP（PPP）は，韓国が24,200USドルであるのに対して，北朝鮮は1,800USドルであった．

北朝鮮は，2002年に経済改革に乗り出した[5]．一連の経済的，社会的にひどい窮地を経験した後に——たとえば，家庭の必需品の不足，外国資本とエネル

表2.2　韓国と北朝鮮間の経済規模の比較

	韓国 (a)	北朝鮮 (b)	a/b
人口（2005）	4,850万人	2,240万人	2.1
GDP（PPP）(2006)*	1兆1,800億USドル	400億USドル	29.5
1人当たりGDP (2006)*	24,200USドル	1,800USドル	13.4

注：＊2006年概算．
出所：CIA US (2007)．

ギーの不足，労働者と企業にとって励みになるものの不足，予算の累積赤字，中央計画制度に対する信頼の喪失，社会的・政治的秩序の荒廃化の増大，政府に対する国民の信頼の衰え——その崩壊寸前の経済をよみがえらせる本物の試みとして，北朝鮮体制は，2002 年に市場原理を取り入れ，経済を開放せざるを得なかった．改革策は，計画経済の分権化，市場原理に沿った価格設定，民間市場の確立，配給制度の撤廃，成績に基づく賃金の合理化による購買力の維持，収益性に基づく自律的企業経営，開放政策などを含んでいる．平壌は，改革が計画経済の原理を維持しながら，市場経済の効率性を活用しようとしていると主張しているが，それは市場機能を承認する最初のシステム化措置であるため，改革は非常に重要であり，そして，それは計画的で自由市場経済の共存に向かう動きである．

　北朝鮮は，改革を続行することで高いインフレ，貧富のギャップの拡大，社会主義的集団主義の減少などの重大な困難に遭遇するであろう．それにもかかわらず，北朝鮮体制が経済制度を 2002 年以前の中央計画制度へ逆戻りさせることを想像することは難しい．改革は，さらなる改革の触媒として働くであろう．時間が経つにつれて，民間経済は全体経済よりも急速に成長し，そして，その体制が経済を統制することがますます難しくなるので，人々の個人主義は高くなるであろう．むしろ，北朝鮮はさらなる経済改革を大いに続けそうである．

　適切な制度上の環境がいったん確立されるや，それらの経済的補完性と文化的な同質性を利用して韓国と北朝鮮間の経済関係は増大するであろう．2000 年 12 月に，韓国と北朝鮮は，投資保護，二重課税防止，商業的な紛争解決，手形決済に関連した協定を含む「韓国と北朝鮮間の経済協力の 4 ポイント協定 (Four-Point Agreement for Inter-Korean Economic Cooperation)」に署名した（J. W. Lee 2004）．韓国の盧武鉉政権は，この協定を履行することを約束した．2002 年の改革と 2002 年 10 月の核危機の後の国際的な孤立の再発とともに，平壌はかなり緊急に韓国と北朝鮮間の経済協力を追求しはじめた（Ahn 2003；Korea Institute for International Economic Policy：KIEP 2004, p. 230）．

2.2.1 韓国と北朝鮮の貿易，FDI，観光

韓国と北朝鮮間の貿易は，1989年の1,870万USドルから2004年に6億9,700万USドルへ拡大し（表2.3），2002年までに，韓国は北朝鮮にとって中国に次いで2番目に大きな貿易相手国となった（KIEP 2004, p. 199）．韓国と北朝鮮間の貿易は，2つの構成要因から構成されている．すなわち，商業的貿易と非商業的貿易である（表2.4）．韓国に対する北朝鮮の輸出が農産物，林産物，水産物，織物，鉄鋼，鉱物に基づいた商品から主に構成されているのに対して，北朝鮮に対する韓国の商業輸出は，織物，電子，農産物，化学製品から構成されている．2004年に，韓国の企業が，低コストの加工処理のために，陳腐化し，労働集約的な機械，原材料を北朝鮮に供給することによって，商業貿易のおよそ50パーセントは委託加工に関連していた．それから，商品は完成品として韓国へ「輸出して戻される」（Choe 2003 ; Oh 2003）．非商業的貿易の構成要因は，韓国から北朝鮮へとほとんど一方的に流れている．

韓国から北朝鮮へ一方的に流れるFDIは，韓国と北朝鮮間の貿易ほど急速に拡大していない．1998年の太陽政策まで，両国政府は，北朝鮮への直接投

表2.3 韓国と北朝鮮間の貿易高 （単位：100万USドル）

方　向	1999	2000	2001	2002	2003	2004
韓国から北朝鮮へ	211.8	272.8	226.8	370.2	435.0	439.0
北朝鮮から韓国へ	121.6	152.4	176.2	271.6	289.3	258.0
合　計	333.4	425.2	403.0	641.8	724.3	697.0

出所：BOK (2005) ; KIEP (2004, p. 33).

表2.4 タイプによる韓国と北朝鮮間の貿易高 （単位：100万USドル）

タイプ	2002	2003	2004
商業的貿易	354.6	419.5	347.8
非商業的貿易	322.8	336.0	340.1
合　計	677.4	755.5	687.9

出所：MOU (2005) から算出．

資の制限を維持した．太陽政策の一部として，ソウルは，韓国と北朝鮮間のFDI に対する多くの制限を撤廃し，そして，1999 年に，平壌は，韓国の訪問客のために金剛山 (Mt Kumgang) 観光事業地区を開発する独占権を現代峨山 (Hyundai-Asan) に許可した (Lee and Yoon 2003)．これ以外に，投資に関する「4ポイント協定」が署名された 2000 年までに，FDI における開発はほとんどなかった．それ以来，金剛山観光事業地区，開城工業団地 (Kaesong Industrial Complex)，韓国と北朝鮮間の輸送インフラに関連した開発などというような大規模な投資プロジェクトが設置された (Lee and Yoon 2003)．また，北朝鮮は，FDI の増大を奨励するためにいくつかの一般的な措置も最近実施した．

開城工業団地プロジェクトは，特に重要である．プロジェクトの最終目的は，開城に 2,640 万平方メートルの工業団地を建設することである．韓国企業のテクノロジー，経営手腕，マーケティング能力などと北朝鮮の低賃金の労働とを結合することの経済的論理を考えると，プロジェクトには成功の見込みがあった．開城工業団地は，韓国と北朝鮮間の協力のショーケースになった (J. W. Lee 2004)．韓国にとって，そのような成功が北朝鮮の改革の劇的な拡大と外の世界への開放につながるかもしれないので，目に見える成功が必要である．平壌の視点から，開城の失敗は，経済特区 (SEZ) の促進を通して，利用可能な最後の発展の選択肢の悲惨な損失を意味するであろう (J. W. Lee 2004)．2005 年 2 月までに，15 の韓国企業が開城で事業を展開し，そして，300 人の韓国人マネジャーは，工業団地で総数 1,800 人の北朝鮮の労働者を雇用した．朝鮮半島の分断以来初めて，2005 年 3 月 16 日に韓国から開城で事業展開している多くの企業への電力供給がつながった．

韓国と北朝鮮間の観光は，北朝鮮の東南の景色の良い金剛山に集中し，それは太陽政策のショーケースとして韓国の観光客に開放された．民間企業によって運営されるが，韓国政府は金剛山プロジェクトに一部補助金を支給した．韓国人観光客は，金剛山への東海岸道路が 2002 年 12 月に開放された後，2004 年に中止されるまで，その道路を通って訪問した．2005 年 6 月の時点で，100 万人の韓国人観光客が金剛山を訪れた (Korea.net 2005)．

2.2.2 カントリー・リスクとしてのインプリケーション

2002年の北朝鮮の経済改革の今後の発展と二国間の経済関係は，互いに絡み合っている．北朝鮮の経済改革の見通しは，平壌を囲む不安定な国際的状況によって抑制される．核問題が解決されるまで，北朝鮮の経済はこわれやすく，機能不全のまま残るかもしれない．そして，中国の場合のように，市場経済への移行の成功の機会は限られるであろう．しかしながら，平壌は，計画経済と市場経済の共存へ向かう段階的な動きが起こったことを2002年以降証明してきた．韓国と北朝鮮間の経済関係の評価は，はるかに肯定的である．貿易高，FDI，観光客数のすべては，核危機にもかかわらず，近年着実に増加している．北朝鮮と韓国の両国に関係した高い政治的および経済的な利害関係を考えれば，韓国と北朝鮮間の高いレベルの経済協力が維持されそうである．韓国と北朝鮮間の経済的相互作用の増加は，経済にさらに打撃を与えることを恐れて，北朝鮮が政治的または軍事的挑発を行うことを思いとどまるであろう．朝鮮半島にかかわる別の戦争が起きる可能性が低いことを考慮すれば，韓国にかかわる外国との紛争が起きる可能性はかなり低い．

2.3 韓国政治における最近の進展

政治的安定は，政権を握っている政府が憲法違反の手段や暴力的な手段によって動揺させられるか，または打倒されるという可能性の認識に関連している．それによって，政策の連続性と民主的な説明責任は反対に影響を及ぼされる（Kaufmann et al. 2003）．上述したように，政治的安定と民主的な説明責任は企業にとって政治的リスクの重要な変数であり，それは民主的な発展レベル次第で決まる（Hoti and McAleer 2004）．本節は，この50年間にわたる韓国の政治的発展と最新の憲法によって規定される政府の構造を検討する．それから，韓国政治の基礎をなしている顕著な特徴が分析され，韓国の政治的リスクの評価にとっての重要なインプリケーションを提供する．

2.3.1 韓国政治の発展

　長い歴史のなかで，韓国は1910年に日本に占領されるまで王朝によって統治された．日本は，1945年に第二次世界大戦が終焉するまで，植民地として韓国を統治した．したがって，韓国は，1945年まで近代的な独立国家としてそれ自体を統治するいかなる経験もなかった．日本の植民地支配から解放されたとき，外国の占領軍は朝鮮を二つに分割した．旧ソ連は緯度の38度線の北側を占領した一方，アメリカが38度線の南側を占領した．もともとの計画は，朝鮮からすべての占領軍をできるだけ早く撤退させることであった．しかしながら，冷戦の緊張と抗争は，統一した国家の成立を妨げた．ソビエトが，北朝鮮に共産主義政府を樹立し，1948年の朝鮮民主主義人民共和国の成立をもたらしたのに対して，同年にアメリカは大韓民国の成立によって資本主義民主主義国を樹立した．政治的および経済的な構造において結果として生じた違いは，さらに2つの朝鮮を別々にし，両国を再統一する努力を押し潰した．

　1950年6月に，北朝鮮は，韓国へ正当な理由もなく全面的な侵略を開始し，3年にわたる同胞殺しの戦争の引き金を引いた．半島の全体は，戦争によって荒廃した．その他の多くの国々と，北朝鮮の「攻撃」から韓国を防衛するために，国連の指揮下のアメリカとその他の国々，北朝鮮の同盟国としてのソ連と中国を含んで戦争に関与していった．およそ300万人の死者を出し，数百万人が住む場所を失い，多くの家族を離散させた戦争は1953年の停戦協定によって終わったが，その際，両国の境に非武装地帯が設置された．東西冷戦という政治的な理由により，この境界は永久に続くよう堅固なものとなり，非武装地帯は今日も依然として朝鮮半島を分断している．

　韓国は，三権分立とチェックとバランスのシステムに政府の民主主義の基礎をおいている．李承晩（Rhee Sungman）は，1948年に共和国の初代大統領として選出され，朝鮮戦争とそれに続く困難な時代から，彼の独裁的で不正な政府に対する学生と国民からの猛烈な反対に応じて辞任した1960年まで韓国を統治した．同年に，張勉（Chang Myon）政権は，議員内閣制のもとで樹立されたが，1961年に朴正煕将軍（Park Chung-hee）に指揮された軍事クーデターによ

って解任された．2年間の軍事政権のもとで国を統治した後に，朴将軍は，大統領として選出され，いわゆる「漢江の奇跡」と呼ばれる経済発展を指揮した．朴大統領は，彼が1979年に暗殺されるまで，独裁政権を推し進め，そして，全斗煥（Chun Doo-hwan）は，戒厳令下の短い移行期の後，1980年に7年の任期で大統領に選ばれた．1987年の大統領選挙で，盧泰愚は5年の任期で選出された．全と盧の二人は，朴将軍と親しい同僚であった．

盧政権の間に行われた民主主義の前進は，1992年に将軍経験のない32年ぶりの大統領である金泳三の当選のお膳立てをした．その後，韓国の最初の野党のリーダーである金大中は，韓国の憲政史上で初めて与党から野党へ平和的に政権が移譲され，1997年の大統領に選出された．2002年12月に，盧武鉉は，政治改革の旗の下で金大中と同じ政党から，特に，根深い政治的な地域主義を排除して，より個人参加型の政治によって予想外に選出された．

盧大統領は，議会で過半数に達していなかったので，彼の政治計画を最初実行することができなかった．彼の支持率の急落と，腐敗と憲法違反の告発のなかで，盧のセチョンニョン民主党（Millennium Development Party：MDP）は，派閥に分かれた．盧と連合した新党であるウリ党（Uri Party）は，混乱から抜け出した．残りのMDPメンバーは，大統領を弾劾する投票で保守のハンナラ党（Grand National Party：GNP）に加わった．2004年に3ヵ月にわたる政治的混乱の後，韓国の大統領を弾劾するはじめての試みは，憲法裁判所によって却下された（Fukuyama et al. 2005；Hahm and Kim 2005）．弾劾手続きに対する国民の不満は，2004年4月の議会選挙の結果で明らかであった（Park 2005, p. 86）．盧の中道・左派連立のウリ党は，総数299議席のうち152議席という過半数を獲得し，GNPに対する完全な勝利を手に入れた．

2.3.2 憲法と政府

大韓民国の憲法は，1948年にはじめて採用され，ここ50年間に9回改正された．最初の8回の改正は，主に当時の大統領の政治的なご都合主義のために行われた．9回目の改正案は，与野党の協力によって1987年の国民投票で承

認された．1987年の憲法改正は，1期5年の任期の大統領の直接選挙と30年ぶりの地方自治制度の機関を与えた．また，人権を保護するために憲法裁判所が設立された．この憲法は，今日まで（2007年3月）続いていて，最近の3回の平和的な政権移譲を確実にした．

韓国の憲法は，進歩的で民主的な政治秩序を規定している．それは，国民の基本的な権利と自由，三権分立，法の支配を規定している．また，所有する権利とその他の経済的権利，たとえば，労働の権利，職業選択の自由，組合と団体交渉の権利と同様に義務などを国が保証すると宣言することによって，自由市場経済であると考えている．また，それは，経済情勢における企業と個人の自由と創造的なイニシアティブを奨励している．韓国に特有であるが，憲法の基本原則の1つは，韓国と北朝鮮の平和的で民主的な統一である．

現在の憲法に基づいて，韓国は権力の分離とチェックとバランスのシステムに基づいた政府の大統領制をおいている．政府は3つの部門から構成されている．すなわち，立法，司法，行政である．大統領は，行政部の頂点に立ち，国家元首として勤め，外交問題で国を代表する．大統領は，全国的で，平等で，直接的で，秘密の投票によって選出され，首相と国務院によって補助される．その両者は大統領によって任命される．大統領は，1期5年の任期を務め，再選は認められていない．この1期の任期条項は，どんな個人でも期間を延長し行政権を握ることを防ぐ安全装置である．

立法権は，4年の任期で選出された一院制の立法部で国会に与えられている．国会のメンバーの6分の5は，個々の選挙区からの一般投票によって直接選出され，残りの議席は，直接選挙において5議席以上を獲得した政党に比例で配分される．その立法機能に加えて，国会には，大統領や行政権のチェックとして定期的に国政のすべての側面の調査権がある．国会には，公務の執行において憲法あるいはその他の法律の違反があった場合に，首相の解任，大統領，首相，その他の官僚の弾劾を薦める権力があるのに対して，大統領は，国会を解散することができない．

韓国の司法部は，3つのレベルの裁判所から構成されている．すなわち，最高裁判所，高等裁判所（上告を審議する権限のある），専門化した家庭裁判所と行

政裁判所を含む地方裁判所である．国会の同意を得た大統領は，1期6年の任期で最高裁判所長官を任命する．その他の裁判官は，最高裁判所長官の推薦に基づいて大統領によって任命される．憲法裁判所は，専門化し独立した裁判所として1988年に設立された．弾劾，政党の解散または法律の合憲性などの憲法自体にかかわる問題は，憲法裁判所に任せられる．

憲法によると，地方自治体は，地方自治に関する法律の枠内で地元の居住者の福祉に関する事柄を取り扱う．地方自治体は，審議会をもつことを要請されるが，中央の法律が審議会の組織と権限を限定している．地方自治体の最高責任者と審議会委員は，4年の任期で直接投票によって選出される．

2.3.3 韓国政治の顕著な特質

韓国の最新の憲法の内容は，もっとも洗練された国の規範に密接に従い，そして，3つの部門間のチェックとバランスの制度がある政府の公的な構造は，政治的に先進西洋諸国のモデルとほとんど違いがない．しかしながら，文化，経済発展，外部環境などというような韓国に特有の要因は，独特な方法で政治の発展を形成してきた．これらのうち，儒教の価値観，たとえば，個人的な人間関係の重視，階層的な社会構造，権威者に対する敬意などは，韓国の政治への基本的な影響を保持してきた[6]．韓国の政治的な発展に対する儒教の影響は，李王朝時代までさかのぼることができる．何世紀もの間，官僚は，儒教の古典に焦点を合わせた市民の試験制度によって選抜された．優れた指導者は，儒教の教義に従って社会を形成することを試みて，教育を通して儒教の考えを次の世代に伝えた．この過程で，1948年からは西洋の民主主義を押しつけられたにもかかわらず，儒教は，韓国の現代の政治的発展を形成する上で影響力を残したままである．

儒教は，韓国での政権集中の発達に貢献した．民主的な選挙とその他の民主的なプロセスにもかかわらず，韓国の実際の権力の多くは，出身地・出身校・友人関係によって結びついた大企業や官僚，政治家が相互に連携し，構成したエリート集団に極度に集中していた．これは，儒教によって影響される韓国の

集団社会を反映している（Helgesen 1998；K. O. Kim 1988）．

　また，階層社会であることと同様に，韓国は，儒教の影響のもとで家父長制家族主義の社会でもある．韓国の政治において，家父長制家族主義のリーダーシップが非常に重視され，人格はリーダーを選ぶときにしばしば決定的な要因である．政治的指導者は，道徳的に強く，慈善的で，博識で，謙虚で，同情的で，高潔であると期待されている．リーダーシップをそのように強調することは，韓国の政治を制度に基づいているというよりもむしろ主に人格に基づかせている[7]．韓国の政治において人格は，政党というシステムよりも重要であるというのは明白である．韓国の主要な政党は，主に彼らの指導者を通して認識される．それらは，西側諸国に特徴的であるイデオロギー上の争いまたは政策基盤を表していないし，またそれらは異なった社会階級を表してもいない[8]．政策上で区別がつかないことに加えて，韓国の政党は，社会と政治的指導者との政治的対話のためのチャネルとして行動することよりもむしろ彼らの指導者に従属する（Helgesen 1998, p. 250）．

　韓国の政治における「人格崇拝」というアプローチは，さまざまな政治制度と文化によって強化された．党首は——西欧諸国の場合のように地元の党員ではない——国会の選挙のために候補者を指名する．さらに，党首は，直接選挙において5議席以上を獲得する政党間に，比例して配分される国会議員の6分の1の政党のいわゆる「全国的候補」を指名する．それゆえ，全国の事務所を走り回ることに興味をもっているどんな党員も彼らの党首にあえて異議を申し立てることができない．また，人々は基本的に個人または指導者の個人的背景に対して投票し，「政策」や「政党」というようなもっとも考慮すべき点は二の次である．

　韓国の政治にはもう一つの影響力があり，目に見える特質は，地域主義である．韓国の家族志向の社会や一族志向の社会では，その個人の出身地が強く重視される．特定の場所の子孫は，別の場所で生まれたにもかかわらず，常にその場所に所属している．したがって，地域主義は，韓国の集団的な精神状態の当然な結果と考えることができる．戦後に，連続した独裁体制は，国家権力を維持する手段として地域主義を利用することで問題を悪化させた．独裁政権

は，信用と忠誠心，地域主義に密接に関連した価値観に依存していた．そのうえ，韓国の急速な経済発展による地域間の経済的利益の不平等な分配は，地域主義とその政治的影響力をさらに強めた．したがって，地域主義は韓国の政治に埋め込まれ，人々は地域の提携に基づいて重要な政治決定をしばしば行っている．

1987年，1992年，1997年の大統領選挙，そして，2000年の総選挙で示されたように，地域主義でもっとも明白な例は，「地域の流れに沿った投票」の実行である（Kwon 2000）．もし大統領候補者が特定の地方の出身であれば，その人が「彼らの関心を代表する」ので，地域の人々はその候補者を支持するであろう．同様に，人々は，国会で彼らの地方を代表している「党」の候補者に投票する．その指導者が政党を特定して，指導者が生まれ，育てられた地域が指導者を特定するので，党の地域は党首の地域によって特定される．

民主主義の発展で韓国に独特なもう一つの重要な特徴は，大学生とその他の知識人から構成されるグループの役割である．教育を重視した結果，儒教は，知識人が社会的良心を理解し，社会を率いると期待している．したがって，韓国の社会は，「社会的良心」のグループとして大学生や知識人に敬意を表し，彼らが社会的不正に反対することを期待している．事実上，40年以上にわたって，大学教授やその他の知識人と一緒になって大学生は民主主義，正義，国の統一の旗のもとで，連続した独裁体制の腐敗に立ち向かった．結局，1987年に韓国の重大な転機となった出来事で，軍事政権は学生やその他の知識人の絶え間ないデモに屈服した．

2.3.4 転換期の韓国政治

政治改革は，過去30年間にわたってほとんどあらゆる韓国政府のスローガンであった．しかしながら，それらは文化的に根深い政治制度を改革することに一貫して失敗している．2人の民間大統領（金泳三と金大中）が民主化への顕著な貢献をしたが，彼らは韓国の政界を改革することができなかった．また，盧武鉉大統領は，政治改革の旗のもとで選出され，そして，彼は成功している

と見られるほどに実績を上げた．

　政治的な意思決定は，国会で過半数に反対されたため，韓国ではしばしば効力がなかった．当然「個人崇拝」という取り組みと地域主義のために，韓国は，排他的政治という政治文化を発展させ，妥協と寛大さの政治を発展させることができなかった．たとえば，人格，地域主義，エリート主義の文化などの組み合わせによって，3つの異なる地方を代表するいわゆる3人のキム（金大中，金泳三，金鐘必）は，21世紀の夜明けまでのおよそ40年にわたって，圧倒的な政治権力を行使した．また，政治的な地域主義は，党支持派のなかで選挙に勝利した利権の配分に基づいて重要な政府のポストに自分たち自身の仲間を任命し，連続性のある政府の要員政策によって強化された．このタイプの要員方針は，地域の亀裂と地域の政治的な対立を強めた．

　また，韓国の政治は，家父長制家族主義的な指導者が彼らの追随者の世話をするという儒教の考え方のために汚職事件を起こし，非難を受けることが多かった．また，国会議員または立候補が予想される人物は，財政的に地区の党支部事務所を支えなければならない．そのような必要条件は，非常に費用がかかる．この政治環境で，政治家は企業から不正な政治資金を集め，そして，韓国の政治腐敗はここ数十年間にわたってはびこってきた．2人の元大統領，すなわち，全斗煥と盧泰愚，そして，金泳三と金大中大統領の息子は，贈収賄容疑の罪で投獄された．2003年末に，多数の国会議員が，贈収賄容疑で逮捕された．

　2002年12月の大統領選挙で保守のGNPの李会昌（Lee Hoi-chang）に辛勝し，2003年2月に就任した後に盧武鉉大統領が直面した難局と問題はますます明らかとなった．多くの点で，盧大統領は韓国の政治的指導者の新しい世代を代表した．1980年代から独力で立身出世した弁護士で，反体制政治活動家である盧は，平凡な家柄の出身であり，有力な政治上の支配層の一部ではなかった（Freedman 2005, p. 243）．彼の選挙の支持基盤は，盧の誠実さという個人的な評判に感動し，新しいインターネット・コミュニケーションの技術によって政治的に動員された有権者の若い世代によって大部分が構成されていた．高い希望は，盧の勝利と参加型の改革アジェンダが過去の根強い地域主義と不正な政治

資金からの絶縁を特徴とするということを支えた (H. Y. Lee 2004, p. 130)．

　盧政権は，参加型民主主義，実質的な社会公正性措置，敏感なアメリカ―韓国の関係における緊張を定期的に引き起こした韓国のナショナリズムの強い主張などを重視した改革アジェンダに打ち込んだ (Hahm and Kim 2005；H. Y. Lee 2004)．しかしながら，盧は韓国の政治を改革することに成功しなかったように思われる．大統領としての盧の最初の年（2003 年）は，国会において立法上必要な過半数が不足していたこと，一連の政治的に誤った判断，頻繁な労働者と政治の抗議，大統領の側近の顧問と同僚の何人かが不正政治資金スキャンダルに関係したために，明確な改革についてはほとんど何も果たすことができなかった (H. Y. Lee 2004)．2 年目（2004 年）には，憲法裁判所が最終的に議決を却下したけれども，国中が大統領の弾劾によって政治的混乱状態に巻き込まれた．

　盧政権の間に，実質的に蝕まれている地域主義と家父長制家族主義的なリーダーシップによって，政治的なイデオロギーは，韓国社会の対立の主要な原因となった (Kang 2005)．これらのイデオロギーの対立は，伝統的に経済的価値観を優先する階級主義，あるいは異なる考え方に基づく西洋諸国におけるそれらと異なっている．韓国における進歩主義・保守主義のイデオロギーの特徴は，「反共産主義のイデオロギーの賛成対反対」と「自由主義対権威主義」の二元的な軸に基づいている (Kang 2005)．世代の違いによってあおられた韓国のイデオロギーの分裂は，非常に深く，世論が保守的立場と進歩的立場に二極化している．一般大衆は，イデオロギーの問題にうんざりし，2006 年の末には盧に対する支持率は，11 パーセントという低いものとなった (*New York Times* 2006)．2007 年 2 月に，ウリ党の 23 人のメンバーが党を見捨て，盧もウリ党を脱党し，大統領の任期中（2003 年から 2008 年）にさらなる政治改革を非常に成功しそうもないものにした．

2.3.5　韓国の政治的リスクのインプリケーション

　上述した議論からわかるように，韓国の政治情勢は，過去 50 年にわたって

根本的な変化を経験した．2004年に弾劾の危機は，実行可能な民主主義制度の価値観を韓国の人々に示したので，韓国の民主主義の前進と成熟を助けた(Fukuyama et al. 2005)．韓国の政治のもう1つの楽観的な側面は，政治的に若い世代が出現し，将来韓国の政治を導く準備ができているということである．それは政治改革を加速するであろう．国民は，表現と結社の自由を享受し，自由に彼らの政府を選ぶことに参加する．したがって，政権を握っている政府が憲法に反するか暴力的な手段により転覆されるか，または不安定にされるようなことはほとんどないだろう．また，政府活動のその他の側面は，かなり進歩もした．公務員は，熾烈な競争を通して選ばれ，儒教の伝統によって影響される一般大衆によって尊敬される．公益事業の質は，高く評価される．規則と規制が適切な民主的な過程によって確立されているので，社会では，法の支配が合理的に維持されている．要するに，韓国の政治的リスク，または政治的勢力からの外国企業の経営に対する妨害の確率は重大な懸念の原因ではない．

2.4 政府—企業関係

2.4.1 政府—企業関係の発展

ビーミッシュならびにその他（Beamish et al 2000, p. 196）は，一般的なタイプの政治リスクが外国の所有と支配，金融フロー，技術料，現地調達率と最小限の輸出レベルに関連した外国企業の経営への政府の介入であると強く主張している．彼らは，幅広い政治的なショックまたは安定性を評価するよりも，介入の確率の評価がはるかに重要であると主張し続けている．このことについては，韓国における政府—企業関係が，政府介入の政治的リスクの評価を多国籍企業（Multinational Enterprise：MNE）の活動に提供するために検討される．

韓国が経済的成功の期間（1962年から1997年）に国の主導による経済を維持したことには一般的なコンセンサスがある．1962年以来，経済活動は，連続した5ヵ年経済計画によって設定された目標の達成とかみ合っていた．したがって，経済は，中央政府によってしっかり制御され，広範囲に介入された[9]．

韓国経済のあらゆる部門で起こった広範囲な国の介入は，信用と外国為替，金利政策，過剰な規制などの間接的な手段を通して実施された．一般に，政策目標，高い組織能力，協力的な外部の環境に基づいた明確な社会的なコンセンサスのために，1980年代の終わりまでは国の介入が良く働いていたとみなされている．

国の主導による高度経済成長期に，韓国は独特のスタイルの政府—企業関係を発展させた．国の介入のもっとも強力な政策手段は，特定の産業あるいは企業に対する優遇金利による資金の配分であった．政府は，優遇金利の資金，競争からの保護，制度化された特権などのさまざまな奨励策を提供することによって，経済発展戦略を追求してわずかな数のチェボルを育てた．これらの特権は，子会社の相互融資保障，子会社の相互所有，国内企業や外国企業による敵対的M&Aによる財閥の乗っ取りの防止，多数株主の利益となるように偏ったコーポレート・ガバナンス制度などを含んでいた．これらの状況下では，政府—企業関係は，不平等な統制者と追随者のパートナーシップであった．政府は政策を設定し，企業はその政策に従った．

国の介入の有効性は，環境や制度とともに変化した．1900年代のはじめからのポスト冷戦の期間に，韓国は先進西洋諸国による優遇策でもはや処遇されなくなった．グローバル化，経済統合の増加，競争の激化に従って，国による韓国の国内市場と産業の保護はますます困難となるであろう．また，1980年代後半の政治的民主化とともに，政府は，社会全体によって認められる強い政策の指揮も失った．長期にわたる高度成長期に，企業部門の相対的な規模と重要性は時間とともに大きくなり，その結果，政府—企業関係におけるバランスは企業のほうへ著しく揺れた．政府—企業関係におけるこれらの変化は，民間部門に対する政府統制を効果的にさせなかった．

時間の経過とともに，国の介入はその有効性を失うばかりではなく，それが韓国の1997年の金融危機の種をまくことになった．この金融危機の原因は，文献で広く研究されてきたが (Cha 2001; Jwa and Yi 2001; Kwon 1998; J. W. Lee 2004)，とりわけ次のことを含んでいる．

1．負債資本によるチェボルの過度の拡大と多角化
2．モラル・ハザードに悩む非効率な金融部門
3．企業経営における透明性の不足
4．低い生産性と国際競争力の喪失
5．厳格な労働市場の実践

　金融危機のこれらの原因の各々は，国の介入に直接関連したか，あるいは，言い換えると，すべてのこれらの原因の基礎となっている基本的な要因は国の介入であった[10]．

　国の介入によって，民間部門は金融危機の影響を受けやすくなった．政府統制と保護によって，チェボルは，透明性と説明責任が欠けることとなったので，負債資本によって過度に拡大し，多角化することができた．金融市場における国の介入により，金融機関は効率が悪く，資金不足で，外国からの短期借入にかなり依存したものとなった．輸入，対内 FDI，M&A に対する規制による国際競争から政府が行った国内産業の保護は，国内産業の効率と競争力の喪失をもたらした．政府の抑制と介入は，労務管理の非能率と労働市場の柔軟性の不足を招いた．最後に，政府は，国の介入の機能障害を修正し，新たに起こった徴候と証拠の面前で最終的な金融危機を食い止めるのに間に合うよう適切な措置を導入することができなかった．これは，国の広範囲な介入による経済政策の古いパラダイムの終焉を意味した．

　金融危機を通して古い政策パラダイムの限界の痛みを実感した後，政策パラダイムは，国の介入から市場経済へ移行した．特に，経済を国際的に開放することに加えて，韓国は，金融，企業，労働，公共の各部門において包括的な構造上や制度上の改革を行った．政府は，外国の投資家へ証券市場を開放するように資本市場を自由化した．それによって多くのビジネス部門（金融部門を含む）を FDI に開放し，対内 FDI に対する規制を撤廃した．そして，M&A が許可された．これらのすべてによって，国内企業は，国際競争にさらされた．金融部門は，銀行部門の独立性を高めるため，また支払い不能の機関を退出させ，存立可能な機関の資本構成の変更，金融機関の整理統合と監督を強化する

ために再構築された．監査と情報開示のための国際基準は，透明性と説明責任を改善するために採用された．

思い切った改革は，チェボルと労働市場に行われた．それらは，経営の透明性の増進，子会社間の債務相互保証の廃止，金融組織の改善，中核事業の専門化，コーポレート・ガバナンスの改善，チェボルによるノンバンク金融部門の支配の防止，相互所有や違法な内部取引の禁止，異常な遺産相続の防止などを含んでいる．労働市場は改革され，それによって，労働者の削減は韓国の歴史ではじめて，許可された．この改革は，労働市場の柔軟性と労使関係を改善すると予想される．

2.4.2 韓国における政治介入のインプリケーション

資本市場の自由化に伴う経済の構造改革の結果として，外国資本は，実質的に韓国のビジネス部門へ進入した．外国人投資家は，経営の透明性，コーポレート・ガバナンスや経営効率の改善を期待し，次にはそれらは政府―企業関係における国の介入と共謀の可能性を弱めると予想される．また，金融危機と引き続き行われている改革は，チェボルが「大きすぎて潰せない」という認識を取り除いた．さらに，韓国の金融機関における外国人投資家は，債務企業を監視し，それらへの介入を強化するであろう．透明性と説明責任が不足している企業，または，低い収益性と高い負債比率の企業は，銀行信用を引き上げることが困難であろう．これによって，チェボルは，コア・コンピタンスに集中し，利益が少ない部門を手放させられた．

経済改革は決して完了していないけれども，韓国は，経済を再構成し，経済をグローバルに開放することで長足の進歩を遂げた．公的な規則と規制に関して，韓国の政府―企業関係はその他の OECD 諸国と同様に改善したと主張されるであろう．韓国は，FDI に東アジア諸国でもっとも自由な国の１つである（Bishop 2003）．金融部門に関する慎重な監督と規制は，国際基準と一致している（Nicolas 2006）．外国銀行と証券会社は，いかなる規制もなしに子会社を設立し，韓国の金融機関を 100 パーセント所有することができ，外国人は韓国の

銀行の取締役になることができる[11]．また，チェボルの透明性，説明責任，コーポレート・ガバナンスは，国際基準へ向上した．

しかしながら，文化的な慣性のために，政府―企業関係における実際の習慣，かかわった人々の行動および態度は，先進西洋諸国のレベルへ十分に発達することを妨げた．政府―企業関係における政府の優位性に対する敏感な認識と，ビジネス・パーソンと比較した場合に官僚の優越的地位は残っている．個人的な人間関係は，政府―企業関係と同様に，ビジネスでも重要な役割を果たしている（Kwon 2006）．しかしながら，韓国人が通常外国企業を敬遠するので――国内企業に対応するのとはまったく異なっている――企業または政府―企業関係の文化に関連した習慣が外国企業に対しては顕著でないことに注目すべきである．したがって，外国の MNE の経営における政治的な介入は，韓国での重大な懸念にはなりそうにもない．

2.5　韓国のカントリー・リスクと政治的リスクの測定

2.5.1　OECD によるカントリー・リスクの分類

相当な数の推定値は商業機関から入手可能であるが，カントリー・リスクや政治的リスクに関する経験的な測定値は，公的な分野でわずかに入手できるにすぎない．その1つが OECD によるカントリー・リスクの分類（OECD Country Risk Classification）であり，それは信用リスクの量的評価と政治的リスクの質的評価に基づいた複合指数である．OECD によるカントリー・リスクの分類法（Country Risk Classification Method）の特定の決定要因は，「秘密で公表されていない」（OECD 2007a）．表 2.5 は，オーストラリア，カナダ，フランス，ドイツ，イギリス，アメリカのような欧米先進諸国の OECD 諸国が検討中の期間（1999-2006）を通じて 0 というもっとも低いリスク評価を得たことを示している．中国，台湾，香港がそれぞれ 2，1，2 の一貫性のある評価に達したが，同じ期間に東アジア経済国のシンガポールと日本は両国とももっとも低いリスク評価であった．韓国は，1999 年から 2000 年，そして 2003 年から 2006

表 2.5 OECD のカントリー・リスクの分類（抜粋）(1999-2006 年)*

（スケール：0-7．0 が最低リスク，7 が最高リスク）

国　名	1999	2000	2001	2002	2003	2004	2005	2006
アメリカ	0	0	0	0	0	0	0	0
アルゼンチン	5	6	6	7	7	7	7	7
イギリス	0	0	0	0	0	0	0	0
インド	3	3	3	3	3	3	3	3
インドネシア	6	6	6	6	6	6	5	5
エジプト	4	4	4	4	4	4	4	4
オーストラリア	0	0	0	0	0	0	0	0
カナダ	0	0	0	0	0	0	0	0
韓国	0	0	2	2	0	0	0	0
シンガポール	0	0	0	0	0	0	0	0
タイ	4	3	3	3	3	3	3	3
台湾	1	1	1	1	1	1	1	1
中国	2	2	2	2	2	2	2	2
チリ	2	2	2	2	2	2	2	2
ドイツ	0	0	0	0	0	0	0	0
トルコ	5	5	6	6	6	5	5	5
日本	0	0	0	0	0	0	0	0
フィリピン	3	3	4	4	5	5	5	5
ブラジル	6	6	6	6	6	6	5	4
フランス	0	0	0	0	0	0	0	0
ベトナム	6	6	6	5	5	5	5	5
香港	2	2	2	2	2	2	2	2
マレーシア	3	2	2	2	2	2	2	2
メキシコ	4	3	3	3	3	3	2	2
ロシア	7	7	6	5	4	4	4	4

注：＊各年の 12 月 31 日．
出所：OECD (2007b)．

年までもっとも低いリスク 0 評価を維持した．2001 年から 2002 年には，韓国はリスク 2 へ評価が下がった．

　2001 年から 2002 年の韓国のリスク評価評価が下がったことは，一連のグローバルな出来事と国内の出来事に起因しているように思われる．ドットコム（IT 企業）のバブル崩壊と 2001 年のアメリカに対するテロ攻撃の後，グローバル経済は減速した．ドットコム倒産の余波で，韓国の KOSDAQ に上場してい

る技術関連の株価は急激に下がり，経済成長率は，2000年の8.5パーセントと比較して，2001年に3.8パーセントへ低下した．1997年の金融危機に起因する景気後退を回復する方法として，韓国政府は，クレジット・カードによる支払いの租税優遇措置を消費者に提供することによって，信用拡大を奨励した．これはクレジット・カードの発行数を拡大し，消費者負債を増大させ，そして，2002年のクレジット・カード業界の流動性危機または「クレジット・カードの危機」につながった．さらに，巨大な政治的スキャンダルのなかで2002年の大統領選挙は，政治的安定の懸念を高めた．これらの国内外の問題が落ちついたので，OECDによる韓国のリスク評価は，先進諸国のレベルへ改善された（表2.5）．OECDによるカントリー・リスクの分類は，本章における韓国のカントリー・リスクの質的な評価と概して一致している．

2.5.2　ベルギーの輸出信用調査機関によるカントリー・リスク

　もう一つのカントリー・リスクの指標は，ベルギー政府の自律的な公的機関である輸出信用調査機関（Belgiam Export Credit Agency）によって提供されている．それは，戦争，押収，介入による支払債務不履行と資産の損失に焦点を当てて，輸出取引高に関連した4つの指標と直接投資に関連した3つの指標で国を評価している．表2.6は，国のリスク評価の7つのカテゴリーを示している．「短期的な政治的リスク」と「特別取引」リスクの指標は，外貨の不足，戦争，革命，自然災害，行政措置などから生じる短期的な信用の対外支払債務不履行を反映している．「長期的な政治的リスク」と「移転リスク」の指標は，中長期的な信用の債務不履行の確率を測定する．「商業的リスク」の指標は，ミクロ経済とマクロ経済の決定要因に基づいて，対外支払債務不履行のリスクを反映している．「戦争リスク」の指標は，外国との戦争のリスクと内部の政治的暴力のリスクの両者を含んでいる．「押収と介入リスク」の指標は，法律制度に関連したリスクに加えて，政府による押収と契約不履行のリスクをカバーしている（ONDD 2007a）．

　また，表2.6は，韓国の輸出高に関連する政治的リスクの4つのタイプがす

表 2.6 ONDD (Office national du ducroire) リスク評価 (2007年1月)
(スケール 1-7, 1が最低リスク, 7が最高リスク；
A-C, Aが最低リスク, Cが最高リスク)

国	政治的リスク：短期	政治的リスク：長期	政治的リスク：特別取引	商業的リスク	戦争リスク	押収と介入リスク	移転リスク
アメリカ	1	1	1	A	1	1	1
アルゼンチン	3	7	4	C	2	3	6
イギリス	1	1	1	A	1	1	1
インド	1	3	2	B	2	3	3
インドネシア	2	5	3	C	2	4	4
エジプト	2	4	2	C	3	4	3
オーストラリア	1	1	1	B	1	1	1
カナダ	1	1	1	A	1	1	1
韓国	1	1	1	A	3	1	1
シンガポール	1	1	1	A	1	1	1
タイ	1	3	1	A	3	3	2
台湾	1	1	1	B	2	1	1
中国	1	2	1	C	3	4	2
チリ	1	2	1	A	1	1	2
ドイツ	1	1	1	A	1	1	1
トルコ	3	5	3	C	2	2	4
日本	1	1	1	A	2	1	1
フィリピン	2	5	3	B	3	4	4
ブラジル	2	4	3	B	1	2	4
フランス	1	1	1	A	1	1	1
ベトナム	2	5	3	C	4	6	3
香港	1	2	1	A	2	1	2
マレーシア	1	2	1	B	1	2	2
メキシコ	1	2	1	B	2	1	2
ロシア	2	4	2	C	3	4	3

出所：ONDD (2007b).

べての測定尺度でもっとも低く評価され，先進OECD諸国とシンガポールに匹敵していることを示している．特に，東南アジアの発展途上国のように，大規模な発展途上国と移行国のすべては，長期的な政治的リスクを高く評価されている．このような押収と介入のリスク，移転リスクなどのFDIに関連した

カントリー・リスク指標については，韓国は，リスク・ランクが1ともっとも低く評価されている先進OECD諸国——チリ，香港，メキシコ，シンガポール，台湾——のなかに再びランクづけられている．戦争リスクにおいて，朝鮮半島でのもう一つの戦争の可能性はかなり低いとすでに主張されたけれども，韓国は，中国，エジプト，フィリピン，ロシア，タイと等しく3という比較的高いランキングを与えられ，ベトナムが4で上回るにすぎなかった．

2.5.3　世界銀行の世界的なガバナンス指標

カントリー・リスクのもう一つの量的推定は，国を超えて1996年から入手可能な世界銀行のガバナンス指標である（World Bank 2007）．その国のガバナンスの質に関する世界銀行の評価は，ビジネスの視点からカントリー・リスクおよび政治的リスクあるいはそのいずれか一方に直接的および間接的に関連している6つの指標に対して測定される．第1は，「意見表明と説明責任」であり，表現と結社の自由と同様に，それは，国民が政府を選ぶことに参加することができる度合に関係する．第2は，「政治的安定性」であり，政府が国内の暴力やテロリズムを含む憲法に反する手段あるいは暴力的手段によって安定性を欠いたり，打倒される可能性を測定する．第3は，「政府の効果性」であり，公益事業の質，政治的圧力から独立している度合，政策策定とその実施の質を測定する．第4の指標は，「規制の質」に関連しており，民間部門の発展を可能にし，促進する健全な政策と規制を策定し，実施する政府の能力を測定する．第5は，「法の支配」であり，犯罪や暴力の可能性と同様に，諸機関が社会のルール，契約履行の質，警察や裁判所などによって遵守される程度を測定する．第6の指標は，「汚職の統制」であり，公権力が私的な利益のために行使される態度を測定する（World Bank 2007）．汚職は，腐敗に対する抵抗がMNEの経営に対する妨害の可能性を促進するという意味で，政治的リスクに関連している．

表2.7は，1996年と2005年の間に選択された年における韓国に対する世界銀行のガバナンス指標を示している．政情安定を除いて，韓国に対する世界銀

行のガバナンス指標は多少安定したレベルにとどまっているように思われる．第2.3節で検討されたように，「意見表明と説明責任」は，民主主義と政治的自由の重要な進歩を示しているので，その期間に66.2から70.0までの狭い範囲にとどまっており，平均して67.8であった．「政治的安定性」は，指標が1996年の40.6から2005年の60.8へ増加し，この間に韓国の果たした重要な改善を示した．指標が2003年よりも2004年にかなり増加したことに注目することは興味深く，これは弾劾の解決後に政治的な安定の認識が増大したことを反映している．「政府の効果性」は，70.8から81.3までの範囲にあるので，高く安定したレベルにある．これは，すでに述べたように，公務員と彼らのサービスの質の高さを反映している．政府—企業関係を反映している「規制の質」は，少々変動しているけれども，およそ70である．「法の支配」は，1996年の78.0から2003年の67.8へ減少し，2005年までに72.5へ向上した．2003年の指標の低下は，2002年末にあった大統領選挙期間中の，高い政治スキャンダルの発生率を反映している．「汚職の統制」は，1996年には76.6という高いスコアであった一方，その後，1998年から2005年の間は平均しておよそ65に安定した状態を保ったが，その汚職の統制が韓国において効果的ではないことを示している．

　表2.8は，韓国のもっとも重要な貿易と投資パートナーを含む東アジア地域の国々，大きな発展途上国，主要なOECD諸国を含む国の選択に対する世界

表2.7　世界銀行による世界ガバナンス指標，韓国（1996-2005年）

（百分位ランク 0-100）

指　標	1996	1998	2000	2002	2003	2004	2005
意見表明と説明責任	67.3	66.7	67.6	68.6	66.2	70.0	68.1
政治的安定性	40.6	43.4	51.9	54.7	51.9	61.8	60.8
政府の効果性	77.6	70.8	76.1	81.3	79.9	78.5	78.9
規制の質	72.1	53.7	67.5	74.9	70.9	73.4	71.8
法の支配	78.0	71.6	67.8	75.0	67.8	69.2	72.5
汚職の統制	76.6	64.2	67.2	67.2	64.2	59.3	69.0

出所：World Bank (2007).

銀行によるガバナンス指標の7年間の平均（1996年，1998年，2000年，2002年から2005年）の比較を示している．それらのすべての6つの指標について，韓国は，この7年間では主要なOECD諸国であるオーストラリア，カナダ，フランス，ドイツ，イギリス，アメリカよりも相当遅れている．また，韓国は，事

表 2.8　世界銀行による世界的なガバナンス指標：7年の平均
（1996, 1998, 2000, 2002-2005年）

（百分位ランク 0-100）

国	意見表明と説明責任平均(1996-2005)	政治的安定性平均(1996-2005)	政府の効果性平均(1996-2005)	規制の質平均(1996-2005)	法の支配平均(1996-2005)	汚職の統制平均(1996-2005)
アメリカ	90.1	63.3	93.0	92.7	92.5	92.5
アルゼンチン	58.2	41.2	56.6	44.8	42.8	42.8
イギリス	92.2	69.2	96.3	97.0	94.7	95.4
インド	55.5	19.3	52.5	38.6	55.6	46.4
インドネシア	28.7	9.0	39.5	36.3	21.4	15.8
エジプト	21.3	27.6	50.6	39.6	55.6	50.0
オーストラリア	96.5	81.5	94.2	94.2	95.6	94.4
カナダ	91.9	83.0	96.1	91.0	94.5	95.7
韓国	67.8	52.2	77.6	69.2	71.7	66.8
シンガポール	47.5	87.5	99.4	99.4	96.7	98.8
タイ	51.7	43.3	65.6	62.8	59.1	47.8
台湾	70.5	67.9	86.4	82.2	78.1	75.5
中国	7.7	40.7	60.2	41.4	42.6	43.9
チリ	76.1	70.1	87.6	91.0	86.3	89.1
ドイツ	92.8	78.5	92.5	90.7	93.9	93.5
トルコ	35.9	18.7	56.6	61.4	55.0	52.8
日本	77.7	83.3	85.6	78.1	90.2	85.9
フィリピン	52.3	24.4	58.1	56.8	40.2	39.0
ブラジル	58.2	39.6	54.9	57.7	46.8	56.2
フランス	87.9	67.2	91.0	81.9	90.0	90.3
ベトナム	7.9	55.1	46.0	26.1	33.1	27.3
香港	50.0	77.2	90.0	97.5	89.9	91.3
マレーシア	40.1	57.3	78.6	68.2	67.4	68.7
メキシコ	50.1	36.1	60.7	67.0	43.4	45.5
ロシア	32.6	21.2	33.9	32.9	20.6	21.9

出所：7年間の平均は，世界銀行の年一度の指標から算出（2007）．

実上日本よりも遅れて，台湾とマレーシアに概ね似通っており，表 2.8 に含まれている残りの国々よりも一般的に進んでいる．「意見表明と説明責任」に関して，韓国は，主要な OECD 諸国よりも相当遅れている．韓国は，いくつかの発展途上国または韓国に類似した経済発展レベルの国々よりもはるかに進んでいる一方，チリや日本よりもはるかに遅れている．「政治的安定性」について，7 年間の平均は 52.2 であるけれども，明らかな上昇傾向にある．さらに，韓国は，いくつかの似た国よりもはるかに進んでいる一方，先進国よりも政治的に遅れている．「政治的安定性」指標が，その期間にオーストラリア，フランス，ドイツ，イギリス，アメリカよりもかなり低いことに注目してみると興味深い．事実，2005 年のフランス，イギリス，アメリカの指標は，韓国よりも実質的に低い（World Bank 2007）．これらの先進国における低い値は，近年，テロリズムの可能性が高くなったことを示している．

韓国政府の効果性は，主要な OECD 諸国とシンガポールよりもはるかに遅れており，日本，台湾，チリよりもわずかに遅れており，比較検討された残りの国々よりも良かった．「規制の質」と「法律の支配」の両者に関して，韓国のランキングは，これまでの 3 つの指標に類似している．それは，実質的に，OECD の先進西洋諸国とシンガポールよりも遅れ，日本や台湾よりもかなり遅れ，そして，残りの国々よりも進んでいる．最終的な世界銀行の指標，すなわち，「汚職の統制」では，韓国は，主要な OECD 諸国とチリ，日本，香港，シンガポールよりも遅れ，台湾よりもわずかに遅れているのに対して，マレーシアには概ね匹敵している．それでも，韓国は，発展途上国や移行国よりも実質的に高く格付けされた[12]．要するに，上で提示されたように，世界銀行のガバナンス指標が韓国の政治的リスクの質的な評価を支持しているように思われる．政治上の介入を含む韓国の政治的リスクは先進 OECD 諸国とシンガポールよりも大きいが，それは多くの中所得国に匹敵しており，発展途上国や移行国よりもよい．

2.6 おわりに

　カントリー・リスクは，国際ビジネスにとってますます重要になってきている．カントリー・リスクの概念的や経験的な測定に関する文献にはコンセンサスはまったくないけれども，それはビジネス活動と社会的安定における外国との紛争，政治的安定，政府の介入などを含んでいる．韓国と北朝鮮間の政治的，軍事的対立のために，本章は，それらが政治的な対立を示しているので，韓国と北朝鮮間の経済関係を検討した．政治的安定を評価するために，本章では，韓国政治の最近の進展を検討した．政治的な介入において，韓国の政府─企業関係が分析されたが，社会的安定は，実際には韓国の深刻な企業問題ではないので，本章では言及されなかった．そして，カントリー・リスク──OECD，ベルギーの輸出信用調査機関，世界銀行からのものを含んでいる──の公的に利用可能な実証的な測定は，韓国のカントリー・リスクか政治的リスクの定性的な評価を支持するか，または棄却するかが検討された．

　北朝鮮は，2002年に抜本的な経済改革に着手した．北朝鮮の経済改革の見通しは，多くの地政的変数によって制約されるけれども，北朝鮮の政権が経済制度を中央計画制度へ逆行させることを想像することは難しい．韓国と北朝鮮間の経済関係の評価は，はるかに肯定的である．核危機にもかかわらず，貿易高，FDI，旅行者数は，近年着実にすべて増加している．北朝鮮と韓国の両国にかかわる高い政治的，経済的な利害関係を考えると，韓国と北朝鮮間の高いレベルの経済協力が維持されることはありうることである．韓国と北朝鮮間の経済的相互作用の増大は，北朝鮮がさらに経済に打撃を与えることを恐れて政治的，または，軍事的な挑発を行うことを思いとどまるであろう．朝鮮半島における別の戦争の可能性の低さを考えると，韓国にかかわる外国との紛争が起きる可能性はかなり小さい．

　韓国の政局は，過去50年間にわたって，根本的な変化を経験している．1993年に，文民大統領は，30年間にわたる軍事独裁の後に初めて権力を握った．この後1998年に与党から野党へ平和的な政権交代が続き，そして，中

道・左派連立の候補者であった盧武鉉は，2002年に韓国特有の保守的な政治風土によって選出された．2004年に起きた韓国の歴史上初の弾劾危機によって，民主主義が進展し，成熟した．国民は，表現や結社の自由を享受し，政府を選択することに自由に参加している．政権を握っている政府が憲法に反するか暴力的な手段によって存続を危うくさせられるか，または打倒されることは，まったく起こりそうにもない．公益事業の質は高く評価され，そして，規則や規制が適切な民主的なプロセスによって制定されるので，法の支配はかなり支持される．したがって，韓国の政治的リスク，または，政治勢力からの外国企業の経営への妨害の確率は，深刻な懸念の原因にはならない．

韓国経済が国家主導であり，経営活動への政府の介入が1997年まで大規模に行われていたことには一般的にコンセンサスがある．韓国は，1997年の金融危機の結果として経済をグローバルに開放することだけではなく，金融，ビジネス，労働の各部門を再編成することで，長足の進歩を遂げた．公的な規則と規制に関して，貿易，FDI，銀行と企業の規制の分野における韓国の政府—企業関係は，その他のOECD諸国と同水準に改善した．改革の結果として，外国資本は，韓国のビジネス部門にかなり進出している．外国人投資家は，韓国のビジネス部門がさらに経営の透明性を高め，コーポレート・ガバナンスと経営効率を改善し，政府—企業関係における国の介入と共謀への可能性を弱めると予想している．それゆえ，外国のMNEの経営における政治介入は，韓国でビジネスを行う際の重大な懸念にはなりそうにもない．

韓国のカントリー・リスクまたは政治的リスクの定性的な検討を支持するため，一般に公開されているカントリー・リスクの実証的な測定値が検討された．OECDによるカントリー・リスクの評価は，韓国のカントリー・リスクを世界と国内の景気後退によると思われる2年（2001年から2002年）を除いた期間の間に先進OECD国と同等の安定したレートで評価している．OECDによるカントリー・リスクの格付けは，政治的安定と同様に外国との紛争を含んでいるので，韓国のカントリー・リスクが重大な懸念の原因ではないという定性的な評価から議論を支持している．ベルギーの輸出信用調査機関によるカントリー・リスクの測定値は，外国との紛争の可能性を除いて，さらに韓国のカ

ントリー・リスクの定性的な評価を支持している．

　世界銀行のガバナンス指標は，民主主義の発展の程度，政治的安定，政府の効果性，規制の質，法の支配と汚職をカバーしているので，政治的リスクの包括的で経験的な測定値である．その指標は，韓国の政治的安定における著しい改善を支持している．また，全体的に見て，世界銀行の指標は，本章で述べた韓国の政治的リスクの定性的な評価を支持している．政治的介入を含む韓国の政治的リスクが，先進OECD諸国よりも高いけれども，それは，多くの中所得国に匹敵しており，発展途上国や移行国よりもよい．

　結論として，韓国がビジネスをするに当たりかなり安全な国であると主張される．韓国と北朝鮮間の重大な軍事的衝突は，まったく起こりそうにもない．企業経営における政治的リスクと介入は，韓国の十分に育てられた民主主義とそのほかの高度な（進歩した）政府—企業関係のもとで深刻な懸念の原因ではない．これらの議論は，OECDと世界銀行というような信頼できるグローバル組織によるカントリー・リスクまたは政治的リスクの経験的な測定値で支持されている．

（訳・金　貞　姫）

注

1) 主要な商業的なカントリー・リスク評価機関は，以下を含んでいる．すなわち，Economist Intelligence Unit, Euromoney, Institutional Investor, International Country Risk Guide, Moody's, Political Risk Services, Standard and Poor's (Hoti and McAleer 2004) などである．
2) ビーミッシュならびにその他（2000, p. 201）は，MNEの活動への政府の介入について議論している．たとえば，強制的合弁事業，一方的な契約再交渉，政治リスクへの必要条件などである．文献のおおまかなレビューから経験的な研究は見つからず，政府介入の数を従属変数として使用している．
3) 韓国人は，同質的な民族の背景をもっているので民族紛争がない．キリスト教，仏教，儒教というような韓国で確立されたいくつかの宗教があるが，韓国人は宗教的な違いに対して非常に寛容である．教育とジェンダーのレベルによる微妙な社会的階層化があり，そして，所得と富のレベルによる二極化が，最近の社会問題として浮上している．しかしながら，これらはいずれも，経済や経営活動に関して深刻な社会的問題あるいは懸念とはなっていない．したがって，社会的安定性は韓国に

おける政治的リスクのために顕著な懸念ではない．
4) 北朝鮮の経済データはきわめて制限されており，誤差が起こりがちであり，一般的には「信頼できる」というよりはむしろ「表示している」として考慮されるべきであることに注意することは重要である．
5) 北朝鮮の2002年の経済改革のさらなる分析のために，クォン（2007）を参照されたい．
6) 韓国の文化と儒教については，第3章を参照されたい．
7) このことは，よいモラルと人道主義態度がほぼ満場一致で政治においてもっとも重要な属性として認められることを明らかにしたヘルゲーセン（Helgesen）によって1990年と1995年に実施された調査により支持された（Helgesen 1998, p. 251）．
8) この信念は，ソウル国立大学の社会科学研究所によって1996年に実施された全国調査で支持されており，回答者の72パーセントは政党が互いに異なっていないと報告していることを明らかにした（Shin 1995, pp. 31, 37）．
9) 韓国の経済における国の介入のさらなる詳細な検討については，第1章を参照されたい．
10) その金融危機の根本的な原因として，韓国の政府の介入のさらなる議論については，Kwon（2003）を参照されたい．
11) カナダを含むいくつかの先進国は，外国人が国内の商業銀行の取締役になることを許可していない．
12) 国際透明性機構（Transparency International：TI）は，腐敗認識指数をまとめている．この指標は，9つの機関による12の調査から生み出されたデータに基づいている．世界銀行，Economist Intelligence Unit, Freedom House, 国際経営開発研究院（International Institute for Management Development：IMD），Merchant International Group, Political and Economic Risk Consultancy Hong Kong, 国連アフリカ経済委員会，世界経済フォーラム（World Economic Forum：WEF），World Markets Research Centre（TI 2006）などである．腐敗認識指数に関する韓国の比較のパフォーマンスは，世界銀行による腐敗指標の統制の傾向を大部分反映している．韓国の腐敗認識指数の最近の変化については，第7章を参照されたい．

参 考 文 献

Ahn, Yinhay (2003), 'North Korea in 2002 : a survival game', *Asian Survey*, 43 (1), pp. 49-63.

Bank of Korea (BOK) (2005), 'Gross domestic product of North Korea in 2004', http://www.bok.or.kr/contents_admin/info_admin/eng/home/press/pressre/info/NKGDP20042.doc.

Beamish, P.W., A.J. Morrison, P.M. Rosenzwig and A.C. Inkpen (2000), *International Man-*

agement : text and cases, 4th edn, Boston, MA : Irwin McGraw-Hill.

Bishop, Bernie (2003), 'Will East Asia follow Korea's lead in liberalizing foreign direct investment policy?' in O. Y. Kwon and W. Shepherd (eds), *Korea's Economic Prospects : From Financial Crisis to Prosperity*, Cheltenham, UK and Northampton, MA : Edward Elgar Publishing, pp. 98-112.

Cha, Dong-Se (2001), 'The Korean economy into the new millennium : reform and revival', in O. Y. Kwon and W. Shepherd (eds), *Korea's Economic Prospects : From Financial Crisis to Prosperity*, Cheltenham, UK and Northampton, MA : Edward Elgar Publishing, pp. 39-59.

Choe, Sang T. (2003), 'North Korea moving from isolation to an open market economy : is it time to invest or to continue observing', *Competitiveness Review*, 13 (2), pp. 60-9.

CIA US (2007), *The World Factbook*, www.cia.gov/cia/publications/factbook.

Dichtl, E. and H. G. Koglmayr (1986) 'Country risk ratings', *Management International Review*, 26 (4), pp. 4-11.

Freedman, Amy L. (2005), 'Economic crises and political change : Indonesia, South Korea, and Malaysia', *Asian Affairs*, 31 (4), pp. 232-49.

Fukuyama, Francis, Bjorn Dressel and Boo-Seung Chang (2005), 'Facing the perils of presidentialism', *Journal of Democracy*, 16 (2), pp. 102-16.

Hahm, Chaihark and Sung Ho Kim (2005), 'Constitutionalism on trial in South Korea', *Journal of Democracy*, 16 (2), pp. 28-42.

Helgesen, Geir (1998), *Democracy and Authority in Korea : The Cultural Dimension in Korean Politics*, Great Britain : Curzon.

Hodgetts, Richard M. and F. Luthans (2003), *International Management*, 5th edn, Boston, MA : McGraw-Hill Irwin.

Hoti, Suhejla and Michael McAleer (2004), 'An empirical assessment of country risk ratings and associated models', *Journal of Economic Surveys*, 18 (4), pp. 539-88.

Jwa, Sung Hee and Insill Yi (2001), 'Korean financial crisis : evaluation and lessons', in O. Y. Kwon and W. Shepherd (eds), *Korea's Economic Prospects : From Financial Crisis to Prosperity*, Cheltenham, UK and Northampton, MA : Edward Elgar Publishing, pp. 73-98.

Kang, Won Tack (2005), 'Ideological clash of progressives and conservatives in Korea', *Korea Focus*, 13 (5), pp. 63-80.

Kaufmann, D., A. Kraary and M. Mastruzzi (2003), 'Governance Matters Ⅲ : governance indicators for 1996-2002', World Bank Research Working Paper 3106, World Bank, http://www.worldbank.org/wbi/governance/pubs/gpvmatters2001.htm.

Kim, Kwag-ok (1988), 'A study on the political manipulation of elite culture : Confucian culture in local-level politics', *Korea Journal*, 28 (11), pp. 4-16.

Koo, Y. N. and S. J. Han (1985), 'Historical legacy', in Y. N. Koo and S. J. Han (eds), *The Foreign Policy of the Republic of Korea*, New York : Columbia University, pp. 3-13.

Korea Herald (2006), 20 October.

Korea Institute for International Economic Policy (KIEP) (2004), *North Korea Development Report 2003/04*, Seoul : KIEP.

Korea. net (2005), 'Mt Geumgang tourists exceed 1 million', 16 June, http://www.korea.net/News/News/NewsView.asp?serial_no=20050616020,accessed 23 June 2005.

Kwon, O. Y. (1998), 'The Korean financial crisis : diagnosis, remedies and prospects', *Journal of the Asia Pacific Economy*, 3 (3), pp. 331-57.

Kwon, O. Y. (2000), 'Weaknesses of Korean Politics and their remedies' (in Korean), *Korea Economic Daily*, 24 April.

Kwon, O. Y (2003), 'Korea's economic policy framework in the globalization era' in O. Y. Kwon, S. H. Jwa and K. T. Lee (eds), *Korea's New Economic Strategy in the Globalization Era*, Cheltenham, UK and Northampton, MA : Edward Elgar Publishing, pp. 29-49.

Kwon, O. Y. (2006), 'Recent changes in Korea's business environment : view of foreign business people in Korea', *Asia Pacific Business Review*, 12 (1), pp. 77-94.

Kwon, O. Y. (2007), 'The North Korean economy and inter-Korea economic relations', mimeograph.

Lee, Hong Yung (2004), 'South Korea in 2003 : a question of leadership?' *Asian Survey*, 44(1), pp. 130-38.

Lee, Jong-Wha (2004), 'Lessons from the Korean financial crisis', in C. Harvie, H. H. Lee and J. G. Oh (eds), *The Korean Economy : Post-Crisis Policies, Issues and Prospects*, Cheltenham, UK and Northampton, MA : Edward Elgar Publishing, pp. 11-24.

Lee, Young-Sun and D. R. Yoon (2003), 'Inter-Korea economic relations : past, present and future', in O.Y. Kwon, S.H. Jwa and K. T. Lee (eds), *Korea's New Economic Strategy in the Globalization Era*, Cheltenham, UK and Northampton, MA, USA : Edward Elgar Publishing, pp. 13-26.

Ministry of Unification (MOU) (2005), monthly 'Overview of intra-Korean exchanges' and cooperation', January 2002-December 2004, http://www.unikorea.go.kr/en/presspublic/presspublic.php?page_code=ue0304&ucd=eng0202.

New York Times (2006), 'South Korea's president sage in opinion polls', *New York Times*, 27 November.

Nicolas, Francoise (2006), 'Post-crisis economic reform in Korea : Unfinished business', paper presented at the Conference on Political Change in Korea since the 97 Asian financial Crisis : *Strategies, Trend and Perspectives*, Seoul, June.

OECD (2007a), 'Country risk classification', http://oecd.org/documentprint/0,2744,

en_2649_34171_1901105_1_1_1_37467,00.html, accessed 7 February 2007.
OECD (2007b), 'Country risk classification', http://www.oecd.org/ech/xcred/, accessed 7 February 2007.
Oh, Seung-yul (2003), 'Hands across the DMZ', *Invest Korea Journal*, September-October, http//www.ikjoural.com
Office National du Ducroire (ONDD) (2007a), 'Country risks explanation', http://www.ondd.be/webondd/Website.nsf/fcb407daa2d2c578c125677f002ccd69/00d08a1833de6495c125676e002bbbaa?OpenDocument&Highlight=0,explanation, accessed 7 February 2007.
Office National du Ducroire (ONDD) (2007b), 'Country risks summary table', http://ondd.be/webondd/Website.nsf/AllWeb/Rapport+Annuel/$File/CHART.pdf, accessed 7 February 2007.
Park, Myung-lim (2005), 'Korea's constitutional democracy and President Roh's impeachment case', *Korea Focus*, 13 (4), pp. 82-113.
Shenkar, Oded and Yadong Luo (2004), *International Business*, Hoboken, NJ: John Wiley and Sons, Inc.
Shin, Doh Chull (1995), 'Political parties and democratization in South Korea: the mass public and the democratic consolidation of political parties', *Democratization*, 2 (2), pp. 20-55.
Transparency International (TI) (2006), 'Corruption perceptions index' (CPI), various years, http://www.transparency.org.
World Bank (2007), 'WGI: worldwide governance indicators country snapshot', http://info.worldbank.org/governance/kk2005/mc_table.asp, accessed 7 February 2007.

第3章　転換期における韓国の社会と文化

3.1　はじめに

　他の文化をもった人々とビジネスを行う際の成否は，彼らと技術をどれくらい効果的に使用することができるかにかかっている．その能力は，順に仕事に関連した専門的知識と異文化への感受性や反応次第である．したがって，文化的な感受性や反応は，国際ビジネスにおける成功に不可欠で，文化の性質とそれがビジネス慣行にどのように影響を及ぼすかについてより多くを学ぶことによって改善される．海外任務の場合に，失敗率——任命期間が終了する前に任命された従業員が帰国する率——は実に高く，40パーセントから70パーセントにわたり，大部分は技術的あるいは専門的な能力がないということよりもむしろ外国文化を理解し，適応する能力がないことから生じる（Hill 2005, p. 624；Ferraro 1994, p. 7）．

　「文化」という言葉は，人類学やマネジメントの領域では，多数の研究者によってさまざまな方法で定義されてきた[1]．文化は，本質的に国またはコミュニティにおける人々によって共有される学習された行動のパターンに関連している．この人類学的な意味で，文化は，人々によって共有される態度，行動，価値観，規範，信念を含んでいる（Ferraro 1994, p. 17）．社会の文化には，ほとんどの人々がほとんどの時間にどんなことを行い，考えているかについてのおおよその一般化があることに留意する必要がある．文化的な規範は，行動に対して強い影響を及ぼすが，それは人々が一定の状況でどのように反応するかについて正確に予測するために用いられる厳しい命題ではない．言い換えると，

ほとんどはそうしないが，一部の個人は，彼らの文化的な規範と違った行動をするであろう．文化は，遺伝的プロセスというよりもむしろ，環境との相互作用と学習のプロセスによって，代々伝達される．

文化は，充足されなければならない基本的で普遍的な人間の欲求を満たす方法として発達する (Ferraro 1994, p. 24)．これらは，基本的な生理的要求，生殖，教育，社会統制，超自然的な信念を含む．このようにして，国の文化は，有力な宗教，地理的な環境，支配的な政治および経済システム，言語によって形成される．したがって，文化は，これらの決定要因が異なるので，国ごとに違い，そして，文化は，正しいとか，よいとか比較することもできないし，判断することもできない．独自の宗教と言語とともにユニークな地理的環境のなかで孤立した国としての長い歴史を通して，韓国は独自の独特な文化を発達させた．

文化は，停滞しない．むしろ，文化の決定的な要因の変化に最適に反応するために自体を変形し，順応する．たとえば，物質的に豊かで身体的に安全な環境で成長して大人になることは，危険と生存のもっとも基本的な懸念に満ちた環境で育つ場合よりも物質的な価値体系を生み出す傾向がある．しかしながら，研究は，文化が変化するが，それが長期にわたってきわめてゆっくりした足取りで変化することを示している (Ferraro 1994, p. 18)．長期にわたって主要な決定的要因が変化するにつれて，韓国文化も変化するということになる．

社会と文化は，共生関係のなかで存在する．どちらももう一方がなければ存在しないし，両方の理解は，どんな特定の社会集団のなかでも個人の行動を理解する際に必要である．社会は，共通の文化を有する国または地域の人々の集団と定義することができる．この定義では，社会は，文化の概念と同義である．しかしながら，社会は人間が参加する社会的な取り決めとして定義される文化以上のものである (Waters and Crook 1993, p. 76)．したがって，社会は，社会階級の階層化と社会階級間の可動性というような独自の構造と動態性をもっている．社会と国家の間には，厳密な1対1の対応はまったくない．後者は，政治上の創造物である．その結果，国には，カナダにおけるフランス系カナダ人社会やイギリス系カナダ人社会というように複数の文化または社会がある．

他方では，社会は，イスラム社会というように国境を越えることができる．韓国社会は，共通した文化と独自の構造的な組織および動態性によって一緒に結びついた韓国における人々を伴う．韓国社会は，韓国人が共通した1つの文化を有することと同様に共通した民族的背景をもっているという意味で同質的社会である．本章は，韓国文化の顕著な特徴を描写し，文化におけるそのような特異性がなぜ発達したかを分析する．それから，本章は，韓国における文化的な変容を検討し，韓国の文化と社会の見通しを評価する．

3.2　韓国文化

　国の文化を明らかにすることは，それ自体興味深いだけではなく，外国とビジネスする際にきわめて重要でもある．国の文化についての考えが明確な境界によって国家の存在に基づいているので，国家内の多様性，紛争，変化が国の文化の識別を追求する際に主に無視されることに留意する必要がある．国際ビジネスの領域のなかで，国の文化は，国家の政治的な境界内で優位を占める文化と定義される（Cullen 2002, p. 40）．文献では2つのモデルが，国の文化を明らかにし，測定するために広く用いられてきた．1つは，クラックホーンならびにストローベック（Kluckhohn and Strodtbeck 1961）によって導入された一般的な人類学的なアプローチであり，もう1つはホーフステッド（Hofstede 1980）によって導入された．前者は価値志向における変異を重視している一方，後者は異文化間の組織の効果や違いを重視している．本章では韓国文化を，最初にクラックホーンならびにストローベック・モデルを用いて，次に，ホーフステッド・モデルを用いて分析する．

　クラックホーンならびにストローベック（1961）による価値志向モデルは，文化的価値観の発達における主要な要因を明らかにする5つの基本的な疑問に基づいている．それらは，以下の通りである．すなわち，基本的な人間性とは何か？　人々はどのように自然と関係をもつのか？　時間の意味とは何か？　人々は，どのように行動するのか？　人々とお互いとの関係とは何か？

　第1に，生まれながらの人間性は，人々が他者，特に従属者と対応する方法

に関連する文化的価値観の発達を引き起こす．たとえば，もし生まれながらの人間性が悪いと仮定されれば，強圧的な権威主義的なリーダーシップが発達するであろう．しかしながら，もし人間性がよいと考えられれば，協力的なリーダーシップが発達するであろう．自然と人間の関係に関して，文化は，自然が人々を支配するか，あるいは，人々が自然を支配するかどうかに関する価値観を発展させる．このような場合に，起こり得る文化的価値観は，自然に対する支配，自然との調和，自然の征服を含んでいる．時間の意味に関して，文化は，過去，現在，未来の志向を発展させる．主要な活動様式に従って，文化は，活動へのアプローチにおいて「存在」から「行為」の範囲にまで及んでいる．「存在」の文化の中で，人々は，彼らの目前の状況に自発的に，感情的に反応し，活動の結果を地位のせいにする．「行為」の文化の中で，人々は，行動と勤勉な仕事を重視する．最後に，その他の人々との人間関係に関して，文化は，人々がどのようにお互いに対応するかに関して価値観を発展させる．これらの状況下で，起こり得る文化的価値観は，集団主義から個人主義までの範囲に及んでいる[2]．

　クラックホーンならびにストローベック (1961) によって提起された上述した5つのそれぞれの疑問に従って，文化の比較が文献で広く追究されたが，これらの疑問を直接扱った韓国文化の明確な特徴に関する研究を見つけることは難しい．しかしながら，価値志向に基づいた韓国文化に関する多数の論文が存在している (Kweon 2003; Han 2003; Yi 2003; Hahm 2003)．価値志向に関して一般的にこれらの研究の基礎となっている韓国文化の顕著な特性は，以下を含んでいる．すなわち，階級的集団主義，家父長制家族主義，権威主義，地位意識，世俗主義，強いナショナリズムなどである (Yi 2003; Han 2003; Kweon 2003)．

　国の文化を分析するために用いられたもう1つのモデルは，ホーフステッドの有名な国の文化モデルである．ホーフステッド (1980) のモデルは，4つの文化的なディメンションに基づいている．すなわち，権力の格差，不確実性の回避，個人主義，男性化である．その後，ホーフステッド (1991) は，長期志向というさらなるディメンションを加えた．権力の格差は，不平等が縮小でき

ない人生の現実とみなされる程度に関係がある．不確実性の回避は，あいまいさに対する寛容の程度に関連している．個人主義—集団主義は，個人と集団の関係に焦点を合わせている．男性化—フェミニズムは，伝統的な男性志向に対する支持の程度に関係がある．最後に，長期志向は，国の文化における長期志向の程度に関係がある．

　ホーフステッド（1980, 1991）は，多くの国々に対してこれらの5つの文化的ディメンションの特定の指標を提供し，これらの文化的価値観に基づいて比較を容易にした．韓国に対するホーフステッドによる権力の格差，不確実性の回避，個人主義，男性化，長期志向の文化的価値観の測定値は，以下の通りである．すなわち，それぞれ60，85，18，39，75である（Hofstede 1991）．ホーフステッドの研究によると，韓国人は，不平等と階級社会を生き方として受け入れる際に高く得点し，不確実性あるいは危険を強く避ける．また，韓国人は，集団主義の信念の固い信奉者であり，男性化には低い傾向をもっている．最後に，韓国人は，特に欧米諸国と比較すると，長期志向が高い．上述したように，彼らの焦点は異なっているが，ホーフステッドによる韓国文化の分析は，韓国人の研究者によって明らかにされた文化的特性と大部分が一致している．この問題は，主要な文化的な決定要因を通して研究されるであろう．そうすることによって，韓国文化の顕著な特徴は，さらに追究されるであろう．

3.3　韓国文化に対する歴史的影響

　第2章で検討されたように，韓国には，悲劇，戦い，勝利，成功によって中断されたこともあったが，5000年以上にわたる長い歴史がある．これらの歴史的発展は，今日の韓国の文化と社会を形成する際の手段となっている．韓国人は単一の民族集団の子孫であり，部族共同体の無数の台頭と崩壊の後に，3つの高度に中央集権的な古代王国である高句麗，百済，新羅がおよそ紀元前57年頃に出現し，半島で繁栄した．それから西暦668年に，三国時代は終わり，半島は新羅王国の下で独立国として統一された[3]．

　北の隣人，中国との絶え間ない戦いの後に，新羅王国は崩壊し，高句麗によ

って引き継がれた．また，高麗時代（935-1392）は，中国，モンゴル，日本などの諸外国との周期的な戦争によって特徴づけられた．高麗王朝は1392年に朝鮮（李）王朝（Chosun Dynasty）に取って代わられ，李王朝は500年以上も続き，世界でもっとも長く継続して支配した王室の1つとして紹介される．李王朝末期の数世紀の間に，韓国は，隣国である日本と中国との絶え間ない戦争に携わっていた．

19世紀後半に，ヨーロッパの帝国は，東アジアに達した．この時までに，中国と日本は，外国に開国し始めていた．しかしながら，1876年に外国人に開放することを強制されるまで，韓国は厳密な鎖国政策を維持し，「遁世者王国」というあだ名をつけられた．20世紀のはじめまでは，韓国の3つの隣国である中国，日本，ロシアは，朝鮮半島に対する支配を得るために，互いに競い合った．日本は，1895年に中国を，1905年にロシアを，それぞれ別の戦争で破り，韓国を完全に日本の支配下においた．韓国は，その後1910年に日本によって占領され，1945年までの35年間日本の植民地のままであった．韓国人は，日本から国を解放するために絶え間なく戦ったが，彼らは，決して成功することなく，厳しく容赦のない植民地の抑圧のままであった．この期間に，日本は，韓国の言語と韓国の姓を禁止することによって完全に韓国文化を破壊しようとした．同化の努力は，単に1945年の第二次世界大戦における日本の敗戦で終わった．

日本の植民地支配からの解放と同時に，朝鮮は外国の軍隊によって2つに分割された．ソ連は緯度の38度線の北側を占領し，一方，アメリカが38度線の南側を占領した．ソ連とアメリカ間の冷戦の緊張と対立は，朝鮮からすべての占領軍を撤退させ，独立して統一した国家を再建するという当初の協定の履行を妨げた．ソビエトは1948年に北側に共産主義政府の朝鮮民主主義人民共和国を設立した．一方，同年にアメリカが南側で資本主義的民主主義の大韓民国を樹立した．

1950年6月に，北朝鮮は，3年にわたる同胞同士の殺し合いの戦争の引き金を引いて，正当な理由もなく韓国へ全面的な侵略を開始した．半島全体は，戦争によって荒廃した．多くの他の国々が戦争にかかわるようになった．その

なかには，北朝鮮の同盟国としてソ連と中国を含み，北朝鮮の「攻撃」から韓国を防衛するための国連軍の指揮下にアメリカなど16ヵ国が含まれていた．およそ300万人の死者を出し，数百万人が住む場所を失い，多くの家族を離散させた戦争は1953年の停戦協定によって終わったが，その際，両国の境に非武装地帯が設置された．東西冷戦という政治的な理由により，この境界は永久に続くよう堅固なものとなり，非武装地帯は今日も依然として朝鮮半島を分断している．

　この長く激動の歴史のなかで，韓国には，強いナショナリズムが発達した．強力な近隣国によって囲まれているが，韓国人は，単一民族として5000年の独立した歴史を誇らしげに主張する．その長い歴史についての絶え間ない外国の侵入，侵略，影響は，韓国のナショナリズムを強くした．特に，韓国が半島で地政的な「勢力範囲」を確立しようとした3つの強国間（中国，日本，ロシア）の議論の的になった19世紀の終わりに，国民が国の独立に脅威を認識したときに，草の根のナショナリズム運動が現われた．日本の植民地期間（1910年から1945年）に，日本人は，朝鮮の国の精神とアイデンティティを根絶しようとした．皮肉にも，韓国のナショナリズムは，日本の植民地支配の弾圧に対する共同した結束によって強化された．韓国の独特の文化と社会は，そのような強くいきわたっているナショナリズムの下で発展した．

　韓国は，敵対的な大国に囲まれ，ナショナリズムの強い意識を発達させたにもかかわらず，朝鮮の人々は，国を防衛するために軍事行動をとることに耐えた．長い歴史を通して，朝鮮の人々は，中国があまりにも強力で挑戦することができないとわかっており，自分たちが中国の保護の傘のもとで生きることに委ねた．中国は，韓国が軍事力を築き上げることを許さないと広く考えられていた．その結果，軍国主義は，民心または社会的な関心を決して得ることができなかった．さらに，軍人は，李王朝の時代に，社会階層で学者または公務員よりも下であるとみなされた．また，朝鮮王朝の時代に商人が朝鮮でもっとも低い階級に属していたので，商人階級にとって軍事的防衛とロジスティックスを発展させる必要性がまったくなかった．そして，中国は，朝鮮王朝が広範囲な取引関係があった唯一の国であった．したがって，韓国の多くの人類学者

は，朝鮮文化のきわだった特徴が，日本文化と比較して，前者が「文学の文化」であるが，後者が「戦士の文化」であると述べている（たとえば，Kweon 2003, p. 41）．

3.4 韓国文化に対する宗教的影響

宗教は，文化と密接に絡み合っている．宗教には，日常的な行動の道徳律を規定するそれ自身の信念，価値観，規範がある．したがって，キリスト教やイスラム教などの宗教に基づいた世界の倫理システムによって証明されているように，宗教的な影響は，文化のもっとも強い形態の1つである．これは，さまざまな宗教が道徳律を大いに形成し，今日でさえそうし続ける韓国には当てはまっている．

1つの宗教が支配的であるいくつかの文化とは異なり，韓国の社会は，多種多様な宗教的な要因を含んでいる[4]．歴史の初期の段階から20世紀のはじめまで，外国の侵入によって韓国人の心の平和は頻繁に乱され，そのために彼らは宗教活動に慰めを求めた．その結果，宗教的な信者の人数は，急速に拡大した．続く王国と王朝は支配のために，統治の合法化と好都合な手段として宗教の教義を採用した．それゆえ，宗教と政治の機能は結合され，それによって宗教的な影響は，韓国の長い歴史を通して強いままであった．

歴史的に，韓国人はシャーマニズム，仏教，儒教を受け入れてきた．現代では，特に朝鮮戦争の後，キリスト教が韓国に強く影響を及ぼし始めた．シャーマニズムは，組織的構造がなく，民間伝承と風習で人々の日常生活に浸透する民間宗教である．仏教と儒教が持ち込まれる以前に存在した韓国のシャーマニズムは，天体と同様に岩，木，山，水を含む自然界のあらゆる対象に存在すると信じられている精霊の崇拝を含んでいる．シャーマニズムは，洗練された宗教的な構造をもっている仏教と儒教に徐々に場を譲った．しかしながら，仏教と儒教は，シャーマニズムの信念と風習の放棄を結果的にもたらさなかった．それらは，シャーマニズムの信仰の要因を同化し，平和のうちに共存した．シャーマニズムは，韓国の人々の根底にある宗教のままであり，文化の不可欠な

側面である（Yi 2003）．

　仏教は，終わりのない輪廻で生まれ変わることによって個人の救済を重視する非常に規律の高い，哲学的な宗教である．仏教は，4世紀の三国時代に朝鮮半島に伝えられ，君主の加護のもとですばやく隆盛をきわめた．仏教は，個人の宗教的な欲求を満たすだけではなく，支配のための便利な倫理基準と好都合な手段でもあった．仏教によると，貴族として生まれることは，前世の徳の報償であった．さらに，ブッダは，崇拝の1つの対象として，また権威の1つの対象として，国王にとても似た存在だった．半島を統一した新羅は，仏教に対する信仰を国の安全の保証とみなし，その支配者は国の宗教として仏教を受け入れた．次の高麗王朝の支配者は，仏教の加護にさらに熱心で，国の宗教として維持した．仏教に対する個人と国の献身は，僧侶の特権的な地位につながり，僧侶は土地を下賜され，聖職者の地位を与えられた．したがって，仏教は，政府や人々の態度，行動，価値観，慣習に影響を及ぼした．しかしながら，一部の僧侶が贅沢な生活に満足し，政府の運営に介入したので，仏教儀式の崇拝は堕落し始めた．

　李王朝の創立者は，政府から仏教のすべての影響を取り除こうとし，国家の管理と倫理規律の指導原理として儒教を採用した．儒教は，仏教と同時期の三国時代に韓国へ持ち込まれ，李王朝以前の朝鮮社会に，すでに実質的な影響を及ぼしていた．儒教は，李王朝の時代に500年以上にわたって公的な考え方としてそのまま残り，韓国社会に対してもっとも重要で永続的な影響を与えた．

　儒教が宗教であるかどうかは，論争の余地がある．宗教は，道徳体系を教えられる信念と儀礼の体系と定義されるであろう（Hopfe 1987, p. 2）．一般的に，宗教には5つの要因がある．すなわち，精霊・神・悪霊などの目に見えない世界，精霊と交信を通わすために作られた儀式，神聖な経典と福音，来世の教義，大勢の信者などである（Hopfe 1987, p. 3）．世界の多くの宗教が，これらのすべての要因を満たしているとはかぎらない．孔子の教えが宗教であるというつもりは決してないし，孔子はたぶん神への祈りを価値がないものと考えた無神論者であったが，彼の主要な関心事は人間社会の本質であると主張される．儒教には，聖書もなければ，来世の教義もない．それは，「天国」を漠然とし

た超自然的な精神と呼ぶが，特定の神をもっていない．しかしながら，儒教は孔子の教え，特定の儀式，多数の信者に基づいた一連の規律をもっている．上述したように，宗教は，日常生活の信念，価値観，規範を規定し，禁止する自分たちの道徳律をもっている．この意味で，儒教はある種の宗教であると考えられる．

　数世紀にわたる強い儒教の影響のもとで，韓国は，主要な文化的な特徴として階級的集団主義を発展させた．儒教は，自然人，孔子（紀元前551-479年）とその弟子によって規定された倫理である．基本的に，それは，調和のとれた社会と家族のよい管理，維持を広げるために作られた倫理規律の体系である．これは，集団主義の基礎である．儒教は，主に特定の機能を家族と社会の各成員に割り当てることによってこれらの目標を達成しようとする．これらの家族，社会的役割，責任は，儒教の5つの関係とこれらの関係を支配する倫理的な指針によって要約される．第1の関係は，支配者と非支配者の関係であり，支配者が非支配者に善意をもって対処することを享受し，非支配者は支配者に忠誠を尽くすことを享受する．次は，父親と息子の関係であり，父親が息子を育てる際に確固不抜で慈愛に満ちていることを享受し，息子が父親に向って従順で孝行することを享受する．兄と弟の関係も同様であり，兄が弟を助ける責任を与えられ，弟は兄を尊敬する義務を与えられる．次は，夫と妻の関係であり，夫は妻を導き，妻は夫に従う．5つの関係の最後は，友人同士である．友人同士の関係は，信頼に基づかなければならない．友人の関係を除いて，これらの関係はすべて本質的に階級的である．それでも，友人の間でさえ，年齢，知性，富などのさまざまな基礎に根ざしている微妙な階級的な関係が存在する．

　国の倫理規律としてこれらの関係を継続的に教え込むことは，韓国において強く，おそらく独特な集団社会を発展させた．それは，垂直的に構造化され，本質的に階級的である．相対的な社会的ランクづけは，家柄，年齢，性別，教育水準，職業などのさまざまな要因で決定される．この階層的な社会のもとで，忠誠，孝行，服従，信頼は，主要な行動規範である．同時に，儒教の倫理規律は，互恵性の概念を重視する．社会的ランクに関係なく，個人には他者の高潔で敬虔な行為に報いる義務がある．これらの行動規範は，他者の考えを重

視し，集団や社会の規範に服従させる個人の思想，意見，考えの価値を重視しない．これらの倫理規律のもとでは，韓国人は，彼らのアイデンティティが彼ら自身の個性よりも彼らが所属する集団や，集団においてもっている地位から生じることを個人に絶えず気づかせる強い集団主義を発展させた．

　人々の集団が存続することができるならば，それらは，社会秩序を保存する確立した方法を発展させなければならない．言い換えれば，その方法に関係なく，社会として生き残るために，あらゆる社会には，人々に社会的ルールに従うよう強制する社会的統制システムがなければならない (Ferraro 1994, p. 25)．韓国は，社会的統制システムとして権威主義を発展させた．韓国の王朝の歴史を通して，王は，国の舵をとった．彼は，領地のなかでもっとも高い権威者であり，専制的な支配者として国を統治した．しかしながら，李王朝の時代に，国王は彼の権限を効果的に縮小した強力な貴族の宮廷に絶えず囲まれていた．儒教の支配概念によると，王は賢明で公正であり，力よりもむしろ道徳や慈悲によって支配すると考えられた．王は，すべての儒学者や貴族であった彼の先生と相談相手によって儒教の王位の高い理想を絶えず思い出した．貴族の地位にある人だけが官僚試験を認められ，その結果，官僚になる機会があった．そのような統治システムのもとでは，強力な貴族に囲まれて実権を握っている王によって，韓国は封建制度を発展させなかったが，その代わりに重要な文化的な側面として強い権威主義を発展させた．

　韓国の儒教は，トップに貴族と学者をおいて，農民，商人と職人，奉公人とその序列が続き，社会階層を促進させた．強い権威主義をそなえた垂直的に構造化された社会で，韓国人は，社会のなかでの地位を鋭く意識するようになり，他者によってそれに応じて扱われると期待し，それによって地位意識あるいは面子を保つ意識という文化的な特性を発展させた．

　韓国文化のもう1つの顕著な特徴は，強い家族主義である．韓国の公共生活を支配した貴族は，比較的少なく，何百という強力な家族の血縁集団から構成される社会の最上層であった．李王朝の時代に，貴族集団の血統は，集団が男性との関連を通して世代にわたって追跡できるという意味で，父系制であった．子孫は，通常，高官であった先祖に集中し，特定の身分で姓と先祖の地位

を同一にした．したがって，社会における重要な地位は，男性の相続人を通して家系を維持することで達成された．その結果，伝統的な韓国社会は，家族，親族，親孝行に最大の重要性をおき，それによって韓国文化の重要な特性として強い家族主義を発展させた[5]．そのような強い家族主義の文化のもとでは，家系を記録に残すことは，朝鮮王朝の貴族や上流階級にとってきわめて重要であった．

　儒教の強い影響下の韓国の伝統的社会で，社会的地位は，人の将来を決定する上で重要な要因であり，社会的地位は次に家柄で大部分決定された．したがって，家族の単位は，社会全体における人間の相互関係にきわめて重要なポジションを占めていた．貴族の家族集団は別として，2つのその他の低い階級があった．すなわち，平民（農民，商人，職人）と家族のための奉公人である．これらの低い階級には，貴族のレベルへ出世するチャンスはまったくなかった．

　韓国は，妻と母としての役割を中心に，女性のアイデンティティに関して家父長制家族主義と集団主義を発展させた．女性は，家系図にめったに追加されることもなく，もしこの名誉が女性に授けられたとしても，彼らの夫の名前の下に記されるだけであろう．家族における女性の主な役割は，家系を継続させるための男性相続人の出産と，家族のために家庭サービスを提供することであった．女性は，家庭という舞台の中だけで権力と地位をもっていたにすぎず，美徳，礼儀，作法をもって常に行動することが期待されていた．

　また，教育は，文化の決定要因とみなされる．それぞれの新生児に社会で生活様式を自ら発見することを期待するよりはむしろ，社会は，代々引き続いてその文化遺産を伝える組織化された方法を提供する（Ferraro 1994, p. 25）．このようにして，国は，教育制度に応じて異文化を発展させる．儒教は，教育を非常に重視する．しかしながら，儒教のもとにおける教育の主な内容は，系統的な知識を学ぶのではなく，その他の知識の分野を軽蔑し，儒教の道徳規律を学ぶことである（Ahn 1999, p. 281）．500年以上にわたって，李王朝の官僚になるために，人は，文官試験，すなわち，儒教倫理と文学に関する知識の試験に合格しなければならなかった．この統治制度は，教育に高い価値をおき，そして，教育制度は儒教を強化した．

また，韓国の言語も，韓国の文化を形作り，維持する上で重要な役割を果たした．国の言語は，文化を伝達し，学習する手段として，文化に重要な関係がある．また，言語は，文化と一緒になって発達するので，一般的な文化を強化する．韓国の文化的特徴は，社会的地位または関係した階級次第で表現が異なり，韓国語によく反映されている．この関係的な言語の毎日の使用は，韓国人の間でいきわたっている文化的な関係を強化する．同じ流れにおいて，あらゆる文脈の言語が文化を強化すると同時に，文化によって発展されることが理解される (Ferraro 1994, pp. 41-62)．

儒教の人気と直接的な影響は李王朝の後半に衰えたものの，それは日本の植民地化と第二次世界大戦の後に生き返った．それは，日本の植民地の独裁的支配と，次に続いた1960年代初期と1980年代後期の間に韓国を統治した軍事政権を合法化するのに用いられた．その結果，何世紀にもわたって韓国人の心に埋め込まれてきた儒教の文化的な特徴は，今日でも依然として強く残っている．

韓国の人々に影響を及ぼしたもう1つの宗教は，キリスト教である．キリスト教は17世紀に韓国にやってきたが，それを信奉することは厳密にいえば法律に逆らうことであり，19世紀末までキリスト教は時々迫害された (Korea Information Service 2000, p. 165)．半世紀前まで，キリスト教に忠誠を誓う韓国人は，50人に1人の割合であった (Howard 1996, p. 131)．1995年の社会統計調査によると，韓国人の50.7パーセントは，特定の宗教的信仰を続け，そして，キリスト教徒（プロテスタントとカトリックの両者）は，それらのうち52パーセント，あるいは，韓国の総人口の26パーセントを占めた (Korea Information Service 2000, p. 156)．これらの大きい数値は，特に隣国の影響を考えると，驚くべきことである．仏教と儒教によって影響された中国と日本においてキリスト教徒は，人口の1パーセント未満を構成している．

韓国のキリスト教徒の急速な増加には，いくつかの理由がある．プロテスタントの宣教師が19世紀の終わりに韓国にたどり着いたとき，近代的な医療設備と学校を設立し，彼らは宣教師としてよりも近代人としてふるまった．その当時，韓国の政府は，中国と日本の両方からの，主権に対する前例のない脅威

に直面しており，西洋の技術を必要としていることを認識しはじめた．王と官僚は，外の世界とその近代的な技術に関する知識を入手するために宣教師の布教活動に目をつぶった．朝鮮戦争の後，キリスト教教会は，食物，衣類，住居によって朝鮮戦争の難民を助ける上でもっとも強い印象を与えられた組織の一部であった．その謝意で，多くの韓国人は，キリスト教を大いに認めはじめた．キリスト教は，ますます韓国人によって現代の世界の一部分と考えられた．したがって，韓国人は多くの教育を受ければ受けるほど，ますますキリスト教徒になる傾向があった．キリスト教は，現在，韓国において重要で永久的な宗教的影響として仏教と儒教と一緒になって，文化と社会の不可欠な一部である．仏教と儒教がなければ韓国の伝統文化を想像することは不可能であることと同様に，またキリスト教がなければ現代の韓国を描くことも不可能である．3つの宗教的伝統は，それぞれ独自の方法で，韓国人の宗教的な欲求に対応し，この先も韓国の文化と社会に共存し，形成し続けそうである．

キリスト教は，韓国の伝統文化に大いに影響を及ぼし，西洋の文化について韓国人に学ばせた．キリスト教の宣教師は，儒教とは異なる教育的な内容で，現代の教育制度を紹介した．韓国へたどり着いたときに，キリスト教の宣教師は，厳格な社会階層，女性の従属的な社会的地位，社会のゆるんだ道徳基準，社会の支配階級と上流階級の放縦な生活などというような社会的異常を観察した．キリスト教の宣教師は，これらの異常を正し，韓国社会の現代化を進めることに貢献した．また，キリスト教は，マックス・ウェーバーが言及したプロテスタントの労働観と倹約を韓国人に吹き込んだ．

3.5　韓国の工業化と文化：現代社会への転換

社会のもっとも明らかで差し迫ったニーズの1つは，人々の基本的な生理的欲求を満たすことである．世界の社会には完全に人々の欲求を満たすのに十分な商品ならびにサービスを生産する無限の資源がないので，各々の社会は，商品ならびにサービスを生産し，流通し，消費するシステマティックな方法を発展させなければならない．これらの経済システムは，国の文化に重要な関係が

ある．

　韓国社会は第二次世界大戦後にその伝統的な特徴を弱めていたが，伝統的な韓国の文化は，経済がテイクオフをはじめた1960年代までは事実上変化がないままであった．第二次世界大戦の終わりまで，人口の大部分は農民であった．大多数の農民は，貴族の子孫あるいは日本の植民地支配者の協力者だった地主の土地で働いた小作農であった．小作農の半分以上は，土地をまったく所有していなかった（Howard 1996, p. 102）．この種類の産業構造は，伝統的な文化のもとで厳格に階級社会を強めた．1949年に通過し，1950年に施行された土地改革法（Land Reform Act）は，小作農家族に土地を再分配した．この土地改革は，社会階級または地位の区分を大いに減少させた．しかし，農業は機械化されず，明確に定められた男性と女性の役割によって，家族ベースで続けられている．男性は，主に「屋外の」農作業を引き受け，女性は，子供の出産と養育と同様に，野菜畑を世話し，蚕を飼い，布を紡ぎ，織るというような「屋内の」仕事を引き受けた．そのような社会では，家族が基本的な社会的，経済的単位としてきわめて重要であった．これは，韓国の家父長制家族主義を維持する手助けとなった．

　法制度でさえ，韓国の家父長制家族主義を支持した．家族組織は，民法によって明確に定義され，それは，家族の現在の家長から彼の長男に，あるいは彼の養子に継承することによって家族の連続性を確実にした．長男は，両親の富の大部分を受け継ぎ，残ったものは残りの息子たちに分配された．娘は，結婚で夫の家族に加わるために家族を離れることから，彼女の父親の相続人には決してなれなかった．その代わりに，長男だけが，年老いた両親を養う責任があり，彼の両親の死とその他の祖先を祭る儀礼を行った．その単位は，父，その妻，長男によって形成され，彼らは，結婚で彼の両親の屋根の下に住むために妻を連れて来ると期待され，中核家族を構成した．弟は，結婚後に彼らの両親の家から出て行くと期待された．中核的な拡大家族は，最大4世代まで構成していた．

　伝統的な韓国社会から産業社会への転換は，韓国経済の工業化とともに1960年代初頭にはずみがついた．工業化が1960年代から前例のない速度で起

こり，また，韓国の社会の変化も同様だった．韓国が一世代内での移行を行ったところが，西洋社会では産業社会への移行にほぼ2世紀かかった．工業化は，人々の可動性，都市化，農村人口の減少，家族構造の変化を伴った．工業化，特に1960年代初頭に始まった輸出主導型の工業化は，都市を拠点とする工場で多数の労働者を必要とした．この要請は，主に農村地域からの移入者の流入によって満たされた．たとえば，1960年に，都市人口は全国合計の28パーセントを占めていたが，1975年に48.4パーセントに達した（Howard 1996, p. 103）．1990年に国の都市化率は，先進国の72.6パーセントの平均都市化率を超える74.4パーセントであった（Lim 1998, p. 82）．農業人口は，1980年に1963年の63.1パーセントから1980年の28.4パーセントまで減少し，さらに2004年には7.1パーセントへ減少し（KNSO 2006），30年間にわたって農業社会から産業社会へほとんど完全に転換したことを証明した．若い人々は，貧しい生活水準，低い所得水準，彼ら自身にとっての限られた経済的将来性，農村地域における子供たちの劣悪な教育機会などのために，都市地域へ移転した．農村地域に残っている人々は，高齢者，特に女性の高齢者がますます多くを占めている．

　また，そのような急速な都市化は，韓国の家族の本質を変えた．多くの子供たちを育てている夫婦と，2，3世代が一緒に同じ屋根の下で生活していたので，伝統的な家族は大家族であった．伝統的な大家族は，第3世代の家族成員がなく，両親と未婚の子供たちから構成される「核家族」に変わった．韓国の家族規模のこのような縮小は，出生率のドラスティックな減少のためであった．それは，1960年代初頭の産児制限キャンペーンと，女性が高等教育を受けたことによるものであった．小さな家族を促進したもう一つの要因は，住宅費と子供の教育費の上昇であった．

　家族の規模と構成における変化に伴う都市化の増大は，伝統的な韓国社会の転換を加速させた．都市部で経済的機会は，家柄に基づいた伝統的な社会的地位と一致していなかった．したがって，社会階級は都市社会で姿を消し，平等の意識をもたらした．キリスト教は，1960年代と1970年代に都市地域で急速に拡大し，平等の意識を増進することに貢献した．

また，家族の伝統的な価値観も，産業社会のもとで変化した．両親から財産の相続がなくても，経済的な自立の増加によって，両親と子供との関係は弱くなった．経済的独立によって，高齢化した両親の世話をし，亡くなった祖先のために法要を行うという長男の役割は，疑わしい名誉になった．核家族の数が増加し，彼らの子供たちの教育における母親の中心的な役割がますます重要になるにつれて，女性の地位は徐々に高くなった．最後に，1977年に改定された家族法は，遺言書がない場合に，息子と娘が等しい遺産を受け取ることを確実にすることによって女性の地位を高めた．新しい法律によって，結婚した娘が彼らの兄弟の分け前の4分の1を受け取ることを可能にした（Howard 1996, p. 108）．

　工業化の間に，韓国の価値体系は，著しく変化した．1960年代以前に，人々は伝統的な価値観を維持した．両親と祖先に対する尊敬と子孫の世話のような家族の道徳的な価値観は減少し，そして，礼儀正しさ，人間らしさ，道徳というようなその他の道徳的な価値観が重視された．しかしながら，工業化と経済発展が1960年代と1970年代に加速するにつれて，価値体系は道徳や人間らしさから物質主義へその強調点を移行させた．新しい価値体系は，自己実現，経済的安全保障と安定性，自尊心，より高い社会的な地位を激しく求めることを重視している．

　オ（Auh 2000）の経験的研究によると，韓国の価値体系は，さらに物質主義的価値観から「ポスト物質主義的」価値観へ変化した．物質的な貧困と身体的な危険を経験した人々は，経済的成功と高い社会的地位などというような物質的な価値観を保持している．ポスト物質主義的価値観は，言論の自由，職場やコミュニティへの積極的な関与，活発な政治参加，人間性豊かな社会への発展，理想的な社会に向けた発展というような価値観を重視する．これらの価値観を大切にもっている人々は，価値形成期における物質的な繁栄と身体的な安全性を経験した人たちの間に見られる．韓国では，中年と高齢集団は，貧困の社会的経済状態，植民地，戦争の下で育ち，一方で，若年齢集団は1970年代と1980年代に韓国の奇跡的な経済発展のために比較的よい社会経済的情勢で成長した．ポスト物質主義的価値観にさらされたのは，後者の集団である．後

者の年齢集団が時間とともに増加し，ポスト物質主義的価値体系はますます重要になり，結局，広がっていくと予想される．

3.6 現代の韓国社会の特徴

韓国社会が1960年代と1970年代に著しく変容したとしても，西洋社会と比較すると，依然として集団主義であると考えられる．韓国社会は，強い儒教的伝統を保持し，現代の状況に適応するように変更されているが，家族に対して熱心に献身し，階級と垂直的関係を重視していると一貫して表される．家族や集団との結びつきを重視することは，集団のために自身の利益と優先順位を超えて，個人が自分自身のニーズや欲求を抑制することを強制する．これは，個性を否定して，集団の目標に従うように個人に圧力をかけている．また，韓国人は，外国の商品や会社に敵対視することをすっかりナショナリズムとみなし，韓国社会は，最近まで外国人に閉ざされていた．

韓国人は家族の結びつきを第一とするが，現代の韓国社会でもはっきりしているとおり，世間に出てからさらに他の結びつきが発達していく．この結びつきには，出身校や出身地，所属する会社などがある．学校友達と卒業生同士の友情の絆は非常に強く，同窓会が小学校，高等学校，大学の卒業生の間に存在している．フォーマルやインフォーマルの会合は，同級生や卒業生の間で定期的に行われる．彼らはお互いに助け合い，日常の交流のなかで，メンバー以外よりも，彼ら自身の間で好意を示す．したがって，韓国人が通う学校は，卒業後の学生の将来の経歴や，彼または彼女の個人の人生にとってきわめて重要である．このことは，名門大学へ入学するための競争が激しい理由の1つでもある．また，同じ地域出身の人々の親近感も強い．韓国人は，長い歴史のなかで強い地域の結びつきを発展させた．国は規模では小さいが，地方にはいくつかの異なる方言がある．韓国人は，方言によって人が育った地域を簡単に特定することができる．ビジネスと非営利組織において，同じ地域出身の人々は親しい関係を維持し，お互いに助け合う．第2章で論及したように，韓国の主要な政党が地域間で組織されるということで，地域主義は政治においても明らかで

ある．

　強力なナショナリズムは，長期間にわたって，外国との競争から韓国企業を保護してきた．韓国のナショナリズムは，韓国人を外国人に対して用心深くさせ，そして，外国企業が国内ビジネスへ参入することを経済的植民地化の一形態であると感じる懸念がある．したがって，強いナショナリズムは，韓国人に経済的な独立国家を求めて努力させ，韓国人は時々外国製品の購入を妨げることを目的とした非買運動を行っている．

　韓国のビジネスは，韓国の社会と家族を反映している．企業は，家族の拡張とみなされ，企業の性質と組織は，家族のそれらとまさに類似している．企業家族主義は，そのメンバーの間で調和した関係に焦点を合わせて，常に相当重視されてきた．信用が家族でもっとも重要なために，企業は，伝統的に家族によって所有され，経営と所有は分離されていない．厳密な意味で，西洋世界よりも組織に多くの階級があって，組織は強く階級的である．企業組織におけるリーダーシップは，家父長的であり，従業員から忠誠心が期待される．その代わりに，リーダーは，互恵性の概念に基づいて従業員の世話をすることが期待される．家族の拡張として企業を基本的に考えることから，年功序列と終身雇用制の企業慣行が発達した．さらに，女性に対する差別は，実業界でもっともあからさまで，広範囲にわたっている．1980年代後半までは，女性労働者は，結婚するか，あるいは，妊娠するや否や職場を去ると予想され，女性はほとんど昇進のチャンスを享受できなかった．報酬は，同等の仕事に対して女性労働者には著しく少なかった．このすべては，女性労働者の低い平均賃金水準に反映され，そして，それは1980年代半ばまで男性の平均賃金の50パーセント以下であった．これは2002年に64パーセントまで徐々に増加した（韓国労働研究所 Korea Labor Institute：KLI 2003）．

3.7　1997年の金融危機後の韓国社会

　1997年の金融危機とその後に続く経済不況の苦い経験を通して，韓国人と韓国社会は，もう一度著しく変化した．韓国市場はかなり開放されているが，

韓国社会は閉鎖的なままであるということが過去に主張された．しかしながら，金融危機後に，韓国人の考え方と同様に，韓国社会は開放された．韓国人は，対外投資が景気回復のプロセスにとって不可欠であると認識するようになり，外国企業と投資に対する彼らの考えと態度は変化しつつある（*Korea Herald* 1998）．また，彼らは，経済がグローバル経済に密接不可分に結びついており，その結果，グローバル競争は避けられないと認識している．韓国のような結びつきの固い国において，人々の最初の選択肢は，韓国製品を購買することである．しかしながら，外国の小売店が韓国の一般市民によって受け入れられている事実は，社会が開放されつつあることを示している．

　グローバル化，韓国経済の容赦のない開放とそれに対応する構造的，制度的改革の進展とともに，韓国企業は，それら自体の生き残りのためにグローバル市場で競争的になる必要があった．これによって，韓国企業は，神聖なものと大事にされていた企業文化を変えざるを得なかった．家族に基づいたいわゆる韓国の一族経営は，経営の非効率の原因の１つである．専門知識に基づいた西洋の経営システムが，この一族経営に取って代わる傾向にある．韓国企業によって大事にされる家族主義経営を維持することはますます困難になっている．韓国が知識に基づいた経済を志向するよう努力しているので，労働者の知識とアイデアは企業の中核的な資源になると予想される．これらの状況下で，企業の階層組織と家父長制家族主義的なリーダーシップは，新たに現れている経営システムと一致しないであろう．同時に，西洋の経営システムの競争を押しつけられている状況下で，また，韓国企業は，年功序列と終身雇用制を維持することも困難であろう．その代わりに，成果主義による労働者の昇進とレイオフがおそらく行われるであろう．それに従って，企業とそのリーダーに向けられた労働者の忠誠心は，時間が経つにつれて減少するであろう[6]．企業文化におけるこれらの変化は，徐々に韓国文化の変化にもつながり，韓国社会は，おそらく集団社会から西洋のスタイルに類似した個人主義の社会へ転換するであろう[7]．

　韓国文化の中核であった家族制度は，変化するであろう．新たに現われたグローバリゼーションと一緒になって金融危機は，雇用市場における不確実性と

危険のレベルを上げた．これは，次に雇用市場と同様に，教育における競争を激しくした．外国語能力（英語）の需要が伝統的な教育に加えて高まるにつれて，教育はますますより費用がかかるようになった．これらのすべてが，韓国の家族構造を崩壊させ，核家族になる運命にある．チョ（Cho 2005）は，婚姻率と出生率の継続的な減少と離婚率の前例のない増加を明らかにした．また，チョ（2005）は，国際結婚の増加率と子供たちの教育を目的とした国際的な別居家族——一般的に子供たちと一緒に海外で暮らす妻と韓国にとどまっている夫——の増加現象も明らかにした．

また，女性の社会的な地位も変化するであろう．企業によって必要とされる人的資源の性質が産業労働者から専門職へ変化するにつれて，雇用市場の性差別は減少するであろう．

雇用と昇進の機会に関して女性労働者に対する差別的な慣行を防止するために，1987年の男女雇用機会均等法が成立して以来，専門職へ参入する女性の数は大幅に増加した（Korea Information Service 2000. p. 93）．たとえば，女性の経済的参加率は，1965年の34.4パーセントから2005年の50.1パーセントへ着実に増加した（KNSO 2006）．女性の労働者の特徴について，1975年には女性労働者のわずか2パーセントが専門職や管理職で，4パーセントが事務職であった．しかしながら，1998年までに，女性従業員の12.6パーセントは専門職や管理職に勤務し，もう16パーセントは事務職で働いていた（Korea Information Service 2000, p. 92）．

21世紀の幕開けとともに，韓国は，その他の先進国のように，産業社会から情報社会へ転換し続けるであろう．情報時代の独特の特徴は，マルチメディアと双方向コミュニケーションを含んでいる．伝統的に，メディアは，音声，イメージ，キャラクターに対して別々に存在した．音声，イメージ，キャラクターに関する情報は，ますます1つのマルチメディアのチャネルに統合され，これは情報の流れを大いに拡大するであろう．テレビやラジオというような伝統的なマスメディアの通信は，顧客が一般的に受け身の受信者と反応者であるので，一方向の通信であった．ひとたび超高速情報通信網のようなマルチメディアのインフラが十分に開発されるや，マルチメディア通信は双方向になり，

それによって，市民はマルチメディアの出口から情報と通信を受け取るだけではなく，彼らも情報を提供することに参加するであろう．これは，韓国社会にとって重要な意味をもっている．市民は，簡単に時間的，地球物理学的な距離に対処することができ，彼らが利用できる選択の幅を広げるであろう．これは，コミュニティや政治活動における自己の権利付与と参加を増大させるであろう．市民は，コンピュータ・ネットワークにコミュニティの基礎をおき，そして，それは新たな政治的，社会的な活動と参加のための草の根民主主義として働くであろう．多数の市民団体が，最近，韓国にすでに作られた．2003年の盧大統領の選挙が証明したように，彼らは皆，コンピュータを媒介としてネットワーク化され，政治過程にかなり影響を及ぼすことができる．グローバルなマルチメディア通信の世界では，韓国のナショナリズムと単一文化の伝統を防御し維持することはますます困難になるであろう．韓国社会は，外国人に開放されるようになり，韓国人は多元文化主義を次第に採用するであろう．

3.8 おわりに

　韓国文化を理解することは，韓国で，また韓国人との間でビジネスを成功する上で欠かすことができない鍵の1つであるので，本章は，韓国文化，その基本的な決定要因，経済的工業化による革命的推移，さらに，1997年の金融危機以後の転換を追究した．本研究にとって，文化は，国の人々によって共有される学習された行動パターンと呼ばれ，態度，行動，価値観，規範，信念を含んでいる．韓国は長い歴史のなかで，それ自体の宗教，政治的・経済的制度，教育，言語を備えた鎖国した独立国として，それ自体の独自の文化を発展させてきた．

　いくつかの試みが，韓国文化を明らかにし，測定するために行われてきた．一般的に文献で入手できる議論の基礎となっている韓国文化の顕著な特徴は，以下を含んでいる．すなわち，階級的集団主義，家父長制家族主義，権威主義，地位意識，世俗主義，強いナショナリズムなどである．本章は，文化の決定要因によってこれらの特徴を解明しようとした．

韓国には，同質的人種の独立国として長く，動乱の歴史がある．その長い歴史のなかで，その強力な隣国による絶え間ない侵略と襲撃は，韓国のナショナリズムを強くした．そのような強いナショナリズムのもとでさえ，韓国は戦士文化を決して発展させなかったことを指摘することは興味深い．韓国は，軍事的に挑む代わりに，中国の子分であることに身を委ねた．

韓国には多くの影響力のある宗教があったが，国家管理の指導原理として，また，500年にわたる李王朝による倫理綱領として採用された儒教は，韓国文化を形作る上でもっともきわだっていた．社会における関係の重要性について継続的な教え込みは，韓国で強い集団社会を発展させた．それは，階級的で垂直的に構造化されたので，韓国社会は，トップに貴族と学者をおき，農民，商人，職人が続き，最後に奉公人と続く社会階層を発展させた．その長い王朝の歴史のなかで，王と彼を囲む貴族は，権威主義的な権力をふるった．韓国の集団主義は，中核に家族主義をもち，それは事実上家父長的であった．李王朝時代の教育制度と韓国語は，儒教の道徳律を強めた．儒教の教義と一緒にこれらの文化的な特徴は，日本の植民地政府と，政治的な便宜性のために韓国における次の軍事的独裁政権によって用いられた．その後，韓国社会に対する儒教の影響は，今日でさえ強く残っている．17世紀に導入されたキリスト教は，伝統的な韓国文化を転換させることで重要な貢献をした．

1960年代以来，伝統的な韓国社会を産業社会に転換させたのは，韓国経済の工業化であった．韓国の急速な工業化は，急速な都市化，地方の人口減少，社会や家族構造の変化を結果として残した．社会階層と伝統的な家父長制家族主義は，著しく影を落とした．また，工業化は，価値体系における重点を道徳や人間らしさから物質主義へ移行させた．連続した経済的繁栄は，物質主義から生活の質概念へ価値体系に対する関心をさらに変えた．

1960年代の工業化がはじまって以来，韓国社会は，以前の方法に反する新興の文化的勢力と伝統的文化の寄せ集めにぶつかった．それでも，韓国社会は，西洋と比べて強い儒教的伝統を持ち続けている．強いナショナリズムと集団主義は，文化的な転換のきわめてゆっくりした足取りを証明して，韓国にいきわたっている．韓国のビジネス部門は，伝統的な韓国文化を進んで受け入

れ，その結果として，韓国企業は，非常に垂直的に構造化された組織を維持し，強い経営家族主義によって企業を経営した．それによって，終身雇用と年功序列の慣行は，管理規範であった．

韓国文化のもう一つの画期的な転換は，1997年の金融危機とともに起こった．金融危機は，一般市民に新たなグローバル化の必然性を認識させ，彼らの価値体系を見直す機会を与えた．韓国人は，外国のビジネスや文化を尊重するようになり，極端な愛国心はかなり色あせた．韓国の経済構造とその制度は，企業が競争の激化とグローバル化や情報の時代の絶え間ない急速な変化のもとで生き残るために，著しく変化した．

韓国文化の今後の行き先は？　韓国文化は，さまざまな要因によって決定される．一方では，宗教的教義，言語，教育制度だけは，韓国できわめてゆっくりした足取りで変化する．他方では，韓国の政治的および経済的なシステムは，画期的な変化と同様に，グローバルなトレンドに沿ってかなり急速に自分自身を適合させている．政治的および経済的制度のそのような変化は，埋め込まれた韓国人の行動パターンにおける変化につながる．新しい韓国文化は，これらの2つの諸力のバランスをとることから，幕が開くであろう．すなわち，1つは引く力，もう1つはすばやく前進させる力である．伝統的な価値体系は，心理的な，文化的なきわめてゆっくりした速さで引きずられている組織の文化では突然もたらされる変化により引かれるであろう．

（訳・金　貞　姫）

注

1) 文化のさまざまな定義のために，国際ビジネスに関するFerraro（1994）または他の書物を参照されたい．
2) これらの5つの質問とそれらの価値志向の組織化と管理への応用に対処することでの価値方針の詳細な解説には，Cullen（2002, pp. 54-63）を参照されたい．
3) 本節の歴史の情報は，韓国情報サービス（Korea Information Service 2000）とHoward（1996）による．
4) チャンならびにチャン（Chang and Chang 1994, p. 16）は，韓国人が二つの宇宙の勢力に関して宇宙を認識する陰陽概念が多数の宗教社会につながったと主張している．

5) 孝行は，生きている両親にだけではなく，亡くなった祖先に対しても向けられた．後者に対する孝行として，毎年，命日に法要を行った．
6) パクならびにキム（2005）は，金融危機に続く解雇，早期退職，雇用の不安定が彼らの仕事とセルフ・アイデンティティに対する労働者の態度の深い変化を結果的にもたらしたと述べている．彼らはより現実的で自己中心的になって，仕事と仕事に基づくアイデンティティの意識とともに，かなり職務の満足を失った．
7) パクならびにキム（2005）は，金融危機が韓国人の集団意識の段階的な縮小につながったと指摘している．

参 考 文 献

Ahn, Byung-Wook (1999), *Analysis of Human Being by Analects of Confucius* (in Korean), Seoul : Jayumunhak-sa.

Auh, Soo Young (2000), 'Where are Koreans going? Change and stability in values among Koreans and democratization', *Korea Observer*, 31 (4), pp. 497-525.

Chang, Chan Sup and N. J. Chang (1994), *The Korean Management System*, Westport, CT : Quorum Books.

Cullen, John B. (2002), *Multinational Management : A Strategic Approach*, 2nd edn, Cincinnati, OH : South-Western College Publishing.

Ferraro, Gary P. (1994), *The Culture Dimension of International Business*, Englewood Cliffs, NJ : Prentice Hall.

Hahm, Hanhee (2003), 'Korean culture seen through Westerners' eyes', *Korea Journal*, 43 (1), pp. 106-28.

Han, Kyung-Koo (2003), 'The anthropology of the discourse on the Koreanness of Koreans', *Korea Journal*, 43 (1), pp. 5-31.

Hill, Charles W. L. (2005), *International Business : Competing in the Global Marketplace*, 5th edn, Boston, MA : McGraw-Hill Irwin.

Hofstede, G. (1980), *Culture's Consequences : International Differences in Work-Relate Values*, London : Sage.

Hofstede, G. (1991), *Cultures and Organizations : Software of the Mind*, London : McGraw-Hill.

Hopfe, Lewis M. (1987), *Religions of the World*, 4th edn, New York : Macmillan Publishing.

Howard, Keith (ed.) (1996), *Korea : People, Country and Culture*, London : School of Oriental and African Studies, University of London.

Kluckhohn, F. and F. L. Strodtbeck (1961), *Variations in Value Orientations*, New York : Harper & Row.

Korea Herald (1998), 'Market and economic viewpoint ; the most dismaying market', 10 June.

Korea Information Service (2000), *Facts about Korea*, Seoul : Korea Information Service.

Korea Labor Institute (KLI) (2003), *2003 KLI Labor Statistics*, Seoul : Korea Labor Institute.

Korea National Statistical Office (KNSO) (2006), *Korea Statistical Yearbook 2005*, Seoul : Korea National Statistical Office.

Kweon, Sug-In (2003), 'Popular discourses on Korean culture : from the late 1980s to the present', *Korea Journal*, 43 (1), pp. 32–57.

Lim, Hy-shop (1998), 'Korean society : current status and future outlook', *Korea Focus*, 6 (5), pp. 78–95.

Park, Gil-Sung and A. E. Kim (2005), 'Changes in attitudes toward work and workers' identity in Korea', *Korea Journal*, 45 (3), pp. 36–57.

Waters, M. and R. Crook (1993), *Sociology One : Principles of Sociological Analysis for Australians*, 3rd edn, Melbourne : Longman Cheshire.

Yi, Jeong Duk (2003), 'What is Korean culture anyway?', *Korea Journal*, 43 (1), pp. 58–82.

第4章　転換期における韓国市場の構成

4.1　はじめに

　事業経営を拡大するために海外市場の魅力を評価するとき，輸出企業は市場精査が特に有益であると理解できるであろう．市場精査は，企業が市場を明らかにするのに用いる「環境調査」の一形態である．海外市場の市場精査は一般に5つの重要な段階によって進められる．第1段階は，何が消費されているか，そして，市場には輸出企業の製品の将来性があるかどうかを考慮することによって，海外市場の「基本的なニーズと将来性」を評価することを意味している．第2段階の精査は，「財政的，経済的諸力」を評価することを意味し，それは市場の規模と過去や将来の成長能力を含んでいる．第3段階は，輸出戦略を妨げるかまたは強化するかという市場における「政治的，法律的な諸力」を分析する．第4段階は，消費者の嗜好と期待に影響を及ぼす「社会・文化的諸力」，したがって，海外の供給者によってその市場へ導入される製品の適合性に焦点を当てる．精査過程の最終段階は，競争が市場のなかで新製品にどのように影響を及ぼすかを評価するために市場における「競争力」を調査する（Ball et al. 2002, p. 522；Rugman and Hodgetts 1995, p. 296）．

　本章は，MNEが市場精査過程で使用した情報のタイプを考慮して，1990年から2005年までの期間の，輸入品に対する韓国市場の受け入れ状態を分析する[1]．この分析は，潜在的，制度的変化や傾向を含んだ韓国市場に関連した重要な領域をカバーする．すなわち，流通システム，社会・文化的諸力，電子商取引における傾向などである．これは韓国市場を幅広く検討し，一般的な指針

を提供するので，特定製品のために韓国の市場精査に興味をもっている人々は，製品特有の分析がさらに必要であろう．韓国市場については十分なほどの文献が存在しているけれども，海外の輸出企業が市場精査を必要とする韓国市場のすべての側面を包括的にカバーする研究は1つたりともないように思われる．

　本章は，以下の通りに進める．次節では，市場の全体的な規模と発展を評価し，もっとも大きな成長可能性の領域を明らかにするために韓国の輸入品の傾向を追究する．第4.3節では，韓国の輸入品に関連した制度上（法律とその他の規制）の変更について述べる．第4.4節では，人口統計的変化やその他の社会的変化によって明らかにされる市場動向の分析を提示し，市場行動に対する韓国文化の顕著な特徴の影響を考察する．第4.5節は，市場参入を試みている外国企業にとって大きな障害である韓国の複雑で特異な流通システムについて述べる．第4.6節では，韓国市場に出現しつつある側面として急速に拡大している電子商取引について議論する．第4.7節では，本章のまとめについて概要を示す[2]．

4.2　韓国の輸入市場：傾向と将来性

　海外市場の基本的なニーズを明らかにする1つの一般的な要因は，輸入レベルである．最近の40年にわたる急速な経済成長によって，韓国は世界の主要な輸入国の1つになった．そして，2006年に輸入大国としては15番目であった（CIA 2006）．表4.1に示すように，1995年から2005年の期間に，韓国の輸入総額は1,351億USドルから2,612億USドルへ，ほぼ2倍になった．これは，USドルでGDPの7.6パーセントの成長率と比較して，年平均9.2パーセントの増加を構成していた（Bank of Korea 2006a）．2001年から2005年の期間には，輸入総額は1年につき16.7パーセントも増加した．韓国統計庁（Korean National Statistical Office：KNSO）は，2001年における一次産品，軽工業製品，重工業製品，情報技術（IT）製品という全体的分類を導入し，最近の傾向を知る上で役に立つ概要を提供した．一次産品の輸入は，2001年の402億USド

表 4.1 韓国の商品別輸入高（1990-2005 年）

(単位：百万 US ドル)

	1995	2000	2001	2002	2003	2004	2005	%[a]
合計	135,118	160,481	141,097	152,126	178,826	224,462	261,238	7.6
一次産品	n.a.	n.a.	40,294	39,689	46,122	58,109	71,791	15.5
軽工業品	n.a.	n.a.	9,562	11,849	13,069	15,426	16,694	14.9
重工業品	n.a.	n.a.	91,241	100,587	119,634	150,926	172,752	17.3
情報技術	(n.a.)	(n.a.)	(28,114)	(29,877)	(34,555)	(39,137)	(43,132)	11.3
原油と燃料	n.a.	n.a.	73,939	76,063	89,519	117,723	142,286	17.8
資本財	n.a.	n.a.	51,549	56,399	66,947	81,135	90,662	15.2
消費財	n.a.	n.a.	15,210	18,795	21,075	23,296	26,395	14.8
ハイテク[b]	n.a.	48,449	38,887	42,438	50,526	60,126	66,040	14.1

注： a 年平均成長率（％）．輸入全体の成長率は 1995 年から 2005 年の期間である．その他の成長率は，2001 年から 2005 年の期間である．
　　b KNSO 下位分類の合計．すなわち，オフィスおよびデータ処理機，テレコミュニケーションと音響機器，電気機械と機器，専門科学機器，写真と光学機器．
出所：KNSO (2005), (2006a).

ルから 2005 年の 717 億 US ドルへ増加した．すなわち，年平均 15.5 パーセントの増加であった．同期間に，軽工業製品の輸入額は，95 億 US ドルから 166 億 US ドルへ年平均 14.9 パーセントも増加した．重工業製品の輸入額は，912 億 US ドルから 1,727 億 US ドルへ，年平均 17.3 パーセントの成長率でもっともすばやく増加した．

金額と成長率の両方について，これらの輸入全体のデータは，軽工業品や IT 製品以上に，重工業品と一次産品に対する韓国の強い需要を示している．2005 年に，重工業品の輸入は輸入全体の 66.1 パーセントを占めており，一次産品の輸入が 27.5 パーセント，軽工業品が 6.4 パーセントとそれに続いた（表 4.1）．重工業品の輸入の一部として，IT 製品は 2001 年の 281 億 US ドルから 2005 年の 431 億 US ドルへ年平均 11.3 パーセントの成長率で増加した．

2001 年に導入された原料と原油，資本財，消費財の輸入の 1 つの新しい分類は，輸入傾向のもう 1 つの指標を提供している．表 4.1 で示したように，原油と燃料の輸入は，2001 年から 2005 年までの期間に年当たり 17.8 パーセントでもっとも急成長しており，2005 年に輸入全体の 54.5 パーセントを占めてい

た．資本財の輸入は，この5年間に年平均15.2パーセントも成長し，2005年に全体の34.7パーセントを占めていた．消費財の輸入は2005年に10.1パーセントでもっとも小さな部分を占め，この期間にわたる年間の成長率は14.8パーセントでもっとも低かった．韓国は，オフィスおよびデータ処理機，テレコミュニケーションと音響機器，電気機械と機器，専門科学機器，写真と光学機器を含んだ相当な量のハイテク製品を輸入している（表4.1）．これらの製品の輸入は，2001年の389億USドルから2005年の660億USドルへ増加し，同期間における年成長率は14.1パーセントであった．分類に基づく輸入の傾向は，韓国が外国の鉱物とエネルギーに大いに頼っていることを示している．ソンならびにノ（Song and Noh 2006）が述べているように，重工業製品，資本財，ハイテク製品の輸入が高く，増大していることは，韓国が重工業とハイテク産業の主要技術で依然として先進工業国に遅れを取っていると示している[3]．輸入消費財の韓国市場の規模は，比較的小さいが，それにもかかわらず，2005年におよそ260億USドルの年次輸入額であり，さらに増大していることで重要である．

　金額の点から見ると，もう一つの重要な輸入品は，農産物である．表4.2は，1990年から2005年までの農産物の輸入傾向と食糧自給率を示している．この期間に，韓国の農産物の輸入高は，4.9パーセントの平均成長率で，1990年の36億2,000万USドルから2005年の111億USドルへ増加した．韓国の全体的な輸入の比率として，農産物はこの期間におよそ4～5パーセントというわずしか占めておらず，このことは韓国がもはや農業国でないことを示している．韓国が農産物を輸入する必要性は，低い食糧自給率に反映されている．一部の研究者は韓国がまだ農産物の自給政策を進めていると主張しているにもかかわらず，全体的な食料の自給率は，1990年の53.6パーセントから2004年の37.5パーセントへ減少した（Beghin et al. 2003）．2004年までに，すべての農産物のうち，韓国は卵と海苔だけが自給を維持した．そして，米，澱粉，野菜というようなその他の農産物は，90パーセントの範囲で自給している．韓国は，穀物，豆類，油糧作物，油脂の自給率が非常に低く，油糧種子と雑穀については世界の主要な輸入国になった（Beghin et al. 2003）．

表 4.2 韓国の農産物輸入と食糧自給率の傾向（1990-2005年）

農業	1990	1995	1997	2000	2001	2002	2003	2004	2005
輸入額（億USドル）[a]	3.62	6.85	7.53	7.31	7.62	8.65	9.35	10.38	11.1
輸入成長率	5.5	20.7	−10.2	14.0	4.1	11.9	7.5	9.9	6.5
全輸入の比率	5.2	5.1	5.2	4.6	5.4	5.7	5.2	4.6	4.2
食糧自給率（％）	1990	1995	1997	2000	2001	2002	2003	2004	2005
合計[b]	53.6	44.9	45.6	41.6	40.5	40.1	37.4	37.5	n.a.
穀物	43.8	30.0	31.7	30.8	32.2	31.0	28.1	27.6	n.a.
（米）	108.3	91.1	105.0	102.9	102.7	99.2	90.3	94.3	n.a.
澱粉	100.0	98.7	99.2	98.9	98.6	99.0	97.7	96.6	n.a.
豆類	24.5	11.7	10.3	8.2	9.2	8.8	8.2	8.1	n.a.
油糧作物	86.3	44.7	43.7	35.2	43.6	37.5	24.3	29.7	n.a.
野菜	98.9	99.2	97.0	97.7	98.3	97.7	94.7	94.3	n.a.
果物	102.5	93.2	92.0	88.7	88.9	89.1	85.0	85.2	n.a.
食用肉	92.9	89.2	92.1	83.9	81.0	82.0	81.2	83.5	n.a.
卵	100.0	99.9	100.2	100.0	100.0	100.0	100.0	100.0	n.a.
牛乳	92.8	93.3	81.8	81.2	78.9	81.0	81.0	74.2	n.a.
海産物	121.7	100.4	98.3	87.7	77.9	63.8	61.7	55.4	n.a.
海苔	172.8	122.2	119.4	132.6	118.5	121.3	141.5	137.4	n.a.
油脂	8.0	4.8	4.1	3.2	2.4	3.5	2.4	2.5	n.a.

注：a　国民会計分類の合計から算出．食料品と動物，飲料とタバコ，動植物油，油脂とワックス．
　　b　エネルギー，タンパク質，油脂供給の合計から算出．
出所：KNSO (2006a), Korea Rual Economic Institute (2005).

韓国市場の構成におけるもう1つの重要な傾向は，サービス産業とこの産業のための輸入に関連している．表4.3は，1990年から2005年の期間における韓国のサービス産業における傾向を示している．GDPに対する比率として，サービス部門は1990年の49.5パーセントから，2005年の56.3パーセントへ増加した．公益事業と建設が含まれれば，サービス部門はGDPに対して1990年に62.9パーセントを占めているが，2005年までに67.9パーセントへ増加した．サービス部門の成長の程度は，GDPの成長と同様である．1995年から2005年までの期間に，サービス部門は毎年3.9パーセントずつ実質的に成長した一方，GDPは5.4パーセントずつ成長した（Bank of Korea 2006b）．

表 4.3 韓国のサービス部門とサービスの輸入の傾向（1990-2005 年）

	1990	1995	1997	2000	2001	2002	2003	2004	2005
GDP に対する比率（%）	49.5	51.8	53.4	54.4	56.3	57.5	57.2	55.6	56.3
GDP に対する比率（%）（公益事業と建設を含む）	62.9	65.4	67.7	65.4	67.6	68.7	69.5	67.3	67.9
*年成長率(%)	7.8	8.1	5.1	6.1	4.8	7.8	1.6	1.9	3.0
サービスの輸入(100US ドル)	1990	1995	1997	2000	2001	2002	2003	2004	2005
合　　計	10,252	25,806	29,502	33,381	32,927	36,585	40,381	49,928	58,787
輸　　送	3,998	9,645	10,310	11,048	11,043	11,301	13,613	17,655	20,144
旅　　行	2,768	6,341	6,988	7,132	7,617	10,465	10,103	12,350	15,406
教　　育	-	998	1,158	958	1,070	1,427	1,855	2,494	-
通　　信	162	642	865	623	742	685	693	636	773
建　　設	-	-	-	16	15	24	14	4	6
保　　険	-	225	162	146	374	571	390	461	733
金　　融	11	130	74	191	83	70	101	127	235
コンピューティングと情報	50	93	66	92	104	124	134	157	183
ロイヤルティとライセンス	1,364	2,385	2,414	3,221	3,053	3,002	3,570	4,446	4,560
その他のビジネス・サービス	1,697	5,807	8,022	10,328	9,237	9,607	11,049	13,162	15,537
文化と娯楽	20	98	137	160	206	283	261	376	477
行政	202	412	465	425	454	454	453	554	732

注：＊年平均成長率．
出所：BOK (2006a), OECD (2006), (2007).

また，表4.3 も，韓国の経済自由化と1995 年のWTO へ，さらに，1996 年のOECD へ韓国が加盟したことに即応して1990 年以降サービスの輸入が著しく増加したことを示している．サービスの輸入総額は，1995 年の 258 億USドルから 2005 年の 588 億US ドルへ増加した．それは，同期間に年平均 8.6 パーセントの成長率であった．成長率の点では，教育はサービス輸入の産業リーダーであった．教育サービスの輸入は，1995 年にわずか 10 億US ドル未満の規模から 2004 年の 24 億US ドルへ，年平均 10.7 パーセントの成長率で増

加した．また，輸送，旅行，保険サービスの輸入も，1995年から2005年の期間にそれぞれ7パーセント，9パーセント，11パーセントへ増大した．ロイヤルティとライセンスの支払いは，1995年の24億USドルから2005年の46億USドルへ，同期間に6.7パーセントの年成長率で増加しており，韓国経済が海外の技術へ比較的高く依存していることを反映している．

4.3 貿易体制の自由化

1967年にGATTへ加盟して以来，韓国は，オープンな多国間貿易システムの構想を強く支持した．1980年代後半にGATTと協議した後，韓国政府は，外国からの輸入を受け入れるために市場の一部を自由化し始めた．それでも，韓国の貿易体制の重大な自由化は，1990年代半ば以降，一連の発展によってのみ行われた．第1に，1995年にWTOへ加盟して以来，韓国はWTO協定を包括的に実行に移し，韓国の貿易と投資体制を自由化するために一方的な法案にとりかかった．第2に，1996年にOECDへ加盟して以来，韓国はOECDの貿易ガイドラインに従うように要求された．第3に，1997年の金融危機は，政府が貿易のさらなる自由化によってすばやく移行するように促した．第4に，1998年以降，韓国はより多くの海外投資を誘致し，総合的な経済効率を高める方法として，OECDとWTOの協約よりも早く，サービス部門の自由化を加速した（Kim and Kim 2003）．韓国は，2001年のWTOドーハ開発アジェンダ（WTO's 2001 Doha Development Agenda : DDA）の作成を行った主要関係国であり，情報技術製品，金融サービス，基本的なテレコミュニケーション・サービスの自由化などの領域でWTO交渉と貿易において積極的な役割を果たした（Yeo et al. 2004）．

国内市場を自由化するこの一連の動きの結果，現在輸入許可がなくても，ほとんどの商品が韓国へ自由に輸入することができ，一部の選ばれた商品だけが認可を必要とする（Economist Intelligence Unit : EIU 2003）．ネガティブ・リストで禁止されたり制限されている商品は，通常，国家の安全保障，公衆衛生，安全性に関連している[4]．これらやさらに重要なことに米を除いて，関税と関税

割当て以外の貿易規制は，農業部門でさえ，2001 年までに廃止された（Yeo et al. 2004）．また，技術的な障害が大々的に排除され，国内の規制の枠組みは国際基準に合わせてより透明になった．速報システム，輸入と輸出の両方の電子データ交換（EDI）システム，英語による関税情報に関する電子版による公表の実施は，通関手続きを著しく強化し，合理化した．また，韓国政府は，補助金と対抗措置に関する WTO 協定（WTO Agreement on Subsidies and Countervailing Measures）に適合しない輸出補助金プログラムを段階的に廃止することを心がけている．金融危機以降の IMF 融資条件のもとで，4 つの禁止された輸出補助金が予定されていたよりも早く撤廃された（Yeo et al. 2004）．

　ウルグアイ・ラウンド（Uruguary Round）の責任に従って，韓国が義務づけられた関税ラインの数は，産業財の 92.6 パーセントを含んで，総関税ラインの 91.7 パーセントへ増加した．依然として義務づけられていない林産物と水産物の製品を除いて，すべての農産物の関税は義務づけられている．2001 年までに，平均関税率は 8.9 パーセントであった．すべての輸入品と国内で製造された商品に 10 パーセントの付加価値税が課された．贅沢品はさらに 10 パーセントから 20 パーセントの特別な物品税がかけられた（KOTRA 2006）．生産財に最恵国条項の関税を適用した平均関税率は，およそ 7.5 パーセントである．世界の未発展国との貿易を促進する上で，韓国は，2000 年以降免税と割当てのない取り扱いを 80 製品に拡大した（Yeo et al. 2004）．

　サービス部門において，対内 FDI に対する多くの規制と制限は，1997 年の金融危機以後に韓国の WTO 責務を実現させるばかりではなく，サービス部門へ FDI を誘致するためにも撤廃された．2000 年までに，471 のサービス部門が海外投資に開放され，わずか 24 部門だけが制限されたまま残っており，これは高い公益性と文化的な要素がある部門，たとえば，通信社の活動，ラジオ，テレビ，水道サービス，ギャンブルなどである（Kim and Kim 2003 ; Yeo et al. 2004）[5]．株式における外国の機関投資家による有価証券投資のための最高額制限も撤廃され，企業と金融機関の当座勘定業務の大部分は 2001 年に外国為替業務に関する規制に対する改正によって自由化された．サービス部門の対内FDI の自由化は，証券市場の開放と外国為替市場の自由化を開始すると同時

に，表4.3に示したように最近の急増したサービスの取引を生み出した．

　農業部門のために，韓国政府は長い間，規制，関税，非関税障壁を含んだ高い貿易障壁による国際競争からの保護を求めてきた．非関税障壁は，割当て，ライセンス契約の条件，不透明で矛盾した輸入関連の規制，通関手続きを含んでいた．しかしながら，韓国政府はウルグアイ・ラウンド以来，ほとんどの輸入制限を撤廃し，この部門における関税率を引き下げた（C. H. Yoo 2003）．農産物全体の1,660品目のうち，16品目だけは2001年にわずかに制限されたままであり，農業の輸入自由化率を99パーセントまで引き上げた（Kwon and Kang 2000）．これは，全体として韓国経済の99.9パーセントの自由化率に匹敵する．米は，食糧安全保障の措置として例外であり，国内の米の消費の4パーセントに市場参入を制限された品目である．また，農業に対するWTOによって禁止された国内の補助金は撤廃された[6]．

　1990年代中頃以降，韓国は，WTOとOECDの要件に合わせて貿易体制を自由化したばかりではなく，特に東アジアにある一部の国々との自由貿易協定（Free Trade Agreement：FTA）を探ってきた．韓国は，優先貿易協定への参加が海外市場参入と持続可能な成長のために避けることができず，緊急に必要な政策手段であると最近認識しているように思われる．FTAを制定することへの大きな政治的なハードルは，農業部門である．それゆえ，優先的な最初のパートナーは，国内の農産物市場を脅かしそうにない日本，シンガポール，チリなどの国々である．したがって，二国間FTAは，国内の農業への政治的に損害を及ぼす圧力を避ける方法とみなされる一方，市場参入と投資機会を拡大する．

　2001年11月に，韓国は10年以内にFTAを制定するために中国や東南アジア諸国連合（ASEAN）と協定を行った．日本と韓国は，日・韓FTAの経済効果と政策のインプリケーションの調査を行った（Park 2006）．韓国の最初のFTAは，チリと2004年4月に実施され，シンガポール，欧州自由貿易連合（European Free Trade Association：EFTA）の4ヵ国と続き，両者とも2006年に発効した（WTO 2006）．また，FTA交渉あるいは共同研究は，アメリカ，カナダ，ASEAN，ニュージーランド，タイとも進行中である（Lee and Park 2005）．協定

について若干の懸念が表明されたために，日本との交渉は最近遅れている．Y. H. キム（Y. H. Kim 2005）は，韓国の産業構造が技術において日本の産業に垂直統合されると主張しており，その結果，日本との自由貿易は，韓国が日本に対して比較優位をもっている付加価値のほとんどない部門へ韓国を専門化させると述べている．しかしながら，リューならびにリー（Rhyu and Lee 2006）は，垂直統合の命題に異議を唱えており，2000年以降，日本と韓国の主要輸出品の競争的性質が垂直分業の崩壊の兆候を示していると述べている[7]．

4.4 消費者市場の人口統計的・文化的特徴

4.4.1 人口統計的傾向

市場の将来性は消費者の動向と行動を分析することによって評価することができ，そのために，人口統計的傾向は重要な意味合いをもっている．表4.4は，1990年から2005年までの期間における韓国の人口統計的傾向および2040年までの予想を示している．1960年代初頭からの急速な経済発展と近代化の30年間に，韓国は低い死亡率と低い出生率へ「人口統計的転換」を完了させた．すなわち，それは大部分のその他の東アジア諸国を含む世界の先進国の特徴で

表4.4 韓国の人口統計的変化（1990-2005年）と
2005年から2040年までの予測

	1990	1995	2000	2002	2004	2005	2010	2020	2030	2040
人口（百万）	42.9	45.1	47.0	47.6	48.1	48.3	49.2	50.0	49.3	46.7
成長率（％）	0.99	1.01	0.84	0.55	0.49	0.44	0.26	−0.02	−0.25	−0.68
年齢別（％）										
0～19	36.0	32.0	29.2	27.6	26.2	25.7	23.1	17.3	15.4	14.1
20～35	29.9	28.8	26.5	26.1	25.3	24.7	21.8	19.4	15.6	12.7
35～49	17.9	21.1	23.9	24.8	25.6	25.8	25.9	13.4	20.5	18.8
50～64	11.1	12.2	13.2	13.5	14.2	14.7	18.2	24.1	24.1	21.9
65以上	5.1	5.9	8.2	9.0	10.0	10.4	12.9	19.4	29.6	41.9
世帯（百万）	11.4	13.0	14.6	15.1	15.5	15.8	16.9	18.2	n.a	n.a

出所：KNSO (2005), (2006b).

ある（McNicoll 2006）．韓国は1990年から2005年までの期間に4,300万人から4,800万人へ500万人（11.6パーセント）の非常にささやかな人口増加を記録した．人口増加は，韓国の富の増加とならび，アメリカを除いた大部分の先進国における人口統計的傾向と一致して，1990年の1パーセントから2005年までの0.5パーセント弱へ減少した．表4.4が示しているように，これらの最近の傾向は，韓国の人口が来たる10年間に，ほんのわずかな変化があってもおよそ4,800万人で変わらないままであると示唆している．

もっとも著しい傾向は，韓国の急速な高齢化であり，65歳以上の年齢人口が1990年の5.1パーセントから2005年の10.4パーセントへ増加している．2040年までに，65歳以上の人口割合は，きわめて多く41.9パーセントにも達すると予想されている．「高齢」人口の一般に認められている基準は，65歳以上が14パーセントを占めるということである（T. H. Kwon 2003）．先進国の平均比率は，2004年に14.2パーセントと記録されている（Sagaza 2004, S35）．さらに，労働年齢人口は総人口と比例して減少すると予想される．30歳から59歳の年齢集団の中央群は，2005年に韓国の人口の45.5パーセントを占めており，2040年までに38.1パーセントへ減少すると予想される．労働人口の激しい減少と高齢者人口の付随した増加が，韓国市場の構成と規模のインプリケーションによって将来の韓国社会に重大な課題を提示していると指摘することは明らかである．

T. H. クォン（T. H. Kwon 2003）は，韓国の高齢化というもっとも重要な特徴の1つがその前例のないほどの速さで進んでいると述べている．65歳以上の高齢人口が同程度の高い比率へ達するまでに，韓国がわずか25年しかかかっていないことと比較して，フランスが175年，アメリカが65年，日本が40年かかった．人口の高齢化の速さは，個人の家庭から国や社会へその介護の責任の実質的な移行を必然的に必要とするであろう．これには，減少している労働人口と課税基準から必要な歳入を徴収する観点から，孝行という韓国の文化的な伝統にとって規範的な意味合いと明らかな財政上の意味がある．政府によって慎重に管理されないならば，高齢人口は財政的に高齢者を支えるために縮小している労働世代に重い負担をもたらすことになるであろう．そして，それ

は，若い世代が利用できる可処分所得を減らすであろう．また，それは，消費者市場のなかに高齢で，働くことができない人々の割合が増大し続けることを意味するであろう．

4.4.2 中産階級の増大

1960年代以降の韓国の急速な経済成長は，主として農業社会から現代的な工業社会へ転換した．これは，韓国社会の職業的，「階級」構成に著しい変化を必然的にもたらした．長期的な傾向は，農業労働者の減少とそれに付随する都市の雇用に従事する人々の増加を見せた．産業資本主義の発展は，自営業，小規模な家族経営の事業を犠牲にして大規模な新中産階級の給与所得者の出現をもたらした（Hong 2003）．韓国社会の中産階級は，大部分が中産階級として自己認識したとしても，全人口の比率として1960年の20.5パーセントから2000年の53パーセントへ増加した（Hong 2003）．レット（Lett 1998, p. 38）は，韓国の中産階級がいくつかの西洋文化的な要素を手に入れたが，また，いくつかの伝統的なエリート的特性を示していると述べている．

新中産階級は，多くの消費財を購買し，快適なライフスタイルをもった多くの可処分所得をますます所有する．レジャーの追求，ゴルフのような楽しみを求める活動は，1980年代以降，韓国社会のなかで劇的に多くなった（Robinson and Goodman 1996）．特に21世紀のはじめから，表4.3で示したように，韓国人観光客による海外旅行の著しい増加があった．韓国人は，冷蔵庫，カラーテレビ，洗濯機というような家電製品を日本の所有率に匹敵するほぼ99パーセントが所有している（Reid and Lee 1998）．所得の相対的な増加とともに，韓国全体で食料品消費の増加があった（Austrade 2004）．

中産階級は教育に高い優先順位をおいており，両親は自分たちの子供たちが最高の教育を受けることを確実にするために大きな犠牲を払っている．レット（1998）は，1990年代に労働市場へ参入した人々にとって，大学の学位が中産階級の地位の人々に適していると考えられる大部分の仕事の必要条件であったと指摘している．自営業に大学の学位は必要としないが，それにもかかわら

ず，多くの企業家は大学で教育を受けた．教育の重視は，輸入されたサービスのなかで，国際的教育部門の急成長に反映されている（表4.3）．

4.4.3 女性の社会的地位

韓国の経済が戦後の発展と近代化を経験するなかで著しく変化するにつれて，女性の社会的地位も変化した．韓国の産業構造の構成の変化は，教育と労働者へ女性のきわだった参加をもたらした．1965年に，女性は，労働者の35パーセントを占めていた．これは1999年の47パーセント，2005年の50パーセントへ増加したが，(KLI 2006)，その数値はOECDの先進諸国よりもおよそ10パーセント低かった[8]．

賃金労働者に加わっている多くの女性でさえ，韓国の労働市場には女性に対する差別が依然として存在している．女性は，店員，サービスの提供者，販売員，農業および漁業労働者，非熟練労働者としてかなり大きな比率を占めているが（Hong 2003），専門職にはほんのわずかである．2001年に，カナダの35パーセント，イギリスの33パーセント，メキシコの22パーセント，中国の19パーセント，エジプトの11パーセントと比較して，韓国では女性の管理職がわずか7パーセントにすぎなかった（Kang and Rowley 2005）．N. C. リー（N. C. Lee 2005）は，女性の地位向上における進展が，根深い儒教の男性中心の文化的伝統と家父長制家族制度のために，韓国の経済発展と足並みをそろえなかったと述べている．G. ヨー（G. Yoo 2003）は，賃金と性別の比率の差は，一部には人的資本の男女差の結果であると指摘している．平均して，女性は男性よりも学校教育年数が少なく，第3次教育率はかなり低い．大学教育において，女性は韓国の雇用者がそれほど好まない人文学部を卒業している．人的資本の能力における男女差が教育の産物である程度に，高度で専門化した学問のために両親は女性よりも男性を特別扱いする傾向が韓国文化に根ざしているように思われる．

女性労働者に対する性差別に関係なく，女性が労働者へ参入することが増加したことは韓国の消費者市場にとって重要な意味をもっている．ほとんどの

国々のように，女性に家族の世話をする責任があるという認識は，韓国ではまだもっとも一般的である．韓国の主要な買い物客は，家族の必需品を購入する多くの主婦と職業をもった女性である．また，女性は通常彼らの子供の教育に責任がある．一部の研究者は，この主張には支持するデータがないために疑いがあるが，労働者に雇用されることによって独立した所得を獲得することが家庭内の地位で女性の経済力を強くするであろうと述べている．

4.4.4　社会文化的要因

市場のなかで製品の将来性は，特に消費者の嗜好と期待を形成する文化的要因によって影響される．一般的に，階級的集団主義，家父長制家族主義，権威主義，地位意識，リスク回避，集団の一致性，高い権力の格差，世俗主義，強いナショナリズムを含む韓国の伝統的な文化的特徴は有名である[9]．1960年代以降，韓国の急速な工業化と近代化は，伝統的な社会経済的構造を深く転換させた．工業化は，急速な都市化，それに付随した農村人口の減少，社会的家族的構造への著しい変化を引き起こした．社会階層はゆるみ，家父長制家族主義は実質上衰退した．工業化と近代化は，儒教的道徳と人間性に対する関心から物質主義へ重心を移行させた．継続的な経済的繁栄は，物質的消費から生活の質に対する関心へさらに焦点を変化させた．それにもかかわらず，韓国社会は強く残っている儒教的伝統を維持しており，そして，強いナショナリズムと集団主義は依然としてかなりの水準にいきわたっている．

韓国の地位意識や面子意識の強い階級社会において，儀礼は，年齢，社会的評判，組織的地位に従って，さまざまな社会的地位の人々のなかでたゆまず見られる．これらの儀礼は，他人に対するふるまい，服装規定，他人への話しかけ方や話し方などを含んでいる．家族的集団主義と地位意識の強い社会のもう1つの重要な面は，自分自身と家族の相対的な地位を向上させることへの競争的献身である．威信はこの文化的な状況内できわめて重要である．

地位と威信を追求して，大部分の韓国人は特に外見を意識しており，その結果，よく見せるために多額のお金を支払っても構わないと考えている．韓国の

社会がいっそう繁栄するにつれて，人々は，特に都市の新中産階級の人々は，衒示的消費によって地位と威信を追求してきた．ブランド名が威信を示し，社会の上流階級と下流階級を区別すると見られているので，韓国人は非常にブランドを意識している．ブランド意識に伴う集団の凝集性は，ファッションやその他の商品における国際的な傾向が韓国にとっては特別な影響力をもっている．しかし，西洋人は実用的な目的のために商品を購買するのに対して，韓国人は一般に購買が彼らに地位と威信をもたらすことによって，別の目的に役立つと期待している．消費をめぐるこれらの社会・文化的な状況を認識しているので，購買者が自分自身を連想させるような高品質を高価格が物語ると考えていることから，消費者が流行している買い物場所で，より高価な製品が容易に売れることを示唆している．

長年にわたって，政府の政策は，主に韓国人が外国商品を入手できないように講じてきた．これを受け継いで，韓国人は，外国製品が韓国で生産された製品よりもさらに高い品質と威信があると信じてきた．高品質を認識することによって，外国のブランド名と製造業者は高い人気を博することができた（Min 2004）．外国製品は人気があるにもかかわらず，リードならびにリー（Reid and Lee 1998）は，韓国で購入される外国ブランドの割合がその当時ではまだほんのわずかしかないと明らかにした．今日でさえ，外国製品に対する高い税金とそれらをもっている人々の税務監査が広く行われる脅威によって，自動車のような輸入贅沢品に相当な規制がかけられている．韓国社会で依然として強調されている強いナショナリズムは，消費者の自民族中心主義を深めさせるのに役立ち，時には韓国の消費者に国産品の購買を促す巧妙なキャンペーンをもたらしている．韓国へ市場参入しようとする外国企業は周期的にナショナリズムが爆発する可能性を認識するべきであるけれども，特に若い人々が外国ブランドへ大きな関心を示しているが，韓国人の態度が近年外国人に対する伝統的な不信から外国ブランドを正しく評価することへ変わってきたことも認めなければならない[10]．

4.5 流通システム

　ミン (Min 2004) は，日本の状況と類似して，韓国の流通システムの構造が市場参入を試みる西洋企業にとって大きな障害となっていることを意味すると述べている．外国人が韓国の流通システムを理解しないのは，伝統的な企業文化と個人的な人間関係に基づく慣行を反映するこのシステムの複雑で特異な性質のためである．韓国の流通チャネルは，製造業者と商社によってしばしば管理される関係性によって推進される小売業者の複雑なネットワークから構成されている．これは，オープンで，独立して，利益によって推進されるアメリカの流通チャネルとは対照的である．

　韓国の長期経済成長への不均衡な貢献の反映として，製造業者は長い間，独占的な販売網，サプライ・チェーンの垂直統合，互恵性取引によって韓国の流通チャネルを統制してきた (Min 2004)．たとえば，自動車部門の販売店は，製造業者によって設立され，統制されていない販売店は存在しない．全衣料品小売業者の半分は，一社の製造業者によってのみ製品を提供されている．フランチャイズによって，韓国のエレクトロニクス製品のおよそ40パーセントが流通している．家具産業では，製造業者は卸売流通の70パーセントを統制している (Min 2004)．チェボルの場合，流通網におけるすべての要因はチェボルの子会社または代理店として財政的に結びつけられ，したがって，チェボルは工場から消費者まで製品流通を統制することができる．製造業者によるこの統制のパターンは，アウトサイダーに機会をほとんど与えず，韓国から外国の製品と生産者を効果的に締め出している．周知のように，この種の流通システムの事業展開は，韓国市場へ参入しようとする外国企業に重大な目に見えない障害を与えている．

　製造業者の支配を超えて，韓国の流通システムは，悪名高く複雑である．異なる流通チャネルの中間機関には，少なくとも5つのタイプ，すなわち，商社，卸売業者，ブローカー，流通ベンダー，フランチャイザーが存在している (Min 2004)．商社はチェボルによって通常所有されており，その活動は輸入，

貿易促進，外国ブランドのライセンス契約，政府に対するロビー活動，市場統合，通関手続き，情報交換，技術移転などに関連している．流通ベンダー，フランチャイズ店などによる流通が加わったことは，さまざまな製品を取り扱う小売業者または産業購買者に商社を合わせることに関係している．流通ベンダーは，商社と製造業者から規模に関係なくさまざまなタイプの小売業者へ広範囲にわたる製品を流通する大規模な卸売中間機関である．フランチャイズまたはチェーン・ストアは，通常特定の商社または製造業者からただ1つの商品ブランドを仕入れ，その他の小売業者へ，または，直接消費者へ販売している．

　韓国の流通システムの複雑さのもう1つの面は，資金が不足しているが，便利な場所に立地して非常にばらばらに小売業界を構成している異常なほどに多い小売店である（Min 2004）．1996年に，韓国の小売市場が効果的に自由化される前に，従業員5人以下という小規模な「パパ・ママ」ストアは，韓国の1,160億USドルの小売市場のおよそ80パーセントを占めていた（J. D. Kim 2003）．高齢者に老齢年金がないために所得を必要とし続けるので，退職者による小規模な小売店の設立は，韓国の十分な社会福祉制度がないことへの対応であると述べられている．過剰な小規模な小売店は，政府が無視し続けている韓国社会の大部分に雇用の安定をもたらした（Min 2004）．特に，1997年の金融危機以降，多数の中間管理者が40代や50代で早期退職せざるを得なかった．韓国の人的資源管理システムの下では，第9章で検討されるように，早期退職を強いられる人々は正社員へ復帰する機会がほとんどなく，彼ら自身でビジネスを営み始めなければならないと感じている．そして，そのビジネスの多くは小売店である．もう1つの要因は，個人的な選択に関係している．ミン（2004）が説明しているように，韓国人は，一般に家の近くで買い物することを好んでおり，無料配達，分割払い，クレジット，営業時間後のサービス，製品選択の手助けというような小規模な小売業者が提供する個人に合った高水準のサービスを利用している．

　このような韓国の流通システムの複雑さとばらばらなことは，流通の非効率の主要な原因となっている．韓国の小売業が製造業者に支配されている構造は，価格競争を阻止し，小売価格を法外に高くしている．ミン（2004）は，

2000 年に韓国の小売流通部門の生産性がアメリカの 5 分の 1 以下であると推定している．小売店当たりあるいは従業員当たりの売上高の点から，1994 年当時の韓国の卸売と小売サービスの生産性に関する J. D. キム（J. D. Kim 2003）の研究は，同時期の日本よりもはるかに韓国の生産性が低いことを明らかにした．

最近，特に金融危機以降，ディスカウント店や会員制による直接販売を含む非伝統的流通チャネルは，価格に敏感な消費者の間で人気を博している．卸売業者は，たとえば，ホーム・ショッピング，テレビ・ショッピング，オンライン・ショッピング，訪問販売，ホーム・パーティ販売，通信販売などのダイレクト・マーケティング戦略を大いに利用している．しかしながら，ダイレクト・マーケティングには欠点がある．というのは，それが提供する無料配達は，商品が大きいか，腐りやすいか，あまりにも安価である場合には適していないことを意味しているからである（Min 2004；Coe and Lee 2006）．

韓国の流通システムの複雑さと非効率は，本質的に，国際競争からこのシステムを保護しようとしている政府規制に起因している．韓国の小売市場は，1989 年から段階的に外国人に開放された．第 1 段階は，1989 年から 1991 年までの期間であり，韓国にある外国の子会社に対し，また，対内 FDI に対して規制を緩和した．1991 年から 1993 年までの期間に，小売店の絶対数は外国企業 1 社につき 10 店舗に制限されていたけれども，外国の小売業者は最高 1,000 平方メートルまでの店舗を開設することが許可された．1993 年から 1995 年までの期間に，外国企業は，それぞれ 3,000 平方メートルまでで最高 20 店舗まで開設することが許可された．1996 年までに，小売市場は外国企業に完全に開放できるほどになった（Min 2004；J. D. Kim 2003）．1997 年の金融危機の後，新しい海外投資促進法（Foreign Investment Promotion Act 1998）は，韓国の小売市場における FDI について残っていた規制をほとんどすべて撤廃した．不動産市場に対する金融危機の影響によって，外国企業がウォン安のために，比較的安い価格で小売店と不動産資産を獲得することができた．その時まで，不動産と賃貸料が高かったことは，海外市場参入に対する主要な抑制要因であった（Min 2004）．WTO の進行中のドーハ開発アジェンダによって，さらに韓国の

小売市場を自由化することが期待されている（Min 2004）．

　流通部門の自由化によって，海外のディスカウント・ストアは韓国市場に殺到した．国内企業と海外企業の両者に対する店舗規模に関する規制を廃止したことで，スーパーストアの数が2002年6月に207店舗へ急増した．これらの店舗の25パーセント以上は，セブン・イレブン，リーバイ・ストラウス，GAPというような小規模な海外の小売業者の急増とともに，カルフール，ウォル・マート，コストコ，テスコを含む外国企業によって作られた（J. D. Kim 2003, p. 30）．スーパーストアの市場占有率はデパートメント・ストアのそれを上回った一方，伝統的な小売流通チャネルの市場占有率は着実に低下している（Lee and Choi 2004）．スーパーストア市場を支配している5社の大手企業のうち，2社は韓国のEマートとロッテ・マートであるが，3社は外国のカルフール，サムスン-テスコのホーム・プラス，ウォル・マートである[11]．

　流通部門の効率は，それに続く自由化によって改善された．スーパーストア数の増加は，生産性と価格競争の両方を増大させ，韓国の小売の製造業者による支配構造を変化させ続けた．スーパーストアの購買力の増加は，価格決定権を製造業者よりもむしろ小売業者の手に移行させ，そのことが価格競争を増加させた．また，外国の小売企業は高度な技術と管理スタイルも移転した．価格競争の増加や経営スタイルの結果として，従業員1人当たりの売上高は一般に増大した．スーパーストアとデパートメント・ストアの価格差は，1995年の17.8パーセントと24.2パーセントから，1998年の13.6パーセントと21.7パーセントまでそれぞれ下がった（J. D. Kim 2003, p. 32）．また，ディスカウント・ストアの導入による流通パターンの変化は，多くの零細店にサービスを専門化させ，既存の国内小売企業に規模の経済性を発揮させるために規模を拡大させ，それは結果的に，流通部門の生産性の増大に貢献するであろう．

4.6　電子商取引

　韓国市場のなかで急速に出現した領域の1つは，電子商取引である．電子商取引は，小売業，マーケティング，生産，流通を含むさまざまなビジネス・プ

ロセスに革命をもたらし，多くの国々で爆発的に増加した．韓国は，この電子商取引革命のまっただ中にある．電子商取引の販売額は，最近の GDP の成長よりもはるかに速く拡大した．電子商取引は，2001 年の GDP の 19 パーセントに達し，2004 年には 40.3 パーセントへ増加した（KNSO 2006a）．韓国における外国企業が電子商取引に携わる機会が豊富にあるばかりではなく，外国企業は，貿易関連コストを削減し，韓国との電子貿易を行うことによって生産性を増大させることができる．

表 4.5 に示されているように，韓国の電子商取引の総額は，2001 年 119 兆ウォンから 2004 年 314 兆ウォンへ，年平均 38.2 パーセントの成長率で増加した．企業間（B2B）取引は，インターネット経済を支配している．それらは，2004年に 89 パーセントを占め，2001 年から 2004 年の期間に 36.8 パーセントも増大した．企業―政府間（B2G）取引は，2004 年の 8.9 パーセントと 2 番目に大

表 4.5 韓国の電子商取引の傾向（2001-2004 年）

（単位：10 億ウォン）

	2001	2002	2003	2004	%*
合計	118,976	117,810	235,025	314,079	38.2
タイプ別					
企業間	108,941	155,707	206,854	279,399	36.9
企業―政府間	7,037	16,632	21,634	27,349	57.2
企業―消費者間	2,580	50,473	6,095	6,443	35.7
その他	418	427	442	888	28.5
部門別（B2B）					
製造業	86,989	117,974	146,162	197,102	31.3
公益事業	815	1,070	2,289	3,657	64.9
建設	4,438	5,774	9,664	16,097	53.6
卸売と小売取引	14,195	25,730	41,117	51,421	53.6
輸送と通信	2,015	3,721	4,690	6,306	46.3
その他のサービス	489	1,438	2,931	4,816	114.3
方式別（B2B）					
インターネット	97,321	147,419	199,448	273,563	41.1
インターネット以外	11,710	8,288	7,406	5,836	-20.7

注：＊年平均成長率，2001-2004 年．
出所：KNSO (2006a).

きな比率を占め，57.2 パーセントもの高い年平均成長率であった．この数値は，そのサービスと規制システムの透明性と効率を高めるための最近の政府による改革を反映している．企業―消費者間（B2C）取引は，2.1 パーセントとわずかな比率しか占めていなかったが，その期間に年平均 35.7 パーセントの成長率でかなり増加した．eBay というようなサイトで行われている競売である消費者間（C2C）取引は，この期間に 1 パーセント未満しか占めていなかった．

　B2B 取引に関して，製造部門は 2001 年から 2004 年の期間に，電子商取引におけるリーダーであった．その後卸売業や小売業へ，さらに，建設部門へと続いた．表 4.5 のデータは，インターネットが成長率と金額の両方による電子貿易と電子商取引の主要な手段であり，電子商取引のその他の方法にまさっていると指摘している．電子商取引を通して取引される主要な商品は，家庭用電子機器，電気通信機器，コンピュータとコンピュータ周辺機器，旅行の手配と予約サービス，ファッション衣服とその関連商品などを含んでいる（KNSO 2006a, p. 502）．

　リーならびにその他（2003）は，B2C 取引の主要な部門が株取引とインターネット・バンキングであり，小売の金融取引サービスの利用を除いて，韓国には実際の B2C 電子商取引の形跡はほとんどないと説明している[12]．ジョンならびにゴーマン（John and Gorman 2002）は，2002 年 3 月までには，すべての国内銀行と国際銀行と郵便局が個人の銀行業務，電子送金，支払手形，クレジット・カード・ローンの支払を含んだオンライン・サービスを提供すると指摘した．これらのオンライン・サービスを利用している韓国人の数は，2002 年 3 月までに 1,200 万人を超えるほど著しく増加し，金融取引の数は，2002 年 3 月までの 1 年に 198 パーセントも増加した（John and Gorman 2002）．オンラインで取引された株式は，2001 年に取引された総株式の 66.4 パーセントを占め，2002 年には 70 パーセントにまで増大した．1998 年のそれに対応した数値は，ちょうど 3 パーセントであった（Cha et al. 2005）．ジョンならびにゴーマン（2002）は，金融サービスの電子商取引の増加傾向は弱まりそうもなく，彼らも短期的にその他の部門でもインターネットに基づいた B2C サービスにおける劇的な取り込みを予測していると結論づけた．

また，電子貿易は，貿易の競争力を強化する方法として，韓国，つまり，国際貿易でかなり信頼の高い国で，積極的に進められた．韓国には，基本的に高い補助費用のために高コストの取引構造がある（KITA 2007）．電子貿易は，補助費用を削減する方法である[13]．貿易が電子的に行われるならば，貿易の補助費用を 80 パーセントほど減らすことができると主張されている．また，通関手続きが免除される製品に信用状（Letter of credit）を開くことから，貿易の注文処理に必要とされる時間は，4 週間から 1 週間へ削減することができた（*Business Korea* 2001）．2000 年に，韓国の輸出全体の 18.7 パーセント，およそ 323 億 US ドルが電子的に取り扱われた（KOTRA 2002）．これは，前年対比 50 パーセント増であった．インターネットによる輸出入貿易の増大は，特に貿易を可能にする振興政策と社会的基盤の対策を通して政府によって主に誘導された（KOTRA 2002）．また，韓国は，電子貿易のインフラの設立を支援するために科学技術部（Ministry of Science and Technology）の傘下に電子商取引振興協議会（e-Trade Promotion Council）を設立した（KITA 2007）．

　韓国の電子商取引は，多くの要因によって指数的に増大した．インターネットの使用は，韓国で著しく拡大した．2000 年に，1,900 万人の韓国人がインターネットを使用し，総人口の 39.6 パーセントを占めていた．インターネットの利用者数は，2007 年 1 月に 3,400 万人へ増加し，人口の 67 パーセントまでインターネットが普及した．2007 年の韓国のインターネット普及率は，オーストラリア，アメリカ，日本に次いで，世界で 4 番目に高かった[14]．インターネットの利用者数の急速な増加は，政府の政策に一部起因している．電子商取引の助けとなる環境を整備するために，政府は全国的な教育キャンペーンばかりではなく，パソコン補助金計画を導入し，その結果として韓国のおよそ 100 万世帯が比較的安くデスクトップのパソコンを購入した（Michael and Sutherland 2002）．

　また，非常に多くのブロードバンドの加入も，電子商取引の急成長に貢献した．2005 年の OECD の 100 人当たりのブロードバンド加入率は 15.5 パーセントだったが，韓国では 2001 年の 17.2 パーセントから 2005 年の 25.4 パーセントへ増加した．2006 年に，アメリカの 19.2 パーセントと日本の 19 パーセント

と比較して，韓国の加入率は，26.2パーセントへ増大した．2006年に，加入率で韓国は，デンマーク，オランダ，アイスランドに次いで世界第4位にランクづけられた（OECD 2006）．

　韓国政府は，産業全体にe-ビジネス・ネットワークを構築し，公共部門の参加を強化し，e-ビジネスのオペーレティング・ベースを拡大し，e-ビジネスの範囲をグローバル化するために，2001年にe-ビジネスを振興する国家戦略を構築した．この戦略に沿って，政府は効率的な情報コミュニケーション・ネットワーク，技術開発，標準化を達成するために，電子商取引のインフラを進めた．韓国の通信分野は，1980年代以来着実に自由化され，民営化された．1990年代半ばから，政府は，「知識に基づいた社会」を造る基盤として，高速電気通信インフラの確立を促進する政策を進めた（Lee et al. 2003）．いくつかの計画は，通信ネットワーク，インターネット・サービス，アプリケーション・ソフトウェア，コンピュータ，情報の製品とサービスを構成する高度な全国的情報インフラをつくるように積極的に実行された．

　また，政府政策は，インターネット・サービスのために市場参入を規制することについて「無干渉主義」政策をとることによって，電子商取引の成長にも貢献した．高速インターネットの接続とその他のオンライン・サービスを提供しようとするどんな企業でも，簡単な登録手続きの後に市場に自由に参入することができた．また，政府は，この部門で事業活動している企業によって提供されるサービスを宣伝することによって，競争を刺激した．また，人々の需要は，政府が協調した行政措置によって促進された．ITのリテラシー・プログラムは，主婦，高齢者，軍人，農民，身体障害者，低所得の家庭などを対象とした（Lee et al. 2003）．リーならびにその他（2003）は，「お隣と見栄を張り合う」という社会的圧力が，教育について伝統的に韓国人が重視することに加えて，インターネット・サービスの需要を増加させる手助けになったと述べている．しかしながら，リーならびにその他（2003）が指摘したように，規制緩和された環境の強い要求は，市場規模に対して，あまりに多くのサービス・プロバイダを生み出し，重複した投資をもたらし，産業が再編成されるという期待へつながった．韓国政府は，法律上や制度上の支援を通して電子商取引を奨励

しようとした．消費者が，商業詐欺，不公正な経営慣行，紛らわしい広告または欺瞞的広告から保護される必要があり，新しい産業を発展させるのに必要な行動をとることが認識された．また，政府は，適切な電子承認審査プロセス，電子支払いと決済システム，知的所有権や個人情報の保護などを維持するための制度的フレームワークを機能するように設定した．ごく最近実施されたグローバルな法律に従って，必要な法律と規制を制定した（Ministry of Commerce, Industry and Energy：MOCIE 2003）．

若干懸念されるところはあるが，韓国の電子商取引の見通しは明るい．電子商取引のための韓国の規制環境でもっとも大きな問題は，責任のある政府機関にかなりの重複があることである．2つの政府機関（産業資源部と科学技術部）と多数の法律は，電子商取引の行政に直接関連している．それにもかかわらず，電子商取引のための技術的，規制状況のインフラは構築され，知識に基づいた経済の推進と一致した戦略的な産業として政府は電子商取引を促進し，消費者は電子商取引の時流に参加する気にさせられている．したがって，それは，おそらく韓国の電子商取引のブームが続き，その過程で韓国でビジネスを行う方法のさらなる転換を引き起こすであろう．チェならびにス（2004）は，電子商取引が今後30年以内に民間部門の消費支出の30パーセント以上を占めるほど，その規模が急速に増大すると予測している．すでに，電子インフラを提供することによってB2C部門において電子小売を行い，そして，B2B部門において電子貿易を行うことは外国企業にとっては有力なチャンスである．

4.7 おわりに

本章は，1990年から現在までの輸出市場精査の視点から韓国の市場構成に関する広範囲にわたる情報を分析した．考慮した期間は，国民経済を開放し，グローバル経済と統合し，製造業から知識に基づいた経済へ移行する韓国の努力と一致している．1997年の金融危機とその対応を含んだ急速で大きな変化の期間に，韓国の市場構成は転換過程にあった．本章は，韓国の輸入市場の構成を発展させたいくつかの傾向を明らかにした．

1995年から2005年の期間に，韓国の総輸入額は，年当たり9.2パーセントで，USドルで実質的に7.6パーセントというGDPの成長率よりもかなり高く急増した．これは輸入を求める韓国の総需要が非常に所得弾力的であり，外国製品に対する市場の潜在能力の増大を示している．韓国の経済は，伝統的な製造業と農業からサービスと情報産業へ移行している（第1章で追究されたように）．韓国の経済は，外国の鉱物，エネルギー，農産物ばかりではなく，主要技術がその他の先進国よりも遅れているので，重工業，資本財，先端技術製品にもかなり依存している．このことは，これらの製品に対する韓国の強い輸入需要によって支えられた．比較的小さいけれども，輸入消費財の韓国市場の規模は，1年当たりおよそ260億USドルに達し，増加し続けている．韓国の農業部門が滞って，食糧自給率は1990年の53.6パーセントから2004年の37.5パーセントへ減少した．この期間に，農産物の輸入は，それにしたがって増加した．それに対して，サービス部門は，時間がたつにつれて韓国で特に急速に拡大した．教育，保険，輸送，旅行を含むサービスの輸入は，韓国経済の自由化とともに1990年以降かなり増加している．

　また，近年，韓国は，貿易体制の自由化も行った．韓国がWTOとOECDの加盟国になる条件，その後すぐに，1997年の金融危機の思いがけない結果は，改革と自由化のまさに重要な推進要因であった．1998年から，サービス部門は自由化され，輸入レベルはかなり増大した．2001年現在，農業部門が99パーセントも自由化されたことによって，韓国経済の99.9パーセントは貿易に開放された．1998年以降，関税は下げられ，禁止された補助金は廃止され，通関手続きは簡素化され，貿易に関連した分野における透明性は改善された．1990年代半ばから，韓国は，多くの国々，特に東アジアで，自由貿易協定を模索している．韓国は，チリ，シンガポール，欧州自由貿易連合の4ヵ国とFTAをすでに結んだ．FTA交渉と共同研究は，多くの国々で進行中である．

　本章では，韓国市場の将来性が，人口統計的な傾向，社会構造の変化，文化が重要な意味をもっている消費者の傾向と行動を分析することによって評価された．人口統計的変化は，韓国の市場構成における重要な傾向である．韓国の人口は，約4,800万人で変化がないままである一方，成長率は0.5パーセント

未満に低下した．人口統計的データでもっとも著しい傾向は，韓国の急速な高齢化であり，それは高齢者のための商品ならびにサービスの需要を拡大している．中産階級の規模は，総人口に比例して増加した．可処分所得の増大によって，中産階級の人々は，ゴルフや海外旅行というようなレジャーや娯楽を求めている．彼らは，自分たちの子供たちに海外留学を含む最高の教育を受けさせたがっている．女性の社会的地位は変わりつつあり，特に，女性の労働者への参加が着実に増大し，社会全体と同様に家庭内でも経済的地位を高めた．女性は，通常働いているにもかかわらず，子供たちの教育を含み，女性の家族の世話をする責任がある．それでもなお，彼女らは依然として主要な買い物客であり，家族の財政的な問題に対して強い発言権をもっている．

　韓国の市場構成におけるもう1つの傾向は，韓国の文化の影響である．最近の大きな変化にもかかわらず，韓国社会は強い儒教的伝統を維持し，社会階層と階級的集団主義は，韓国社会全体にかなり浸透している．地位と面子を意識する韓国の階級社会のなかで，韓国人はブランド名のついた製品の衒示的消費を通して彼らの社会的地位と威信を維持するかまたは高めようとしている．ブランド意識と韓国の集団主義のグループの一致は，韓国で特に影響力のあるファッションにおける国際的な傾向を作り出している．

　韓国の市場構成のもう1つの重要な面は，流通システムの構造であり，それは長い間，市場参入を求めていた外国企業にとって大きな障害であった．韓国には，製造業者による流通チャネルの支配によって，また，流通チャネルにおける非常に多くの中間機関によって特徴づけられる複雑な流通システムがある．韓国の流通部門は金融危機以降自由化され，小売市場は国際競争に開放された．多くの大規模な外国の小売業者は，市場に参入した．外国と国内の企業に所有されたスーパーストアは多数の小規模な地元企業を犠牲にして市場占有率を拡大し，これらの発展は流通部門のなかで生産性と価格競争の両方を改善した．

　韓国の市場構成における1つの顕著な傾向は，電子商取引の急速な台頭である．製造業から知識に基づいた経済へ韓国が転換したこととともに，企業と消費者はより技術に集中するようになり，電子商取引はそれに応じて発展した．

現在，電子商取引の大部分はB2BとB2Gであり，特に金融部門ではB2C取引が増加している．韓国は高速ブロードバンド・インターネット・サービスの受け入れでは世界的リーダーであり，電子商取引に必要とされる技術上や規制上のインフラは現在しっかり確立されている．このように，電子商取引はさらに発展しそうであり，その過程で，ビジネス慣行のパラダイムを転換させるであろう．これらの状況は，この分野に関係する海外企業にとって有力なビジネス・チャンスである．

本章が明らかにしたように，韓国市場には，多くの新しい傾向が長期にわたって出現しているので，海外への輸出のための大きな将来性がある．1990年代後半以降，韓国市場は，より広く外国製品に開放された．特に，鉱物，エネルギー，農産物と同様に資本財やハイテク製品の韓国市場は非常に有望である．これに加えられるのは，外国のサービスにとっての市場の拡大である．外国企業は，もし市場精査が徹底して行われたならば，伝統的な取引の取り組みまたは電子貿易を通して，長所の強力な見通しによって，韓国で現在利用できる豊富なチャンスをつかむことができる．

(訳・金　英　信)

注

1) FDIの対象国としての韓国は，第5章で取り扱う．
2) 金融状況や経済状況の評価を含む市場精査の第2段階は，第1章で述べられた．
3) ソンならびにノ (2006) は，韓国がその他の先進工業国とほぼ同等の製造や生産技術に到達しているかもしれないが，重工業と先端技術産業の主要技術はかなり遅れたままであると述べている．彼らは，韓国の研究開発費が産業開発能力よりもむしろ短期的な製品開発計画に集中し，ハイテク分野の韓国企業が新製品開発における技術上のスキルよりもマーケティング・スキルを重視したことを明らかにした．
4) 制限された商品を輸入するのに適用され，これらはケース・バイ・ケースによって精査と承認過程を必要とする (KOTRA 2006)．
5) ヨ (Yeo et al. 2004) は，1996年以降もっとも重要な自由化措置がサービス部門に導入されたと述べている．
6) ビギンならびにその他 (Beghin et al. 2003) は，制度化された農業規制の範囲を明らかにしているデータがそれらの内容を実質的に損なっているけれども，韓国が農業の規制撤廃を維持してきたと述べている．

7) マンソウロフ（Mansourov 2005）は，日本の戦没者を祀っている靖国神社への日本の首相による参拝と日本の歴史教科書の内容に関する議論において明らかにされたように，韓国と日本の FTA 交渉の難航は韓国を植民地化した歴史を認めない日本の官僚に少なくとも一部原因があると述べている．
8) 最近の調査は，主婦の 60 パーセントが自宅で子供たちを世話し，その他の家事を行うことを好んでいると述べたことを示している．(http://blog.naver.com/neobrasin2004/10003836960, 2007 年 2 月 12 日アクセス)
9) 韓国のビジネスと関連する韓国の文化の詳細は，第 3 章を参照されたい．
10) チョンならびにサイアチック（Chung and Pysarchik 2000）による探索的研究は，韓国の消費者のより若い世代の間で，輸入品の購買が儒教的な文化の評価によって著しく影響されるのではなく，単に価格と品質の功利的な計算に基づいていることを明らかにした．
11) 海外のスーパーストアに関する詳しい情報は，リーならびにチェ（Lee and Choi 2004），コーならびにリー（Coe and Lee 2006）を参照されたい．
12) マイケルならびにサザーランド（Michael and Sutherland 2002, p. 28）は，金融サービスがアジア太平洋のなかで主要な B2C 取引であることを述べている．
13) 2005 年の電子貿易システムの完成で，韓国は貿易の追加費用の推定 145 億 US ドルを節約できた．それは，貿易の総費用の 24.5 パーセントになる（KITA 2007）．
14) Internet World Statistics (2007).

参 考 文 献

Austrade (2004), 'Korea Profile', http://www.austrade.gov.au/australia/layout/0,,0_S2-1_CLNTXID0019-2-3 PWB177063-4_doingbusiness-5_-6_7_,00.html.

Ball, Donald A., McCulloch Jr, Wendell H., Frantz, Paul L., Geringer, J. Michael and Michael S. Minor (2002), *International Business : The Challenger of global Competition*, 8th edn, New York : McGraw-Hill Irwin.

Bank of Korea (2006a), 'Economic Statistics', http://ecos.bok.or.kr/EIndex_en.jsp.

Bank of Korea (2006b), *Quarterly National Accounts*, 27 (4).

Beghin, John C., Jean-Christopher Bureau and Sung Joon Park (2003), 'Food Security and Agricultural Protection in South Korea', *American Journal of Agricultural Economics*, 85 (3), pp. 618-32.

Business Korea (2001), 'Removing the e-Trade Barriers', Seoul, 18 (11), pp. 48-50.

Cha, Soon Kwean, Minho Kim and Ronald McNiel (2005), 'Diffusion of Internet-based Financial Transactions among Customers in South Korea', *Journal of Global Marketing*, 19 (2), pp. 95-111.

Choi, Yeong C. and Hi-youl Suh (2004), 'A Taxation Model : the Korean Value Added Tax on Electronic Commerce', *Review of Business*, 25 (2), pp. 43-50.

Chung, Jae-Eun and Pysarchik, Dawn T. (2000), 'A Model of Behavioral Intention to Buy Domestic versus Imported Products in a Confucian Culture', *Marketing Intelligence and Planning*, 18 (5), pp. 281-91.

CIA (2006), 'CIA World Factbook, 2006', http://www.photius.com/rankings/economy/imports_2006_1.html.

Coe, Neil M. and Yong-Sook Lee (2006), 'The Strategic Localization of Transnational Retailers : the Case of Samsung-Tesco in South Korea', *Economic Geography*, 82 (1), pp. 61-88.

Economist Intelligence Unit (EIU) (2003), *Country Commerce Report : South Korea*.

Hong, Doo-Seung (2003), 'Social Change and Stratification', in Doh Chul Shin, Conrad P. Rutowski and Chong-Min Park (eds), *The Quality of Life in Korea : Comparative and Dynamic Perspectives*, Dordrecht, Netherlands : Kliwer Academic Publishers, pp. 39-50.

Internet World Statistics (2007), 'Korea, Internet Usage Stats and Marketing Report, Internet World Statistics', www.internetworldstats.com/asia/kr.htm.

John, Yong J. and G. E. Gorman (2002), 'Internet Use in South Korea', *Online Information Review*, 26 (5), pp. 335-44.

Kang, Hye-Ryun and Chris Rowley (2005), 'Women in Management in South Korea : Advancement or Retrenchment', *Asia Pacific Business Review*, 11 (2), pp. 213-31.

Kim, June-Dong (2003), *Inward Foreign Direct Investment into Korea : Recent Performance and Future Agenda*, Seoul : Korea Institute for International Economic Policy.

Kim, June-Dong and Jong-Il Kim (2003), 'Korea's Liberalization of Trade in Services and its Impacts on Productivity', in O. Y. Kwon, S. H. Jaw and K. T. Lee (eds), *Korea's New Economic Strategy in the Globalization Era*, Cheltenham, UK and Northampton, MA, USA : Edward Elgar Publishing, pp. 63-79.

Kim, Young-Ham (2005), 'The Optimal Path of Regional Economic Integration between Asymmetric Countries in the North East Asia', *Journal of Policy Modeling*, 27 (6), pp. 673-87.

Korea International Trade Association (KITA) (2007), 'E-trade in Korea', http://global.kita.net.

Korea Labor Institute (KLI) (2006), *Labor Statistics 2006*, Seoul : Korea Labor Institute.

Korea National Statistical Office (KNSO) (2005), *Korea Statistical Yearbook 2004*, Seoul : KNSO.

Korea National Statistical Office (KNSO) (2006a), *Korea Statistical Yearbook 2005*, Seoul : KNSO.

Korea National Statistical Office (KNSO) (2006b), Population, Household, http://kosis.nso.go.kr.

Korea Rural Economic Institute (KREI) (2005), 2004 Food Balance Sheet, Seoul : KREI.

Korea Trade-Investment Promotion Corporation (KOTRA) (2002), 'General Trade Information : Current Status of e-Trade', http://www.kotra.or.kr/eng/file/sub2_5.jsp.

Korea Trade-Investment Promotion Corporation (KOTRA) (2006), 'General Trade Information : Current Status of Exports and Imports', http://www.kotra.or.kr/eng/file/sub2_1.jsp.

Kwon, O. Y. and Chang Young Kang (2000), *Recent Developments in Korean Agriculture : Implications for Australia*, Brisbane, Australia : Griffith University.

Kwon, Tai-Hwan (2003), 'Demographic Trends and their Social Implications', in Doh Chul Shin, Conrad P. Rutowski and Chong-Min Park (eds), *The Quality of Life in Korea : Comparative and Dynamic Perspectives*, Dordrecht, Netherlands : Kluwer Academic Publishers, pp. 19-38.

Lee, Heejin, Robert M. O'Keefe and Kyounglim Yun (2003), 'The Growth of Broadband and Electronic Commerce in South Korea : Contributing Factors', *The Information Society*, 18, pp. 81-93.

Lee, Jung-Hee and Sang-Chul Choi (2004), 'The Effects of Liberalization in Retail Markets on Economy and Retail Industry in Korea', *Journal of Global Marketing*, 18 (1/2), pp. 121-31.

Lee, Namchul (2005), 'Human Capital Accumulation and Labor Force Participation Participation in Korean Women', *Journal of the America Academy of Business*, 7 (2), pp. 63-8.

Lett, Denise P. (1998), *In Pursuit of Status : The Making of South Korea's 'New' Urban Middle Class*, Cambridge, MA and London : Harvard University Asia Center.

Mansourov, Alexandre Y. (2005), 'Northeast Asian Vortex : Regional Change, Global Implications', Korean Observer, 36 (3), pp. 511-52.

McNicoll, Gregory (2006), 'Policy Lessons of the East Asian Demographic Transition', *Population and Development Review*, 32 (1), pp. 1-25.

Michael, D. and G. Sutherland (2002), *Asia's Digital Dividends : How Asia-Pacific's Corporations can Create Value from E-business*, Singapore : John Wiley & Sons.

Min, Hokey (2004), 'The Korean Distribution System : an Overview with Implications for Korean Market Entry', *Journal of Marketing Channels*, 12 (2), pp. 5-25.

Ministry of Commerce, Industry and Energy (MOCIE) (2003), 'E-commerce in Korea', Ministry of Commerce Industry and Energy, http://www.mocie. go.kr/eng/policies/ecommerce/ecommercel.asp.

OECD (2006), 'OECD Broadband Statistics to June 2006', www.oecd.org/document/9/0,2340,en_2649_34223_37529673_1.

OECD (2006), 'OECD Statistics', http://www.oecd.org/statsportal/.

OECD (2007), 'OECD Statistics', http://stats.oecd.org/wbos/default.aspx?datasetcode=

TIS.

Park, Chang-Gun (2006), 'Japan's Emerging Role in Promoting Regional Integration in East Asia : towards an East Asian Integration Regime (EAIR)', *Journal of International and Area Studies*, 13 (1), pp. 53-72.

Reid, D. and Y. Lee (1998), 'Strategic Business Development in South Korea : a Post-IMF Crisis Perspective', *Financial Times Business*, Singapore.

Rhyu, Sang-young and Seungjoo Lee (2006), 'Changing Dynamics in Korea-Japan Economic Relations : Policy Ideas and Development Strategies', *Asian Survey*, 46 (2), pp. 195-214.

Robinson, Richard and David Goodman (1996), *The New Rich in Asia : Mobile Phones, McDonald's and Middle-class Revolution*, London : Routledge, pp. 187-91.

Rugman, A. M. and R. M. Hodgetts (1995), International Business : A Strategic Management Approach, New York : McGraw-Hill.

Sagaza, Harou (2004), 'Population Ageing in the Asia-Oceanic Region', *Geriatrics and Gerontology International*, 4, S34-S37.

Song, Michael and Jeonpyo Noh (2006), 'Best New Product Development and Management Practices in the Korean High-Tech Industry', *Industrial Marketing Management*, 35, pp. 262-78.

World Trade Organization (WTO) (2006), 'Regional Trade Agreements : Facts and Figures', http://www.wto.org/english/tratop_e/region_e/summary_e.xls.

Yeo, Taekdong, Young Man Yoon and Kar-yiu Wong (2004), 'Post-crisis Foreign Trade and Foreign Investment in Korea : Korea's Recovery and Challenges Ahead', in Charles Harvey, Hyun-Hoon Lee and Junggun Oh (eds), *The Korean Economy : Post-Crisis Policies*, Issues and Prospects, Cheltenham, UK and Northampton, MA, USA : Edward Elgar Publishing, pp. 197-220.

Yoo, Chul Ho (2003), 'Korea's Agricultural Strategy in the Globalization Era', in O. Y. Kwon, S. H. Jaw and K. T Lee (eds), *Korea's New Economic Strategy in the Globalization Era*, Cheltenham, UK and Northampton, MA, USA : Edward Elgar Publishing, pp. 133-54.

Yoo, Gyeongjoon (2003), 'Women in the Workplace : Gender and Wage Differentials', in Doh Chull Sin, Conrad P. Rutowski and Chong-Min Park (eds), *The Quality of Life in Korea : Comparative and Dynamic Perspectives*, Dordrecht, Netherlands : Kluwer Academic Publishers, pp. 367-85.

第5章　韓国の対内FDI：体制の変化と展望

5.1　はじめに

　1997年の金融危機まで，韓国はアジア諸国のなかで投資するのに最悪の場所とみなされていた（Booz. Allan and Hamilton 1997, p. 28；*Far East Economic Review* 1998）．韓国は，国内産業を保護するために，投資家に法律や規制の重荷をかけることによって対内FDIを制限した．多くの分野が，1990年代初頭まで法律によってFDIに閉ざされていた．FDIが許可された部門でさえ，FDIに対する行政上の規制と手続きは複雑で透明性も不足していた．韓国の経済構造，社会，文化などのその他の面は，いずれも対内FDIの助けにはならなかった．労働市場は柔軟性が不足しており，その結果，アジアの新興工業諸国（NICs）の間で人件費のもっとも高い国の1つになった．不動産部門は外国人に閉ざされており，間接費はアジアでもっとも高い国の1つであった（Cha 2001；Jwa and Yi 2001；Kwon 2001）．

　FDIにおける公的な規制と環境抑制要因は，韓国へのFDIの減少をもたらした．国際連合貿易開発会議（United Nations Conference on Trade and Development：UNCTAD）のワールド・インベストメント・レポート2002（*World Investment Report 2002*）によると，1990年から1997年までの期間に韓国の対内FDIは総固定資本形成の1パーセント未満（0.96パーセント）に達した一方，世界と東アジア諸国の比率はそれぞれ4.7パーセントと7.4パーセントであった．世界と東アジア諸国の10パーセントと18.9パーセントの比率と比べて，1995年のGDPの比率としての韓国の対内FDI株式は2パーセントであった

(UNCTAD 2002).

　しかしながら，1997 年以降，韓国はその他の OECD 諸国のレベルまで FDI 体制を自由化し，「規制と統制」から「振興と支援」にその政策の重心を切り替えた．政府と同様に韓国の社会と経済界は，韓国のビジネス環境を改善しようとした．2002 年の時点で，すべてのビジネス部門の 99.8 パーセントが海外投資を受け入れた．すなわち，その他の OECD 諸国と同等の平均以上のレベルになった (Sohn et al. 2002)．労働市場はその柔軟性を改善するために改革され，不動産部門は外国人に開放された．政府は，50 パーセント以上の規制を撤廃するか，緩和することによって FDI の複雑な行政手続を簡素化した (Kwon 2001)．さらに，政府は対内 FDI のいわゆる「ワンストップ・サービス・システム」を導入した．その結果，韓国の FDI は，1998 年から 2000 年までの 3 年間に大幅に増加した．

　1998 年から 2000 年までの 3 年間にわたる FDI の急速な増加にもかかわらず，韓国の FDI の規模は，国際的に比べてまだわずかであった．さらに，後で示されるように，韓国の FDI は 2001 年から 2003 年まで 3 年連続で急落し，それから 2004 年には増加した．特に，韓国は，世界や東アジア諸国と比較して，FDI を誘致する際に積極的ではなかった．しかし，韓国政府は，FDI を誘致するために明らかに徹底した努力と一連の政策措置を講じた．では，韓国の FDI が他の国々と比べ小規模であることや，また最近の急激な低下をどのように説明できるであろうか．韓国政府は，国際的な水準まで対内 FDI を増加させるために，どのような追加措置あるいは代替的措置を講ずるべきであろうか．本章は，これらの悩ましい問題について述べようと思う．

　考慮中の問題の重大性を把握するために，第 5.2 節では，FDI におけるグローバルな傾向を考慮し，韓国の FDI の最近の進展と主要な特徴を検討する．これは，韓国で FDI が停滞した何らかの要因を示す対内 FDI における傾向を明らかにすることである．文献における一部の研究が FDI の数と質を決定する際に，ホスト国の政府の政策を重要視しているので (Stoever 2005)，政府の政策が韓国の FDI にとってもっとも重大な要因であったということは疑う余地のないことである．したがって，1997 年の金融危機以後の FDI 体制とその

変化の概要は，第5.3節で述べられる．第5.4節は，近年における停滞した対内FDIの原因を明らかにするために英語と韓国語の文献の両者の幅広い追究を含んでいる．

韓国のFDIに関するいくつかの研究が文献で入手できるけれども（Kim and Choo 2002 ; Kim and Kim 2003 ; Kim 2003 ; Sohn et al. 2002 ; Cherry 2006 ; Stoever 2005 ; Thurbon and Weiss 2006），これらの大部分は，国内の視点からの韓国人研究者，あるいは，大部分が二次情報源に基づくアカデミックな視点からの外国の研究者によって行われた．実際にFDIを行っているか，あるいは，韓国でビジネスを営む外国人ビジネス・パーソンの視点からの問題に関する徹底的な研究はまったく存在していない．FDIを誘致しようとするならば，韓国が納得させなければならないのはこれらの人々であるので，韓国への投資とビジネス経歴をもっている外国人ビジネス・パーソンの考え方はきわめて重要である．したがって，外国人投資家とビジネス駐在員の視点から韓国でのFDIの最近の発展を調査することは重要である．このために，クォン（2004）は，韓国のビジネス・パーソンに関する広範囲にわたる調査を実施した．この研究の主な調査結果は第5.5節に述べられており，最近の韓国における停滞したFDIにとっての文献で明らかにされた要因と比較される．最後に，第5.6節では調査の結果を含み，韓国にFDIを誘致する戦略を推薦する．

5.2 韓国のFDIにおける最近の進展

1997年の金融危機以来，韓国の対内FDIは経営環境におけるFDI体制の自由化と改善に対応して著しく増加した．表5.1で示すように，韓国のFDIは，1997年の28億USドルから1998年に54億USドルへ，そして1999年から2000年に93億USドルへ急増した．しかしながら，その他の国々と比較すると，韓国のFDIの規模はまだ小さいが，韓国経済に対してFDIがわずかに貢献していることを示している．2000年に，韓国のFDIは，総固定資本形成の7.1パーセントを占めていた一方，世界と東アジア諸国の対応する数値はそれぞれ20.8パーセントと14.8パーセントであった（表5.1）．同年に，GDP対

表5.1　韓国と東アジアの国への対内FDI（10億USドル，%）

	1990-96 (平均)	1997	1998	1999	2000	2001	2002	2003	2004
FDI（10億USドル）									
韓国	1.2	2.8	5.4	9.3	9.3	3.5	3.0	3.8	7.7
世界	253.8	478.1	686.0	1079.1	1393.0	823.8	716.1	632.6	648.1
東アジア*	51.8	96.3	90.1	105.3	138.7	97.6	86.3	94.7	137.7
FDI/GI（%）**									
韓国	0.9	1.7	5.7	8.3	7.1	3.1	1.9	2.1	3.8
世界	4.4	7.4	10.9	16.5	20.8	12.8	10.6	8.3	7.5
東アジア	7.1	10.0	11.0	12.2	14.8	10.3	8.2	7.7	9.7

注：＊東アジアは南部，東洋および東南アジアを含む．
　　＊＊GIは総固定資本形成を指示する．
出所：UNCTAD (2005).

表5.2　国民総生産に対する対内FDIの割合（%）

	1980	1985	1990	1995	2000	2001	2002	2004
韓国	2.1	2.3	2.1	1.9	8.1	9.5	9.2	8.1
世界	6.7	8.4	9.3	10.3	18.3	21.2	22.3	21.7
東アジア	27.9	24.9	20.9	21.1	30.7	37.2	37.9	26.2

出所：UNCTAD (2005).

FDI株式比率は韓国で8パーセントであったが，一方，世界と東アジア諸国にとってはそれぞれ19.6パーセントと37パーセントであった（表5.2）．

　さらに，表5.1で示すように，韓国のFDIは2001年に急落し，2003年まで停滞したままであった．この3年間（2001年から2003年）に，総固定資本形成対FDI比率も減少し，世界と東アジア諸国に対するものよりも著しく低かった．同様に，GDP対FDI株式比率も，世界と東アジア諸国の対応する比率よりも著しく低かった（表5.1と表5.2）．2004年に，FDIは77億USドルまで増加した（表5.1）．それにもかかわらず，韓国のFDIは，2004年に総固定資本形成の3.8パーセントに達したが，世界と東アジア諸国の対応する数値はそれぞれ7.5パーセントと9.7パーセントであった（表5.1）．GDP対FDI株式比率は，世界と東アジア諸国のそれぞれ21.7パーセントと26.2パーセントと比較して，

2004年の時点で韓国は8.1パーセントであった.

韓国のFDIは，付加価値と雇用水準を上昇させる上でほんのわずかな役割を果たしたにすぎなかった．1999年に，33ヵ国の発展途上国の平均の18.4パーセントと比較して，GDPの比率として外国企業による付加価値レベルは韓国で3.1パーセントであった．同年に，外国企業の雇用は韓国で全体のわずか2.2パーセントしか占めておらず，33ヵ国の発展途上国の平均は4.8パーセントであった（UNCTAD 2002, p. 275）[1]．

韓国は，国民経済の規模を考えると，予想以下のFDIしか誘致できなかった．近年，UNCTADは対内FDIの実績について提案しており，これはグローバルなGDPのシェア対グローバルなFDIフローにおける国のシェア比率である．1より大きな指標値をもつ国は，相対的なGDPに基づいて予想される以上のFDIを誘致している．この指標によると，韓国は東アジアでもっとも低いスコアの国であった．1988年から1990年と1998年から2000年の期間に，韓国の数値はそれぞれ0.5と0.6で，140ヵ国の間で各期間に93および87番目にランクづけられた（UNCTAD 2002, p. 25）．1998年から2000年までの期間には，韓国は台湾と日本に続き，東アジア諸国のなかで3番目に低く位置づけられた．韓国のFDI実績指標は140ヵ国中第109位にランクづけられ，2004年に1.09まで多少増加した．しかしながら，東アジア諸国は，2004年に1.821の指標で，かなり韓国を上回っていた（表5.3）．

韓国は，明らかにFDIを潜在力いっぱいまで誘致できなかった．UNCTADの対内FDI潜在力指標によると，韓国は，対内FDIに影響を及ぼすと予想される主要な諸要因を通して推定されるように，1988年から1990年と1998年から2000年までに140ヵ国のなかでそれぞれ19番目と18番目にランクづけ

表5.3 対内FDI実績指数と潜在指数

	1990	2000	2001	2002	2003	2004
韓国の実績	0.81	0.93	0.98	1.09	1.16	1.09
韓国の潜在力	21	19	19	19	20	-
東アジアの実績	-	1.193	-	-	1.523	1.821

出所：UNCTAD (2002), (2005).

られたが，2003年に20番目に落ちたけれども，かなりうまくやっていた[2]．対内FDIの実績と潜在力指標におけるランキングを比較することによって，UNCTADは，政府の政策，FDIに対して信用が低いという伝統，政治的・社会的要因，弱い国際競争力のために貧弱なFDI実績によって「低い潜在能力の国」と韓国を呼んだ（UNCTAD 2002, p.32）．

韓国のFDIのもう一つの側面は，ビジネス全体の研究開発費と比べて，外国企業が韓国で重要な研究開発活動を行っていないということである．1998年から2002年までの5年間に，表5.4に示すように，外国企業は韓国で総ビジネスの研究開発費のわずか1.38パーセントしか貢献していない．同期間に，中国の対応する数値は20.5パーセントであった（UNCTAD 2005）[3]．この点で，韓国の費用は日本と比べて十分とはいえなかった．1998年から2001年までの期間に，日本の3.2パーセントの研究開発費と比較して，外国企業による研究開発費は，韓国で企業全体の研究開発費の1.33パーセントにしか達していなかった（UNCTAD 2005）．ホスト国に対するFDIの利益の一部は，ホスト国における外国の多国籍企業の研究開発活動による先進技術の普及である（Cherry 2006）．この点で，韓国経済に対するFDIの貢献は，比較的わずかな範囲のものであった．

要するに，UNCTADによるワールド・インベストメント・レポートに基づいて，東アジアや世界と比較してみても，韓国はFDIを誘致することをまだ十分に行っていなかった．1997年の金融危機に続く2，3年を除いて，韓国への対内FDIは，近年停滞したままであり，国内の総投資とGDPを比較すると，東アジアの近隣諸国や世界よりも著しく少なかった．これは，韓国が明らかに

表5.4 総R&D費に対する外資系企業による割合
1997-2003年：韓国，中国と日本　　　　　　　　　（％）

	1997	1998	1999	2000	2001	2002	2003
韓国	0.4	0.5	1.5	1.6	1.7	1.6	-
中国	-	18.0	19.2	21.6	21.7	22.0	23.7
日本	1.3	1.7	3.9	3.6	3.4	-	-

出所：UNCTAD (2005).

表5.5 届出ベースの産業別FDI　　　　（100万USドル,％）

	1962-95	1997	1998	1999	2000	2001	2002	2003	2004	2005
基礎産業	60 (0.3)	55 (0.9)	179 (2.0)	54 (0.3)	3	7 (0.1)	16 (0.2)	6 (0.1)	1 (−)	3 (−)
製造業	10,616 (60.1)	2,348 (33.7)	5,735 (64.8)	7,129 (45.9)	6,649 (43.7)	2,911 (25.8)	2,337 (26.7)	1,698 (26.2)	6,217 (48.6)	3,076 (26.6)
サービス	6,998 (39.6)	4,568 (65.6)	2,938 (33.2)	8,359 (53.8)	8,565 (56.3)	8,369 (74.1)	6,740 (73.0)	4,765 (63.9)	6,574 (51.4)	8,485 (73.4)
合計	17,675 (100.0)	6,971 (100.0)	8,853 (100.0)	15,542 (100.0)	15,217 (100.0)	11,286 (100.0)	9,093 (100.0)	6,469 (100.0)	12,792 (100.0)	11,564 (100.0)

出所：MOCIE (2006)；KIEP (2006)．

FDIを最大限の潜在力まで誘致していないことを示している．国内の付加価値と雇用に対するFDIの貢献は，韓国では比較的低かった．同様に，研究開発に対するFDIの貢献は，中国や日本よりも韓国では比較的少なかった．

届出（認可）ベースに基づいた対内FDIの傾向は，表5.1で示されている導入ベースで対内FDIの傾向と一致している．表5.5で示すように，韓国の産業資源部（MOCIE）への届出ベースで，韓国のFDIは，1999年の155億USドルから増大し続け，それから2000年の152億USドルへわずかに減少した．そして，2001年から2003年の3年間の間に65億USドルまで著しく減少した．最終的に，対内FDIは2004年と2005年にそれぞれ128億USドルと116億USドルまで増加した．

産業について，韓国のFDIの60パーセント以上は伝統的に製造業部門で行われた（表5.5）．金融危機の直後の1998年から2000年までの3年間に，製造業部門のFDIは，金融危機直後の資産の「焼け残り品の特売」のために，全体の半分以上であった．しかしながら，それ以来，製造業部門のFDIシェアは低下しているが，サービス部門のそれは増加した．2001年から2005年までの5年間に，特に，サービス部門は平均してFDIのおよそ67パーセントを占めていた一方，製造業部門のFDIシェアは30パーセントへ低下した．最近，FDIは主に金融と保険，電子機器，卸売と小売販売，産業サービス，テレコミュニケーション，自動車に集中している（MOFE 2006）．特に，金融と保険の

FDI は，2004年と2005年にそれぞれ対内FDI全体の24.8パーセントと33.9パーセントを占めていた（KIEP 2006）．2001年から2003年の期間にわたる製造業部門のFDIの減少が韓国のFDIのほとんどすべての減少を占めていたことに注目するべきである．このことは，金融危機の後の，韓国経済における構造変化とサービス部門の開放を反映している．同時に，製造業部門のFDIの減少は，最近においてその部門の国際競争力を喪失したことを示している．農業，漁業，鉱業などという一次産業は，2002年を除いて，FDIをわずかに誘致し続けている．

表5.6は，投資のタイプによるFDIの最近の傾向を示している．韓国は明らかに，M&Aよりもグリーン・フィールド投資を好んでいるけれども，FDIのM&Aタイプのシェアは，グリーン・フィールドFDIのシェアを犠牲にして（表5.6），1999年から2005年までの期間に多少なりとも着実に増加した（Cherry 2006）．特に，2003年から2005年の3年間に，M&AはFDI全体のおよそ45パーセントを占め（表5.6），大部分のM&Aは既存の株式を購入する形であった（KIEP 2006）．これは，最近の韓国のFDIのおよそ30パーセントから40パーセントが，経営支配を獲得する目的で既存企業の株式を一定比率で購入する形で行われたことを示している．グリーン・フィールドFDIを犠牲にしたM&AタイプのFDIのシェアの増大は，そのレベルが上がることに対して問題

表5.6 韓国における届出ベースの投資タイプと規模別のFDI

（100万USドル，%）

	1999	2000	2001	2002	2003	2004	2005
M&A	2,333	2,865	2,649	2,084	2,943	6,169	5,267
	(15.0)	(18.8)	(23.5)	(22.9)	(45.5)	(48.2)	(45.5)
グリーン・フィールド	13,208	12,354	8,637	7,009	3,526	6,621	6,294
	(85.0)	(81.2)	(76.5)	(77.1)	(54.5)	(51.8)	(54.5)
総計	15,542	15,219	11,286	9,093	6,469	12,792	11,564
	(100.0)	(100.0)	(100.0)	(100.0)	(100.0)	(100.0)	(100.0)
1億ドル以下(%)	n.a.	37.5	37.5	34.6	51.2	41.9	47.5
1億ドル以下(%)	n.a.	62.5	62.5	65.4	48.8	58.1	52.5

出所：KIEP (2005), (2006).

を引き起こしている．そしてそれは，最終的に合理化，工場閉鎖，失業に至るかもしれない．1999年から2005年の期間にわたって，大部分のグリーン・フィールド投資は，新しい工場ではなく，操業している施設への投資の形であった（KIEP 2006）．これは，韓国がもはや，製造目的の工場へのFDIの対象国ではないことを示している．また，表5.6も，2000年から2005年の期間に，平均して，FDIの58パーセントが1億USドル以上であったことを示している．

1999年から2005年の韓国に対する対内FDI全体の大半が限られた国々からはじまったことを表5.7は示している．対内FDIの全体には若干の違いがあったけれども，韓国のFDIのおよそ3分の2はアメリカ，日本，イギリス，ドイツ，オランダからであった．同期間に，アメリカからの対内FDIは，平均して韓国のFDIのおよそ29パーセントと最大の比率を占めていた．

届出に基づく対内FDIにおけるいくつかの傾向が韓国で認められる．いくぶん変動しているが，製造業部門のFDIのシェアがかなり減少した一方，最近サービス部門のシェアが増加した．これは，韓国が生産場所としてその競争優位を失っていたことを示している．これとともに，特に新しい工場のグリーン・フィールド投資のシェアが減少した一方，M&AタイプのFDIのシェアは増大した．M&AタイプによるFDIの増加は，工場閉鎖や失業と同様に，外国人が繁盛している国内企業を引き継ぐことで社会的問題を引き起こしかねない．

表5.7 国別資料によるFDI (％)

	1999	2000	2001	2002	2003	2004	2005
アメリカ	24.1	18.6	34.4	49.4	19.2	36.9	23.3
日本	11.3	15.6	6.9	15.4	8.4	17.7	16.2
イギリス	3.1	0.5	3.8	1.3	13.5	5.0	20.0
ドイツ	6.2	10.2	4.1	3.1	5.7	3.8	6.1
オランダ	21.4	11.3	10.9	5.0	2.5	10.2	9.9
その他	33.9	43.8	39.9	25.8	50.7	26.4	24.5
総計(100万USドル)	15,542	15,219	11,286	9,093	6,469	12,792	11,564
(％)	(100.0)	(100.0)	(100.0)	(100.0)	(100.0)	(100.0)	(100.0)

出所：KIEP (2005), (2006).

すでに検討したように，1997年の金融危機の直後に，対内FDIは大幅に増加し，近年韓国経済においてますます重要な要因となった．これは，とりわけ，FDIを誘致するための，FDI体制と一連の政策措置の変更に起因している．それにもかかわらず，韓国は，明らかにFDIを潜在能力いっぱいまで，あるいは，国際的なレベルまで誘致することができなかった．付加価値と研究開発の点からみると韓国経済に対するFDIの貢献は，その他の相当する国々と比較して相対的に低いように思われる．同時に，社会的問題が国内産業への外国の支配に対して起こったので，FDIに対する一般市民の支持は弱くなった．この点で，金融危機とともにFDI体制の進展は，以下で検討される．

5.3　韓国のFDI体制

5.3.1　1997年の金融危機以前のFDI政策

国際的なルールがGATTとWTOの下で存在する貿易とは違って，FDIに対する投資関連の多面的なルールには著しい進展がなかった．国際的なガイドラインがない時に，韓国は，1980年代の半ばまでの長期間にわたって対内FDIを制限したり，思いとどまらせた異常なFDI政策を進めた．しかしながら，1980年代中頃から，韓国は貿易相手国からの圧力の増大のもとでFDI体制を自由化し始めた．それによってFDIにより多くのビジネス部門を開放し，制限的な規制を緩和した．また，FDI許可制度は，「ポジティブ・システム」から「ネガティブ・システム」へ変更され，そこでは，FDIは特定の禁止法による産業を除いてどんな産業にでも参入することができる．

1990年から1997年の期間に，韓国は，1996年のWTOの開始とOECDへの加盟によってFDI体制を自由化した．FDIに関連した政府組織の認可制度は，届出制に取って代わった．非敵対的なM&Aは許可され，そして，5年以上の期間で長期にわたる域外の借入も自由化された．しかしながら，ハイテク分野を除いて，FDIに対する政府の基本的態度は，受動的で，制限的であった．反FDI体制のもとで，いくつかの部門は，1990年代の半ばまで法律によ

ってFDIに閉ざしてきた．これらは，ほとんどのサービス産業（卸売業と小売業を含んだ流通業，通信，輸送，銀行と金融，保険，信託，不動産，投資コンサルティング，ビジネス・サービス），農業部門，重化学工業を含んでいた．FDIを許可したそれらの分野でさえ，FDIに対する行政上の規制と手続きは，複雑であり，透明性が不足していた．

韓国の経済構造と社会文化は，いずれも対内FDIのためにはなっていなかった．韓国の経済は，外国企業よりもさまざまなタイプの制度化された優位を享受した少数の大規模なチェボルに大いに集中した（Kwon 2001）．韓国の労働市場は柔軟ではなく，組合は戦闘的な戦術で有名であった．制限的な地域法は不動産価格を異常に高く上げ，外国人は不動産を購入することが禁止された．韓国社会は，外国人嫌いであり，FDIの経済的利益を正しく評価できなかった．韓国のビジネス文化は外国人投資家に適切ではなく，そして，韓国人一般は外国企業よりもむしろ国内企業で働くことを好んだ．その結果，韓国は1997年までアジア諸国のなかで投資するのに最悪の場所と考えられていた（*Far Eastern Economic Review* 1998）．

対内FDIに対する政府の政策と1997年の金融危機以前の韓国の経営環境の簡単な調査から，我々は韓国市場に参入しようとした外国の関心に対する構造的，社会的障害を検討した．FDIと経営環境に対する韓国の制限的な政策の結果はとてつもなく大きかった．1997年の金融危機から生じた突然の経済的麻痺は避けられない分岐点となり，韓国を支持していた構造と規律の両者が維持されなかったことを紛れもなく示している．結果として，韓国はFDIのためばかりではなく，その他の分野に対しても政策の変更をしなければならなかった．ビジネス環境と管理も，根本的な変更に着手しなければならなかった．

5.3.2　1997年以後のFDI体制の自由化

1997年の金融危機のはじめから，韓国は，政策の力点を「規制と統制」から「振興と支援」へ切り替えて，FDIを誘致するためにビジネス環境を改善する政策を最優先として，一連の政策措置と全面的な努力を行った（MOFE

2006）。1996年の外資導入法（Foreign Capital Inducement Act）に替わって1998年に新しく制定された外国人投資促進法（New Foreign Inducement Promotion Act）によって，韓国はOECD加盟国のなかで，FDI体制を自由化した（Bishop 2001）。新しい法律は，より多くのビジネス部門（サービス部門を含む）をFDIに対して開放し，ビジネス部門の数では自由化率99.8パーセントへFDIを開放した。またそれは，50パーセント以上の実在している規制を撤廃か，緩和することによって，複雑な行政手続きを簡単にした（Kwon 2004 ; Kim et al. 2004）。新しい法律は，韓国の不動産市場で外国人投資家に対する差別的な法律と規制を撤廃し，資本市場を自由化することによって，M&A（敵対的なM&Aを含む）を許可した。また，新しい法律は，FDIにさまざまな税制上やその他の優遇措置を提供した。FDIに関する若干の制限は，農業，メディアとテレコミュニケーション，輸送と発電部門に残されている（Bishop 2001 ; Kwon 2004）。

対内FDIのための「窓口の一元化」として，韓国投資支援センター（Korea Investment Service Center）の設立とともに，FDIの自由化の重要な促進要因は，政府が外国投資に関連した複雑な行政上の規制の50パーセント以上を「撤廃するか，緩和すること」であった（Kwon 2004）[4]。そのセンターは，会計とコーポレート・ガバナンスの基準から見て投資家，投資オンブズマン，知的所有権保護，もっとも国際的な実務などに相談，アドバイス，支援を提供する（Cherry 2006）。そのうえ，韓国政府は，対内FDIの「活発な促進」と「積極的な懇請」を続け，外国人の資産所有の上限を撤廃した。また，それは，外国の投資家がいくつかのさらなる優遇措置に適格である場合の外国人投資地域数を拡大した（Kwon 2004 ; Cherry 2006）。

1997年以降，ビジネス環境は著しく向上した。チェボルを改革した結果，チェボルに与えられている制度化された特権の一部と政府―チェボル間の共謀関係は，撤廃された。韓国企業のコーポレート・ガバナンス，経営の透明性，説明責任は向上した。韓国のビジネス部門に対する外国資本の浸透は，企業経営に対する政府介入を減少させた。韓国の労働市場の改革は，その柔軟性を大幅に改善した。経営実務は，実質的に西洋スタイルへ大幅に変更された。

韓国の社会と文化において，より広いけれども，ほとんど目に見えない場所で，FDIの認識は，1997年以降著しい変化を経験した．かつて資本流入による外国の支配を疑っていたが，韓国社会は，危機に襲われた経済の回復を助成し，経済的繁栄を持続することでFDIの価値を正しく評価するようになった．FDIに対する韓国社会の変化とともに，国内の企業や製品の嗜好，外国企業に対する差別は，一般の韓国人の間でも減少した．これは，外国の企業が有能な現地スタッフを新規採用することをより簡単にしている[5]．すでに検討したように，韓国のFDIが比較的少ないのは，どのように説明されるだろうか．韓国は，近隣諸国に匹敵し，経済に等しいレベルへFDIを誘致するために，さらに何をすべきであろうか．以下の節では，これらの疑問について述べることにする．

5.4 韓国におけるFDI停滞の原因

5.4.1 マクロとグローバルな効果

表5.1で示されたように，韓国に対する対内FDIは，金融危機に続く3年間(1998年から2000年)に急増した．これは，主に負債を削減し，財務上の健全性を向上させるために，一部の財政的に窮地に陥ったか破綻した企業による資産の性急な売却に起因した．FDI体制の急激な変化，またすでに検討したように，回復力のあるグローバルな経済状態，世界のFDIフローの急速な増加，韓国ウォンの急激な下落は，FDIが押し寄せる一因となった．金融危機からの韓国経済の回復，また一部で売却の窮地に陥った企業の数を減らすために，金融危機後に押し寄せた投資の波は弱まった．その結果，韓国のFDIは，2001年に急激に下落し，2001年から2003年まで3年連続して停滞したままだった(表5.1)．外国人投資家の視点から，この期間中の対内FDIの急激な減少は，グローバルな出来事，たとえば，世界経済の減速，世界のFDIフローの著しい減少(表5.1)，2001年9月11日のテロ攻撃，グローバルな資本にとって魅力的な対象国として中国が出現したことにも起因していた(Cherry 2006)．

5.4.2 韓国，立地上の優位を喪失

韓国での対内 FDI の減少は需要と供給の両サイドに起因しているけれども，韓国が FDI を誘致する上でその生来の競争力を失ったように思われる．ダニング（Dunning 1980，1998，2000）によると，FDI のための 3 つの重要な決定要因は，立地上の優位，所有の優位，内面化の優位である．クォン（2004）は，韓国の外国人ビジネス・パーソンへの広範囲にわたる調査から，外国企業が特有の優位によって韓国で生み出されるビジネス・チャンスを利用するために韓国で FDI を追い続けることを選んだことを明らかにした．ハ（Ha 2002）は，立地上の優位が韓国の FDI にとって重要な決定要因の 1 つであることを経験的に見出した．韓国が立地上の優位を喪失したのは，韓国における最近の多くの発展にあるといわれている．

まず第 1 に，FDI に対する一般大衆の支持は次第に衰えた（MOFE 2006；Cherry 2006）．韓国の経済が金融危機から回復し始めたとき，経済にとって FDI とグローバリゼーションの必要性と利益に関する社会的なコンセンサスは弱まった．対内 FDI，たとえば，国内産業への外国支配についての否定的な考えは，金融危機の直後，しばらく滞った後に蘇った．そのうえ，初期の取引の多くは資産が認められた価値以下でよく売却される「焼け残り品の特売」と考えられ，批判されたので，韓国企業の資産の売却に対する制度上や一般大衆の支持は下がった．対内 FDI に対する否定的な考えは，FDI に対する組合の厳しい抵抗，そして，外国の企業や製品に対する韓国人の偏見に反映されている（Kwon 2006）．韓国人のナショナリズム的な考え方は，1999 年のシアトル，2003 年のカンクン（メキシコ），2005 年の香港で行われた WTO 会議，2005 年に韓国の釜山で開催されたアジア太平洋経済協力会議（Asia-Pasific Economic Cooperation：APEC）というような多くの国際会議に対して，グローバリゼーションの反対として，韓国の農民，労働組合員，学生の過度に破壊的で戦闘的な抗議行動によって明らかになった．FDI に対する一般大衆の支持が次第に弱まるにつれて，コーポレート・ガバナンスと労働市場における改革，成長できない韓国のビジネスにとって財政支援の支給に対する抵抗というような FDI の

ための自由化プログラムに政府は歯止めをかけはじめた（Stoever 2005）．サボンならびにワイス（Thurbon and Weiss 2006）は，韓国の銀行と企業の外国人の乗っ取りを抑制し，韓国経済から利益の大量流出を防ぐために導入された新しい規制またはガイドラインを示した[6]．

　第2に，韓国の規制改革は不完全で，不十分であった．規制の数は著しく減少したが，韓国の規制環境は依然として過剰で複雑であるとみなされている．重要な規制改革と規制緩和は，競争を妨げるすべての規制と，市場が環境，公共の安全性，健康などを保つのに必要とされるものを除いて廃止された1997年以後に起こった（Yang 2004 ; Choi 1999 ; Jeong et al. 2002）．その結果，11,125の既存の規制のうち，5,430（48.2パーセント）が廃止され，1998年の終わりまでに2,411（21.7パーセント）は修正された．残りの6,820の規制のうち503（7.4パーセント）が1999年に6,317の規制を残して廃止された（Jeong et al. 2002）．規制の数でおよそ50パーセントも減少したにもかかわらず，多くの韓国人は規制の負担が日々の経済情勢のなかで著しく高くなっていることに依然として気づいていなかった．規制改革のプロセスについてのもっとも一般的な批判は，質よりもむしろ量にいっそう焦点を合わせたということである（Yang 2004）．ヤン（Yang 2004）は，また規制調査機構が国会によって可決された法案を拒否する権限を与えられていないと指摘し，その結果，新しい法律によって，利益団体は規制を増やすことが可能になった．OECD（2000）は，韓国の重大な問題として，過度な規制，規制の透明性の不足，国内規制のさまざまな解釈，外国の競争者に対する差別，遅い実施，わずらわしい行政手続きを指摘している．世界経済フォーラム（World Economic Forum : WEF）によって評価されたように，2005年に韓国は65ヵ国のうち42番目にランクづけられており，これは韓国の公共機関の不十分な成果を反映している（WEF 2006）．

　たとえ法律と規制がOECDの平均と同等に自由化されたとしても，自由化政策の実施はなまぬるかった．ストーバー（Stoever 2005）は，金融危機がわずかに和らぐとすぐに，韓国政府がFDIの自由化から退いたと主張している．サボンならびにワイス（2006）によると，韓国の金融危機後のFDI政策は，FDI誘致を簡素化する努力を示し，FDIの流れを支配する韓国のかつての戦略

的取り組みから国家方針の大規模な変換は示していない．彼らは，韓国の当局が依然として都合のよい国内産業，技術移転，特定の領域などの促進に適合した優遇措置によって韓国の産業政策の目標と FDI の促進を組織的に結びつけていると主張している．また彼らは，外国人による国内の銀行の乗っ取りと利益の流出を抑制するために導入された新しい FDI ガイドラインを指摘し，FDI の減少が依然として過度な規制に起因していると結論づけた．

　第3に，労働市場の柔軟性の不足ととげとげしい労使関係は，停滞した FDI のもう1つの理由である．周知のように，組合は労働問題に関して戦闘的で頑固な行動戦術と姿勢をとっていた．労働法によって経営上の理由でレイオフが可能であるけれども，厳しい規制と組合の戦闘的な態度のために，組合の従業員を解雇することは事実上，実行不可能なことである．解雇や雇用に関する条件に基づいた労働市場の柔軟性に関する世界銀行の研究によると，韓国は133ヵ国のうち第51位にランクづけられた（World Bank 2003, Bank of Korea 2004）．韓国の労働市場は，東アジア諸国，たとえば香港，シンガポール，マレーシアほど柔軟ではないと考えられた．国際経営開発研究院（International Institute for Management Development : IMD）は，雇用や解雇の容易さ，最低賃金率に基づいた韓国の労働市場の柔軟性も推定した（IMD 2004, Bank of Korea 2004）．IMD は，韓国の労働市場の柔軟性がたとえば香港，シンガポール，マレーシア，台湾，日本という近隣の東アジア諸国よりも悪いとして，2004年の調査で韓国を60ヵ国のなかで44番目にランクづけた．

　第4に，比較的高い賃金率は，韓国の対内 FDI が低いもう1つの理由である．人件費は，生産性増分を超えて近年急速に上昇した．2000年から2005年までの6年間にわたって，実質賃金率は毎年平均して4.7パーセントずつ増大した一方，時間当たりの労働生産性は3.1パーセントまで増加した（KLI 2006）．これは，近隣諸国よりもはやく製造業部門で生産単位当たりの韓国の人件費を増大させた．2000年から2004年までの期間に，US ドル表示で製造業部門の単位当たりの人件費は，韓国で6.6パーセントまで増大した一方，それは，台湾，日本，アメリカでそれぞれ21パーセント，16.5パーセント，10.4パーセントも減少させた（KLI 2006）．その結果，同期間（2000年から2004年）に，製

造業部門でUSドル表示で平均の時間当たり給与は，韓国で2000年の8.2USドルから2004年の11.50USドルへ増大した．これは，台湾の6.1USドルから6USドルへ，そして，日本の22USドルから21.9USドルへ減少したことと対照的であった（KLI 2006）．

第5に，グローバリゼーション，規制緩和，ビジネスやFDIの環境，立地状況の優位の悪化などに関連した韓国の一連の最近の情勢は，国際的に有名な指標に反映された．韓国人が自分たちの考え方や経済を開放することを嫌がっているしるしは，グローバリゼーションの低さによって示されている．ドレハー（Dreher 2006）は，3つの主要なディメンションをカバーするグローバリゼーションの指標を作成した．すなわち，経済的統合，社会的統合，政治的統合である．2000年に，韓国はグローバリゼーション指標で123ヵ国のなかで第40位にランクづけられた（Dreher 2006）．韓国のグローバリゼーション指標は1990年から2000年の間に18.2パーセント増加したが，韓国と同様に経済発展を遂げているその他の東アジア諸国の指標は，2000年現在，韓国よりも高かったか，韓国よりもかなり増加したかのいずれかであることに注意するべきである．グローバリゼーションのドレハー指標による韓国のランキングは，2006年に29番目まで向上した（SIBCR 2006）．しかしながら，3つのディメンションのうち，経済的統合の指標は，現在の研究にいっそう関連しているように思われる（Dreher 2006）．この指標は，GDPと規制（たとえば，隠れた輸入障壁，平均関税率，国際貿易税，資本勘定規制）に対する実際の流れ（たとえば，貿易高，FDI，ポートフォリオ投資，外国人に対する所得の支払い）の加重平均によって計算されている．経済的統合の指標によると，韓国のランキングは，2000年の62番目から2006年の63番目へわずかに悪くなった．

第6に，韓国の国としての競争力は，近隣の東アジア諸国と比較して相対的に低い．WEFとIMDによって測定された国としての競争力は，立地上の優位を示している．技術，公共機関，マクロ経済環境に基づいて計算されるWEFの経済成長競争力指標（GCI）によると，韓国の成果は著しく変動して2005年に17番目にランクづけられたが，2000年と2004年には29番目にランクづけられている（WEF 2006）[7]．2005年に台湾，シンガポール，日本などという多

くの東アジア諸国が韓国よりも上位にランクづけられていた．WEFの成長競争力指標の構成要因は，韓国の技術的能力が2005年に17番目にランクづけられたことを示している．2002年から2005年の期間に，技術指標で韓国のランクづけは18番目から7番目に向上した一方，韓国の公共機関とマクロ経済環境指標は十分に成果をあげてはいない．前者は32番目と42番目に，後者は10番目と25番目にランクづけられた．公共機関とマクロ経済環境における韓国の不十分な成果と特に近隣の東アジア諸国と比較して，韓国でFDIを行うことの困難性を示している．外国人投資家が一般に彼らの所有上の優位として技術を所有しているが，韓国の技術力はFDIを誘致する重要な要因ではない．彼らは，韓国市場でビジネス・チャンスの増大を利用するために，韓国でFDIを追い続けている（Kwon 2004）．

第7に，もう1つの有名な競争力指標は，IMDによって開発されたものである．この指標は，経済的成果，政府の効果性，ビジネス効率，インフラなどに基づいている（IMD 2006）．IMDのスコアで急速に向上している香港を除いては，IMDに記載されたランキング・トップの15ヵ国はWEFと同様である．IMDのスコアボードで韓国の相対的な地位は，2003年の37番目から2005年の29番目へかなり向上したが，2006年に38番目へ下落した．香港，シンガポール，台湾，日本，タイ，マレーシアというような多くの東アジア諸国は韓国を上回っていた．また，中国は2003年と2004年の両年，そして，2006年に非常に改善されて19番目に位置して韓国よりも上であった．そのうえ，IMDによって推定されたビジネスのしやすさに関して，韓国は2006年に42番目にランクづけられ，ほとんどのアジアの競争国は韓国を上回っていた．このすべてが韓国の立地上の優位の相対的な悪化を示している．

要するに，FDIにとって韓国の立地上の優位は，近年に悪化したのである．金融危機の痛みが軽くなるに従って，FDIとグローバリゼーションの利益に関する社会的なコンセンサスは弱まり，制度的構造的改革を不完全で不十分に行って，政府は自由化計画にブレーキをかけ始めた．その結果として，韓国の規制体制は，依然として度を超しており，首尾一貫していない．労働市場は柔軟性に欠け，労使関係は混乱を引き起こしている．賃金率は急速に高くなり，そ

れによって東アジアの競争相手国を超えた．韓国におけるこの一連の最近の発展は，有名なグローバル指標で証明された．韓国と同様の経済発展段階の東アジア諸国と比較して，韓国はグローバリゼーションと国としての競争力の指標で，お粗末にしかランクづけられていない．韓国のFDIのもう1つの重要な決定要因は，外国人投資家によってもたれている韓国のFDI環境の認識であろう．クォン（2004）は，この疑問について取り組んできた．

5.5 外国人ビジネス・パーソンの認識

政府か民間企業のいずれかによってFDIを誘致するか，あるいは，行うどのような実行可能な戦略も，関連した正確な市場情報に基づいていなければならない．もっとも効果的な情報源の1つは，FDIを行い，海外のビジネスを経営したことがある直接的な経験をもつ企業である．このために，FDIを行い，韓国でビジネスを営んでいる外国企業について広範囲にわたる調査が2002年の5月から7月までに実施された[8]．調査を補い，さらなる情報を集めるために，多くの回答した企業の代表者と一部の海外のビジネス駐在員にインタビューを行った．ダニング（1980）が示したように，韓国に投資する外国企業の有力な動機はそれらの企業に特有な優位，たとえば特許，技術，ブランド，ノウハウ，専門知識によって起こっているビジネス・チャンスを利用することであった（Kwon 2004）．その他の立地に特有な変数の重要性について適度であるけれども，外国人ビジネス・パーソンには否定的な考えがあった．それらは，「先進技術に関連した産業」，「情報や技術への容易なアクセス」，「豊富な熟練労働者」，「韓国による投資奨励金」，「部品や材料を容易に入手できること」，「低生産費」，「関税とその他の輸入障壁を克服すること」などを含んでいる[9]．また，外国人投資家が韓国をその他のアジア市場への踏み台とみなしていなかったように思われる．これは，北東アジアのビジネス・ハブとして韓国を振興するための最近の韓国のキャンペーンに相反するものである．

外国人ビジネス・パーソンは，投資の面倒な手続き，複雑な行政手続き，知的所有権の不十分な保護，韓国企業の不十分なコーポレート・ガバナンス，不

明瞭な財務諸表，戦闘的な組合というような韓国で投資プロジェクトを立ち上げることの難しさを指摘した．調査の参加者とのインタビューでは，中央政府と地方政府間には，政策，規制，行政手続きにかなりの不一致があるという考えが明らかになった．一部の外国の駐在員は，地方政府レベルで規制を解釈し，適用することの不明瞭さと違いがあることに懸念を表した．彼らはまた，これらの争いが認可の条件を遅らせることから，地方と地域のレベルで，消防，警察，建設，環境などの当局間の縄張り争いによっても悩まされた．これらの調査とインタビューの結果は，韓国の不完全で不十分な自由化改革と過度で複雑な規制体制に対する初期の議論の正しさを証明している．

一般に，韓国の経営環境が向上したという多くの議論（Kim and Choo 2002；Kim 2003；Kim and Kim 2003）とは逆に，外国人ビジネス・パーソンには，一般に，政治的安定性と経済的将来性を除いて，改善についてどちらかというと否定的な考えをもっていた．彼らは，外国企業が韓国企業と同じ土俵で競争を行っているとは感じていなかった．外国人ビジネス・パーソンは，外国人と外国製品に対する韓国人による差別の改善について否定的な考えを表した．個人のインタビューでも，参加者は韓国人が依然としてナショナリズム的で，狭量であり，世界における人種の多様性を正しく評価していないという考えを表した．これは，上述したように，FDIとグローバリゼーションの利益，対内FDIに対する否定的な見解の復活，外国企業に対する差別的な規制について社会的なコンセンサスが弱まっていることを示しているのかもしれない．

調査は，外国人ビジネス・パーソンが韓国の企業経営の現場で遭遇した困難を明らかにしようとした．彼らは，「規制の透明性と一貫性の不足」，「広く行われている身内びいきと汚職」，「官僚による過度な自由裁量権」，「過度な政府規制」などというような政府とビジネスとの関係の領域で多くのタイプの困難を指摘した．これらの調査結果は，過度な政府規制に関して上述した議論と一致している．韓国企業とのビジネス経営や関係について，回答者は，もっとも難しい分野として「ビジネスにおける人間関係の重要性」，2番目に難しい領域として「韓国企業，特にチェボルによって維持されている不公正な優位」を評価した．外国人ビジネス・パーソンがチェボルを敵対的な競争相手とみなし

ているように思われる．彼らは，チェボルが競争の場で公明正大に競争しているとは考えていなかった．

　HRM の領域において，外国人ビジネス・パーソンは，企業や管理者に対する高い忠誠心，外国企業で働こうとする意欲，協力的なチーム・スピリット，新しい仕事のために教育訓練を受けようとする意欲などをもった勤勉さなど，韓国の労働者の前向きな面に積極的に同意した．外国人は，韓国人労働者が非常に熟練し，有能であるとも，高い信頼性と安定性をもっているとも考えなかった．有能な地元労働者を採用し，雇用しておくことで，高い賃金水準と低い労働生産性は，重大な関心領域と考えられていた．貧弱な英語力は，韓国の労働者にとってもっとも深刻な問題の 1 つと評価された．全体的に見て，これらの調査結果は，韓国の労働者の評判のよい性質を確認したように思われる．

　外国人ビジネス・パーソンは，文化的差異やコミュニケーションの違い，外国の企業と製品に対する韓国人による偏見，韓国社会が外国人に対して閉鎖的であるため，文化と社会に対処することが彼らにとって難しいと考えた．最終的に，多くの回答者は，貧弱な社会的アメニティが駐在員の家族にとって重大な関心事と考えた．調査結果は，韓国政府が FDI を誘致し，FDI 手続きを簡素化することにさまざまな支援，補助金，助成をする一方，FDI プロジェクトの現場での経営支援は，同様に行っていないことを示している．

5.6　おわりに

　韓国政府は，主に国内産業と経営統制を保護することに対して歴史的に強迫観念があるために，1997 年の金融危機まで FDI を制限し，統制した．韓国の経済構造と社会・文化は，いずれも対内 FDI の助けにはならなかった．その結果，韓国は 1997 年までアジア諸国のなかで投資するのに最悪の場所と考えられていた．FDI に関するこれらの制限と不健全な FDI 環境は，減少ぎみの FDI に反映された．

　1997 年の金融危機以降，韓国政府は「制限と統制」から「振興と支援」へ FDI 政策のパラダイムを転換させて，ビジネス環境を改善し，FDI を誘致する

ために一連の政策措置と全面的な努力を行った．その結果，韓国のFDIは，1998年から2000年までの3年間に著しく増加した．この著しい増加にもかかわらず，韓国は，依然として国際的なレベル以下でしかFDIを誘致していなかった．そのうえ，韓国のFDIは，2001年に著しく減少し，それが大幅に増加した2004年まで停滞したままであった．1998年から2000年までの3年間にわたるFDIの急速な増加と2004年の相当な増加にもかかわらず，韓国のFDIの規模は，国際的レベルと比べてまだ小さい．特に，韓国は，東アジアの中で比べても，FDIを十分に誘致していなかった．韓国政府は，FDIを誘致するために見かけ上で全面的に努力して一連の政策措置を行ってきた．韓国のFDIの規模がなぜ依然として比較的低いのか，そして，どのような追加措置が国際的に相当するレベルへ対内FDIを増加するために必要かという疑問を残したままである．

韓国は，十分な潜在力まで，あるいは，国際的に比較可能なレベルまでFDIを誘致することが明らかにできなかった．付加価値と研究開発の点から韓国経済に対するFDIの貢献は，比較的低いように思われる．産業ごとのFDIの傾向は，韓国がおそらく相対的に高い賃金率と戦闘的な組合のために生産場所としての優位を失ったことを示している．最近のFDIにおけるM&Aの相対的な増加は，経済全般にとってFDIの比較的低い貢献とともに，国内企業を統制し，企業の閉鎖と失業の原因となったために，FDIに対する疑いが起こった．これによって，政府が規制改革を実施し，改革の実施手順を促進する際にぐずぐずしていた．これらのすべてが，FDIが停滞した原因と思われる．

英語と韓国語の文献で明らかにされた韓国でFDIが停滞した原因はさまざまである．FDIの韓国の立地上の優位は，最近悪化した．金融危機の経済的困難さが弱まるや否や，FDIとグローバリゼーションの利益に関する社会的コンセンサスが弱くなり，そして，国内企業を統制し，ダウンサイジングすることについてFDIに対する社会的疑念は大きくクローズアップされた．FDIに関する社会的ムードの変化に対応して，政府は，その自由化プログラムに歯止めをかけ始め，制度改革や構造改革を不完全で不十分なものにした．その結果，韓国の規制体制は，依然として過度であって首尾一貫しておらず，透明性が不

足していた．不完全で不十分な改革のために，労働市場は柔軟性に欠け，労使関係は不安定となった．賃金率は急速に上昇し，それによって東アジアの競争相手国のそれらを超えてしまった．韓国のこの一連の近年の発展は，立地上の優位についての国際的に有名な指標で確認された．韓国と類似した経済発展段階の東アジア諸国と比較して，韓国は，グローバリゼーションと国の競争力の指標では高くランキングされてはいない．

韓国のFDIのもう1つの重要な決定要因は，外国人投資家が韓国のFDI環境についてもっている認識であろう．クォン（2004）は，FDIを行い，韓国で事業展開している外国企業への広範囲にわたる調査によってこの疑問に取り組んだ．調査結果によると，外国企業は，それらの企業特有の利点によって韓国で生じているビジネス・チャンスを利用するために韓国でFDIを行うことを選んだ．文献ではこのことを誰も指摘していないけれども，これは，最近の韓国経済の減速が，FDIが停滞した主要な原因のうちの1つであることを示している[10]．外国企業は，韓国を供給先として投資の対象国とみなさなくなった．それらは，韓国を競争力のある生産費をもっているとは考えず，その他のアジア諸国へ市場参入する足がかりであるとも考えていなかった．

調査結果は，外国の投資家が韓国でFDIプロジェクトを設立する際にさまざまな困難に遭遇したことを示している．認可過程とFDIに制限された産業部門というような形式的な参入障壁がOECD基準まで廃止されたけれども，投資計画を立て，現場管理を行うことの困難は残っている．これらの困難は過度で，複雑で，不透明な政府規制，過度な官僚のパワー，官僚の妨害からばかりではなく，独特な韓国の企業文化，国内企業によって維持されている不公正な優位，文化的や社会的な違いによっても生み出された．調査結果は，文献によって検討された韓国におけるFDI失敗の原因と一致しているだけではなく，韓国でFDIの遅れに関するさらなる情報をも提供している．そのうえ，調査結果は，韓国で投資とビジネスの経験をもっている外国のビジネス・パーソンの考え方を反映している．FDIを誘致しようとするならば，韓国が納得させなければならないのはこれらの人々であるので，彼らはきわめて重要である．

一部の研究は，世界，特にアメリカと日本における不景気，2001年9月11

日のテロ攻撃，グローバルな資本の魅力的な対象地としての中国の出現というような外部要因を FDI が最近減少した原因とした（Kim 2002, 2003 ; Cherry 2006）．しかしながら，本研究は，さらなる FDI を誘致するために，韓国が FDI 体制の全般的な自由化だけではなく，さらに規制改革，一般大衆の認識の増進，FDI やグローバリゼーションの利益の理解を行うべきであることを示している．また，外国企業のために経営環境も改善しなければならない．FDI 体制が自由化され，参入手続きはかなり簡素化されてきたけれども，本研究は，中央政府と地方政府のレベルで政府規制と政策実施の領域に相当な改善の余地があることを明らかに示している．国内のビジネス環境の質の悪さを改善するために，過度の政府規制と官僚のパワーは除去されなければならないばかりではなく，国内企業に与えられている不公正な優位，労働市場の継続した厳正さ，駐在員の生活条件なども改善するべきである．韓国社会と韓国人一般は，韓国における外国人と外国企業の経営に対して開放的で友好的になる必要がある．

　調査研究を通して検討された外国企業が直面する課題は，調査の回答者の認識である．韓国の人々は，回答者の主張に深く賛同しないかもしれない．それにもかかわらず，回答者には韓国における FDI の直接の体験があり，韓国政府が誘致しようとするのがこのタイプの投資家であるので，調査結果は，政府の政策が対内 FDI を増加させる努力で再考するべきである多くの領域を示している．

（訳・金　英　信）

注

1) UNCTAD による World Investment Reports（2004 年，2005 年）の最新号は，外国の子会社による付加価値と雇用水準に関するデータを含んでいない．
2) UNCTAD の対内 FDI の潜在指標を推定する際に用いられた要因は以下を含んでいる．すなわち，GDP の成長率，1 人当たりの GDP，GDP における輸出シェア，1,000 人当たりの電話回線，1 人当たりのエネルギー使用量，総国民所得における研究開発費のシェア，人口の第 3 次教育の学生のシェア，カントリー・リスク，全世界の比率としての天然資源の輸出，全世界の比率としての電子機器と自動車の部

品の輸入，全世界の比率としての対内 FDI 株式などである．この指標は，これら
の変数の正規化された値の重みのついていない平均である（UNCTAD 2005）.
3) 中国における外国の子会社による研究開発費の比較的高い比率は，国内ビジネス
の研究開発費の比較的低いレベルに起因している．
4) 韓国投資サービス・センターは，2004 年に独立して投資韓国（Investment Korea）と名称を変更した（Cherry 2006）.
5) 1997 年の金融危機の直後の韓国 FDI 体制の変化に関する詳細については，Kwon (2001), Kim and Choo (2002), Kim (2003), Kwon (2004), Kim et al. (2004), Cherry (2006) を参照されたい．
6) 2003 年に，国内の買い手が見つかるまで，韓国の銀行は国内の銀行の民営化を停止した．2005 年に，金融監督委員会（Financial Supervisory Commission : FSC）は，対象企業が乗っ取りの脅威に対処できるようにするために韓国企業の株式の 5 パーセント以上を購入している投資家の投票権を 5 日間停止した．また，FSC も，2005 年に，韓国の国民がすべての地元銀行の取締役会の少なくとも 50 パーセントを構成することを必要とするガイドラインを導入した．同年には，外国投資ファンドには不意に多くの税務監査があった（Thurbon and Weiss 2006）.
7) 技術指標は，革新，情報とテレコミュニケーション技術，技術移転から構成されている．公共機関の指標は，司法の独立性，財産権の保護，政府の契約に関する公平な運用，不正と組織的犯罪の範囲から成り立っている．マクロ経済環境の指標は，マクロ経済の安定性，国としての信用格付け，政府の浪費から構成されている．
8) その調査，その手続き，調査結果の詳細については，Kwon (2004) を参照されたい．調査は 2002 年の中頃に行われたけれども，韓国の FDI に関連した規制，政策，ビジネス環境は著しい変化が過去 2, 3 年間にまったく起こっていなかったので，諸結果は，本書を執筆している 2007 年の時点でも依然として有効であろう．
9) OECD (2000) は，関税とその他の輸入障壁を克服することの困難を示す不必要な貿易制限のことを指摘している．
10) 韓国経済は，2001 年から 2005 年までの期間に 1 年当たり 4.5 パーセントの速度で成長し，それは急速な発展の初期の頃の年間成長率よりもかなり低かった．

参 考 文 献

Bank of Korea (2004), 'Korean Labour Market Inflexibility and Future Agenda' (in Korean), *Monthly Bulletin*, August, pp. 23-53.

Bishop, Bernie (2001), 'Barriers to Foreign Direct Investment in Korea and Australia', in O. Y. Kwon and W. Shepherd (eds), *Korea's Economic Prospects ; From Financial Crisis to Prosperity*, Cheltenham, UK and Northampton, MA, USA : Edward Elgar Publishing, pp. 266-80.

Booz. Allen and Hamilton (1997), *Revitalizing the Korean Economy toward the 21st Century*, Seoul : Booz. Allen and Hamilton.

Cha, Dong-Se (2001), 'The Korean Economy in the New Millennium : Reform or Revival?' in O. Y. Kwon and W. Shepherd (eds), *Korea's Economic Prospects : From Financial Crisis to Prosperity*, Cheltenham, UK and Northampton, MA, USA : Edward Elgar Publishing, pp. 39-59.

Cherry, Judith (2006), 'Killing Five Birds with One Stone : Inward Foreign Direct Investment in Post-Crisis Korea', *Pacific Affairs*, 79 (1), pp. 9-27.

Choi, Kwang (1999), 'Public Sector Reform in Korea', *Korea Focus*, 7(5), pp. 66-77.

Dreher, Axel (2006), 'Does Globalization Affect Growth? Evidence from a New Index of Globalization', *Applied Economics*, 38 (10), pp. 91-110.

Dunning, John H. (1980), 'Toward an Electric Theory of International Production : Some Empirical Tests', *Journal of International Business Studies*, 11 (1), pp. 9-31.

Dunning, John H. (1998), 'Location and Multinational Enterprises : a Neglected Factor?' *Journal of International Business Studies*, 29 (1), pp. 45-66.

Dunning, John, H. (2000), 'The Electric Paradigm as an Envelope for Economic and Business Theories of MNE activity', *International Business Review*, 9, pp. 163-90.

Far Eastern Economic Review (1998), 'Asian Executives Poll', 18 June, p. 36.

Ha, Jong-Wook (2002), 'A Study of the Patterns of FDI in Korea' (in Korean), *Review of International Management*, 6 (1), pp. 1-22.

Jeong, Hakyung, Dae-Ki Kim, Kookhyun Kim and Jeff Rinne (2002), 'South Korea', World Bank Administrative and Civil Service Reform Country Reform Summaries, http://www1.worldbank.org/publicsector/civilservice/rsSouthKorea.pdf, accessed 26 July 2005.

Jwa, Sung Hee and Insill Yi (2001), 'Korea Financial Crisis : Evaluation and Lessons', in O. Y. Kwon and W. Shepherd (eds), *Korea's Economic Prospects : From Financial Crisis to Prosperity*, Cheltenham, UK and Northampton, MA, USA : Edward Elgar Publishing, pp. 73-98.

Kim, June-Dong (2002), 'Inward Foreign Direct Investment into Korea : Recent Performance and Future Tasks', *Joint US-Korea Academic Studies*, 13, pp. 195-220.

Kim, June-Dong (2003), 'Inward Foreign Direct Investment into Korea : Recent Performance and Future Agenda', Discussion Paper 03-01, Seoul : Korea Institute for International Economic Policy (KIEP).

Kim, June-Dong and Yong-IL Kim (2003), 'Korea's Liberalization of Trade in Services and Implications for Australia', in O. Y. Kwon, S. H. Jwa and K. T. Lee (eds), *Korea's New Economic Strategy in the Globalizaion Era*, Cheltenham, UK and Northampton, MA, USA : Edward Elgar Publishing, pp. 63-81.

Kim, Soyoung, Sunghyun H. Kim and Yunjong Wang (2004), 'Macroeconomic Effects of Capital Account Liberalization : the Case of Korea', *Review of Development Economics*, 8 (4), pp. 624-39.

Kim, Wan-Soon and M. J. Choo (2002), *Managing the Road to Globalization : The Korean Experience*, Seoul : Korea Trade and Investment Promotion Agency (KOTRA).

Korea Institute for International Economic Policy (KIEP) (2005), *Global Economic Review*, 8 (11), December.

Korea Institute for International Economic Policy (KIEP) (2006), *Global Economic Review*, 9 (8), September-October.

Korea Labor Institute (KLI) (2006), *2006 KLI Labor Statistics*, Seoul : KLI.

Kwon, O. Yul (2001), 'Korea's International Business Environment Before and After the Financial Crisis', in O. Y. Kwon and W. Shepherd (eds), *Korea's Economic Prospects : From Financial Crisis to Prosperity*, Cheltenham, UK and Northampton, MA, USA : Edward Elgar publishing, pp. 245-65.

Kwon, O. Yul (2004), 'Causes for Sluggish Foreign Direct Investment in Korea : a Foreign Perspective', *Journal of the Korean Economy*, 5 (1), pp. 69-96.

Kwon, O. Yul (2006), 'Recent Changes in Korea's Business Environment : Views of Foreign Business People in Korea', *Asia Pacific Business Review*, 12 (2), pp. 77-94.

Ministry of Commerce, Industry and Energy (MOCIE) (2006), database, www.mocie.go.kr.

Ministry of Finance and Economy (MOFE) (2006), 'FDI Vision 2015 and Implementation Strategy', *Economic Bulletin*, 28 (11), pp. 40-47.

OECD (2000), 'Regulatory Reform in Korea : Enhancing Market Openness through Regulatory Reform', Paris : OECD, http://www.oecd.org/dataoecd/25/34/2956205.pdf, accessed 2 August 2005.

Swiss Institute for Business Cycle Research (SIBCR) (2006), 'KOF Index of Globalization', http://www.kof.ch/globalization.

Sohn, C., Yang and S. B. Kim (2002), 'Liberalization Measures in the Process of Korea's Corporate Restructuring : Trade, Investment and Capital Account Market Opening', Discussion Paper 02-11, Seoul : Korea Institute for International Economic Policy (KIEP).

Stoever, William A. (2005), 'Restructuring FDI Policy in Emerging Economies : the Republic of Korea Case', *Thunderbird International Business Review*, 47 (5), pp. 555-74.

Thurbon, Elizabath and Linda Weiss (2006), *The global Competitiveness Report* 2005-2006, New York : Palgrave Macmillan.

Yang, Junsok (2004), 'Public Sector Reforms', in Chales Harvie, Hyun-Hoon Lee and Junggun Oh (eds), *The Korean Economy : Post-Crisis Policies, Issues and Prospects*, Cheltenham, UK and Northampton, MA, USA : Edward Elgar publishing, pp. 120-42.

第 II 部
韓国におけるビジネス経営と管理

第6章 韓国におけるビジネス交渉：異文化的側面

6.1 はじめに

　すべてのビジネス取引は，ある程度の交渉を伴う．交渉は，機会に対する2つ以上の当事者間の話し合いや駆け引きの過程であり，かつそれらの当事者に受け入れられる結果に到達するための討議であり，あるいは，そのいずれか一方である．交渉が相互作用やコミュニケーションを伴うことから，両当事者が交渉を成功させるために相手方の文化——特に，コミュニケーション・スタイル，行動，態度，価値観——を理解することは重要である．このことは，特に，当事者が通常異なった理解と取り組み方を交渉のテーブルへ持ち込む国際ビジネスでは事実である．

　国際ビジネスで交渉を成功させるために必要とされる重要性，難しさ，注意深い計画などを，強調しすぎることはまずない．「適正な」製品，技術，価格だけでは，国際的な取引を行う際に成功を収めるためには十分ではない．国際ビジネスの交渉は，もっとも好ましいビジネス状況のもとでさえ失敗することがある．ビジネス交渉の失敗の結果には巨大なものがある．グラハム（Graham 1981）は，日本とアメリカの取引の失敗の主要な原因が日本のビジネス交渉者とのアメリカのビジネス交渉者の下手なふるまいにあると主張した．

　国際ビジネス交渉は，本質的に異文化間交渉である．レウィッキならびにその他（Lewicki et al. 2004, p. 204）が主張するように，異文化間交渉は，文化内交渉よりもはるかに複雑で，難しい．国際ビジネス交渉は，海外の取引相手と効果的に行うために交渉原理，戦略と戦術，コミュニケーション，個人相互間の

スキルなどの分析を知った上で，思いやりばかりではなく，海外の取引相手の文化の理解をも必要としている．グローバリゼーションの進展は，国際ビジネスの範囲と程度を拡大し，その結果，グローバル経済と国内経済の両者において異文化間交渉をよりいっそう重要にしている．交渉は，それにかかわる人々や文化と同様に特有のものであることから，異なった文化を越えて効果的なビジネス交渉には一定の規則や公式はまったく存在していない．

　韓国人と国際ビジネスを行う際に，ビジネス交渉の原理，それらによって通常用いられる戦略と戦術の明確な理解は重要である．けれども，この問題に適切な注意がまったく払われてこなかったように思われる．さまざまな「ハウ・ツー」書を入手することはできるけれども，英語の文献で韓国のビジネス交渉を説明した体系的な研究はわずかしかない．アジア諸国との異文化間交渉に関する英語の文献は，主に中国と日本に集中している[1]．トゥン（Tung）による1990年の研究は，韓国のビジネス文化がそのときから，特に1997年の金融危機以降，かなり変化したので，今日では多少古くなってしまった．ソンならびにその他（Song et al. 2004）は，韓国人によるビジネス交渉における成功か失敗の原因となる要因を明らかにするために韓国のシニア・マネジャーを調査し，インタビューした．しかし，彼らは，外国人の視点ではなく，韓国人の視点で考えていた．彼らの調査結果は，有益であるが，限界がある．というのは，彼らは，体系的な理論的基盤の観点から，かつ交渉倫理に注意を払って検討しなかったからである．その両者は，深く正確な理解にとって必要である．ビジネス交渉に関する韓国語による種々の研究は，韓国における国際ビジネス交渉に関する知見や文献にうまく組み込まれなかった．

　それゆえ，本章の目的は，さまざまな出所から異なった知見を総合するために，また，韓国のビジネス・パートナーとの効果的な交渉のための行為指針を提供するために，ビジネス交渉に対する韓国の取り組みに関連したもっとも重要な要因を英語と韓国語の文献から引き出して，検討することである[2]．本章は，韓国におけるビジネス交渉に対する異文化間の視点を採用する．というのは，このことが交渉の過程と結果の両者においてきわめて重要だからである[3]．これらの問題を関連づけて一貫させるために，国際ビジネス交渉に関す

る若干の有名なモデルが簡単にレビューされ，それに基づいて韓国における国際ビジネス交渉が分析される．

6.2 国際ビジネス交渉のモデル

　国際ビジネス交渉を分析するために提示された多くのモデルのうち，2つのモデルが，韓国人との国際ビジネス交渉を研究するためにもっとも適切であると考えられる．そして，それらは，検討の基礎としてここではじめにレビューされる[4]．グラハム（1981）は，次の4つの段階を通してビジネス交渉の過程を明らかにした異文化間ビジネス交渉に関する開拓的研究を行っている．

1．業務以外の調査
2．業務に関連した情報の交換
3．説得
4．譲歩と同意[5]

　業務以外の調査の段階は，交渉の当事者がお互いに知り合いになり，そして，関係を築く段階である．第2段階で，当事者は，ニーズや嗜好というような交渉中の問題に直接関連した情報を提供する．説得の段階で，各当事者は，その他の当事者を自分たちの考え方に傾かせようとしてその他の当事者の考えや期待を修正することに努力を注ぐ．最終段階は，両当事者が譲歩した後で，最初の同意に到達することを意味している．グラハム（1981），ホッジソンならびにその他（Hodgson et al. 2000）は，文化を超えて交渉過程の一貫性があるにもかかわらず，これらの4つの段階の内容，期間，焦点が異なった文化の当事者間でかなり異なっていると述べている．
　ワイスならびにストリップ（Weiss and Stripp 1985）は，文化がどのように文化相互の交渉の12の非常に重要な側面に具体的に影響を及ぼすかを明らかにした．それらは次の通りである．

1．交渉の基本概念
2．もっとも重要である問題のタイプ
3．交渉の選択
4．個人の願望
5．集団における意思決定
6．時間に対する考え方
7．危険負担の傾向
8．信頼の基礎
9．儀礼に対する関心
10．コミュニケーションの複雑さ
11．説得の性質
12．同意の形態（明示的と黙示的形態）

　ワイスならびにストリップの研究は，これら12の側面の各々に起こりそうな文化に基づいた差異をビジネス交渉者に気づかせることを狙い，そして，交渉におけるこれら異文化間の差異を交渉者が熟知することによって，彼ら自身の交渉戦略をより良く調整することができると述べている．
　グラハム (1981) とワイスならびにストリップ (1985) のモデルは交渉の異なった視点に基づいているけれども，2つのモデル間には重要なインターフェイスが存在している．ワイスならびにストリップのモデルの(1), (3), (6), (8), (9), (10)の側面は，グラハム・モデルの4段階に偶然一致する．ワイスならびにストリップ・モデルの(2), (4), (5), (7), (11), (12)という交渉の側面は，すべてグラハム・モデルの説得，譲歩，同意の段階と重要な関連性がある．したがって，ワイスならびにストリップによって作られたモデルは，異文化間交渉を分析するためのもっとも包括的な枠組みを提示し，そして，韓国人の異文化間交渉のこの検討にとってもっとも適切である．韓国における異文化間ビジネス交渉のこれらの12の側面のすべてを組み込んだ研究は，文献としてはまったく入手できない．
　近年，交渉における倫理は，ますます注目されるようになってきた (Lewicki

et al. 2004, p. 179)．交渉は，本来，倫理的問題を提起している．したがって，交渉における行動あるいは戦術にとって倫理基準が受け入れられるかどうかという疑問は，交渉行動が「するべきである」や「するべきではない」などと規定した規範的意味ばかりではなく，非倫理的交渉戦術の結果を評価する積極的な意味でも追究されてきた．交渉の倫理に関する研究は，非倫理的あるいは便宜的な戦術が短期的には成功を生み出すけれども，同じ戦術が大体は効果を減少させ，そして長期的には非倫理的当事者に損害を与えるということを示している（Lewicki et al. 2004, p. 199)．倫理の重要性と異文化間交渉における倫理の異なった理解を認識しているため，それゆえ，本章は，韓国の交渉者の交渉倫理の検討を含んでいる．

6.3 ビジネス交渉に関連した韓国の文化的特性

第3章で述べたように，韓国の文化は，独特の宗教，政治的，経済的，教育的制度や言語をもち，その他の文化と隔離して長い歴史のなかで発展してきた．もっとも一般的に述べられている韓国の文化の顕著な特徴は，階級的集団主義，互恵性と現代化，家父長制家族主義，権威主義，地位意識，世俗主義，強いナショナリズムである（Kweon 2003；Han 2003；Yi 2003；Hahm 2003)．その長い歴史にわたる強力な隣国による間断のない侵略と襲撃が，韓国のナショナリズムを強くすることにつながった．500年以上にわたって李王朝による国の支配の指導原理や倫理規範として採用された儒教は，韓国文化にとってもっとも顕著な影響の1つであった．儒教のもとで社会における個人的人間関係の重要性を継続して教え込んだことは，韓国における強い集団志向の社会の発展の基礎となっている．集団主義と儒教は，互恵性と近代化を含んでいる．その両者は，高潔な社会的行動の重要な一部として促進された．韓国の集団主義は，ホフステッドによる権力の格差化についての18の推定値によって裏づけられており，研究された53ヵ国のうち43番目にランクづけられている．

韓国社会の集団主義は，家族中心で階級的である．儒教の階級性と一致して，韓国社会は，長い歴史をかけて階級的集団主義を発展させ，そして，順序

としてトップに貴族と学者，それに農家，商人，熟練工，奉公人と続けて位置づける社会的階層性の形態を受け入れてきた．韓国人がその地位を意識し，他者が自分達をそれ相応に扱うことを期待するようにさせられている垂直的に構造化された権威主義の社会において，地位意識や面子意識という文化的特性が発展した．権力の格差に関する韓国の文化的価値について 60 というホフステッドの推定値は，53 ヵ国のうち 27 番目にランクづけられ，階級的集団主義を裏づけているように思われる．家父長制家族主義は，韓国社会における集団主義の中核であった．おそらく，強い家族主義のために，韓国の男性化に関するホフステッドの推定値は，比較的低く 39 であったが，53 ヵ国のうち 41 番目にランクづけられていた．家族の範囲を超えて，人々が生まれ，育った地域は，韓国の集団主義の重要な基礎になっている．もう 1 つの基礎は教育機関であり，小学校と高等学校のクラスメートや大学の同窓生は，強い相互の一体感を感じるものである．

　韓国人は，とてもリスク嫌いである．強力な隣国による絶え間ない侵略，韓国と北朝鮮への国の分断，同胞どうしの朝鮮戦争，その次に起こった一連の権威主義体制の過酷な政治，政策における最近の危険をはらんだ変化などに特徴づけられる歴史は，確かに高いレベルのリスク回避の一因となっている．このことは，85 という値によって，不確実性回避に関するホフステッドの測定では，53 ヵ国のうち 16 番目にランクづけられて示されている．最後に，韓国人は，世俗主義を受け入れている．儒教は，主に人間社会の性質と関連しており，神聖な碑銘も死後に関する教義ももっていない．それは，曖昧な超自然な精神として「天国」に関連しているけれども，特定の神でもない．このタイプの現世的な教義は，韓国における世俗主義を発展する手助けとなった．

　韓国人は，一般に，意思決定において長期的視点をとっている．多くの韓国企業は，その創立者によって，また，その家族によって経営され，所有されている．韓国社会における強い家族主義は，子供や孫の将来についての家族の関心を強めており，それは，長期的ビジョンを育成する手助けとなっている．韓国人の長期的視点は，高い貯蓄率に反映されている．ホフステッドならびにボンド（1988）による儒教のダイナミズム（長期志向）の指標にしたがって，韓

国人は，75と高いスコアがつけられ，23ヵ国のうち5番目にランクづけられている．韓国人は，長期志向であるだけでなく，一般的に粘り強く，伝統的価値観を重んじている．

　これらの文化的特性は，今日でさえ，強く残っている．17世紀にもたらされたキリスト教は，伝統的な韓国文化を転換するのに重要な一因となった．1960年以来の韓国経済の急速な工業化は，伝統的な韓国社会を工業社会へ転換させた．また，工業化も，道徳や人間性から物質主義へ価値観が移行するのと同時に起こった．継続した経済的繁栄は，物質主義から生活の質へ韓国の価値体系の重心をいっそう変化させた．それにもかかわらず，韓国社会は，強いナショナリズムと集団主義と一緒に，強い儒教の伝統をもち続けている．

　韓国のビジネス部門は，伝統的な韓国文化を受け入れている．韓国企業は，階級的集団主義や家父長制家族主義によって影響されているので，高度に垂直的に構成された組織と強い企業家族主義を維持してきた．そして，韓国企業では，終身雇用や年功序列が経営規範であった．また，韓国企業の意思決定は，トップ・ダウンシステムに基づいていた．1997年の金融危機は，韓国の企業文化の転換やそれを基礎にした価値体系の再検討を余儀なくした．その後，韓国人は，金融危機以前よりも，外国のビジネスや文化をはるかに尊重するようになり，愛国心はかなり消えうせた．韓国の経済的，制度的構造は，企業がグローバリゼーションと情報の時代に存続できるように著しく変化した．それにもかかわらず，韓国文化，宗教的教義，言語，教育制度に働いている変革の原動力は，非常にゆっくり変化している．その結果，依然として現代的な韓国文化には，かなりの連続性があり，経営実務には伝統的な特徴の堅固な痕跡がある．

6.4　韓国人の交渉過程の特徴

　韓国人とのビジネス交渉に関する研究はほとんど出版されていない．ボーウェン（Bowen 1998）は，範囲では限られていたけれども，ワイスならびにストリップ（1985）モデルによって指針が与えられたように，韓国人と同様に外国

人を調査し，インタビューした．彼は，交渉の認識における韓国人と韓国人以外の交渉者間の類似性と差異を明らかにした．ボーウェンの研究が韓国におけるビジネス交渉の顕著な特徴を明らかにしたけれども，それは，ワイスならびにストリップによって提案された交渉の異文化間の側面を詳細に追究しておらず，数量的結果に関する彼の論究は，概念的基礎や推論に欠けている．1990年のトゥンによる研究は，韓国人と異文化間に関連したわずかな文化的要因（関係性や長期的考え方の重要性）を検討した．これらの初期の研究の不足を認識した上で，本研究は，ワイスならびにストリップ (1985) によって提案された交渉の12の側面のすべてを含んだ韓国の交渉者の顕著な特徴を検討する．

6.4.1 交渉の基本概念

ワイスならびにストリップ (1985) は，ビジネス・パーソンが2つの基本的態度あるいは戦略の1つによってビジネス交渉に取り組む傾向がある，すなわち，両当事者が利益を得る過程（ウィン・ウィン，相互作用，相互の利益など），あるいは，一方がウィンで他方がルーズである争い（ウィン・ルーズ，配分的，競争的など）として交渉を行うと主張している．

韓国人は，交渉に対して消極的で受動的な態度を示す傾向がある (Lee and Park 2004)．彼らは，交渉の必要性を信用や道義が不足していることから生じると考えている．彼らは，交渉をゼロ・サム，あるいはウィン・ルーズ，そして結果を交渉力に左右されるものと考えている．韓国人の交渉は，相手を敵として見る傾向があり，交渉でウィンしようとする (Lee and Park 2004)．韓国人は，1960年代から1980年代までの急速な経済成長の期間に「トップ」にいることへの偏愛をつくり出した．また，韓国の教育制度は，激しく，2番目には賞品がまったくないという過酷な競争を助長している．ジョーンズならびにサコン (Jones and SaKong 1980) は，自分自身と家族の相対的地位を向上させることへひたむきに専念することが韓国で揺るぎないまでにつくり上げられたという主張のなかでこれらの特徴を追究している．この態度は，韓国の交渉者を競争的で攻撃的にさせ，それによって，交渉で配分的姿勢を取らせている (Lee and Park 2004)[6].

　さらに，出世は，大部分ビジネス部門における年功序列制度に基づいている．それは，どのような種類の失敗も，出世だけでなく，階級組織における個人の自尊心をも傷つけることを意味している．したがって，交渉を任された人は，交渉を，一方が勝ち他方が負ける過程と考えているので，交渉のテーブルで勝とうとする．しかし，韓国人は交渉で関係性，互恵性，長期的考えを非常に重んじるので，韓国人の交渉者は，「私は今回勝つ…．あなたは次回勝つ．」という取引条件を提案することがある[7]．

6.4.2　もっとも重要である問題のタイプ

　ワイスならびにストリップ（1985）は，ビジネス交渉の間の4つのタイプの問題を明らかにしている．すなわち，実質的で，関係性を構築する，手続きの，個人的あるいは内部的な問題である．韓国人の交渉者は，個人の人間関係をかなり重視している（Lee and Park 2004）．韓国人は，はじめに相手と密接で感情的な結びつきをつくり上げようとする．彼らは，集団主義を取り入れることによって，知らない人々と，また，信用しない傾向のある人々とビジネスを行うことを嫌がるようになっている．また，彼らは，信用した個人的な友人からの好ましい条件を期待する．したがって，彼らは，贈り物を贈ることや接待を，交渉の不可欠な部分であり，関係を構築する方法とみなしている．相互の信用の重要な基礎として関係を構築するために，韓国人は，交渉のはじめにお互いの友人を探す．特に，地位意識や面子意識がある文化のために，韓国人の交渉者は，名刺を交換し，相手の組織での相手の地位を観察する．韓国人は，自分たちよりも地位が低いと考えられる人々を相手にすることを嫌がる．韓国企業は，相手の地位に等しい交渉者を割り当てる傾向がある．交渉者の地位を釣り合わせるしきたりやトップ・ダウンシステムのもとで，低いレベルのスタッフが交渉に割り当てられれば，交渉過程は長くかかるであろう．

　実質的な問題について，韓国の売り手は，交渉相手からの反対の付け値を予想して，予想される最終価格よりも——時々明らかに非現実的と思われるくら

い——かなり高く最初の価格を提示するという典型的な交渉行動に従う傾向がある．同様に，買い手は，非常に低い価格で提案し始める．このことは，百貨店以外で価格交渉が通常行われる商業上の実務に起因する．したがって，外国の交渉者は，韓国人の相手が，最初の付け値をやめ，そして，最初の付け値で交渉の若干の余地をもつために，実際に何を望んでいるかがわかることが重要である．また，韓国人は，ほとんどの場合に，情報を公共の分野と考える西洋人と比較して，情報を提供することを嫌がる．しかし，彼らは，相手から熱心に情報を入手しようとし，十分な情報をもっていると考えるまで，付け値をすることを嫌がる[8]．

6.4.3　交渉の選択

　交渉者の選抜規準は，交渉の経験，地位，性別，民族的結びつき，問題についての知識，愛想のよさ，忠誠心，信頼できることのような個人的属性などを含んでいる（Weiss and Strip 1985）．韓国の交渉者は，相手の個人的属性を非常に重視している（Lee and Park 2004）．韓国人は，通常，部下に交渉を委譲する一方で，相手の年功と地位をかなり重視し，相手の交渉者と企業の地位の同等な交渉者を割り当てようとする．このことは，社会的地位が関係性や相互作用の重要な要因である韓国の文化に起因する．

　交渉者を選抜することについて，韓国企業は，地位（性別，年齢，年功），教育レベル，交渉中の問題に関する知識に基づいて個人から成る交渉チームを割り当てる[9]．韓国の交渉チームは，大勢で，主に男性から構成されており，それらの一人は，チーム・リーダーとしての役割を果たす．部下は，交渉過程に参加しない．彼らは，それに参加することよりも，むしろ交渉過程を観察し，学習するために交渉のテーブルについている．終身雇用によって，企業はその長期的利益のために若い部下に交渉行為を教育することができる．経営の家父長制スタイルは，部下の啓発について個人的に責任を負うように上司を促す．最高経営責任者（CEO）のような相当高い地位の人々は，韓国のトップ・ダウンの意思決定システムのもとで，実際の意思決定者であるが，相手のチームの

相当高い地位の人々が交渉に入ろうとするまで，概して交渉に入ろうとしない．弁護士は，信用がないことを印象づけることを回避するために，一般にチームに含まれない．

6.4.4 個人の願望

　この特別な要因は，交渉者が個人的な目標やニーズに置いている重点に関連している（Weiss and Stripp 1985）．集団的な韓国社会において，交渉者は，個人の欲望や目標を抑え，企業の利益のために行動するように期待されている．ビジネス交渉の間に自己の利益を追求することは，道徳的に悪いことと理解され，その人の経歴に著しいマイナスの影響を与えるであろう．

　階級的集団主義，家族主義，地位主義，面子意識は，韓国文化の重要な特徴であることから，個人の交渉者は，その他のメンバー，特に上司が自分の行動をどのように見ているかに関心がある．チーム・リーダー以外の人，すなわち，個々の交渉チームのメンバーは，「出る杭は打たれる」という韓国のことわざに示されているように，そのチームの前で遠慮なく言うことを嫌がる．韓国の教育制度は，疑いもなく権威に従うように学生を教育しているので，この態度を強化している．同時に，交渉チームのリーダーは，交渉から，彼の地位を満たし，あるいは，面子を保つ何かを達成しようとする．

6.4.5 集団における意思決定

　この変数は，意思決定が交渉チーム内で，また，そのチームと彼らが代表している組織間で意思決定が行われるシステムに関連している（Weiss and Stripp 1985）．上述したように，韓国におけるビジネスの意思決定は，トップ・ダウンの意思決定システムによって権威主義的に行われる傾向がある（Paik and Tung 1999）．ほとんどの企業は，創立者やその家族によって所有され，経営されており，そして，オーナー・マネジャーは，完全な権限をもっている．たとえ企業に下位の従業員からミドル・マネジャーを経由して，トップへ意思決定

を移していくのに長い準備過程があったとしても，意思決定は，実際には，より高いレベルの経営者によって行われる．経営者は，多くの場合，部下の人々に，自分の意思決定を知らせることよりも，正当化するために準備過程を経験するように求めている．このタイプの意思決定過程は，交渉に反映される．シニア・マネジメントが交渉に対して企業の姿勢を設定していることから，交渉者には責任があっても，自由に動かせる余地がほとんどない．その交渉者は，通常企業の姿勢を述べ，単にさまざまな方法で同じ姿勢を反復するだけである．その結果，ボーウェン (Bowen 1998) によって述べられたように，韓国人の交渉者は，外国人と韓国人自体から，心が狭く，柔軟性や創造性が欠けているとみなされている．

交渉過程の混乱は，メッセージの書かれたメモをわたす秘書による中断によって，そして，一部のメンバーが許しを請うこともなく，席を立つことによって，しばしば起こることがある．これらの混乱は，交渉の引き延ばし戦術であると外国人からみなされている (Tung 1991)．シニア・マネジャーが交渉チームのメンバーに説明を求めた場合，彼らは，たとえ交渉の真只中にいたとしても，そのメッセージに返答せずにはいられない．一部のメンバーは，実質的な意思決定者と相談するために席を離れることがある．

6.4.6　時間に対する考え方

この特別な変数は，時間に対する 2 つの正反対の態度に関連している．すなわち，単一的時間指向と多元的時間志向である (Weiss and Stripp 1985)．大部分の西洋人は，一般に時間を線形として考えているが，韓国人は一般に時間について非線形的な考え方や多元的時間の考え方，そして，長期的時間志向をもっている (Paik and Tung 1999)．その結果，時間や緊急性に関する韓国人の交渉者の理解は，西洋人の理解よりもかなり曖昧である．韓国人には「時は金なり」に相当することわざはなく，時間厳守は優先事項ではない．しかしながら，彼らは，西洋人が時間を尊重していることを学び，そして，彼らは，外国人に対して時間を守ろうとしている．

交渉について，韓国人は，一般に日本人や中国人の交渉者ほど取引を終わらせるのに時間をかけないけれども，時間に関して非常に柔軟である (Tung 1997)．それにもかかわらず，韓国人は，交渉相手と個人的な人間関係をつくる必要があるために，西洋人の交渉者よりも時間を長くかける．韓国における交渉過程でかかる時間の長さは，通常，企業規模に比例して異なっている．小企業の意思決定過程は，通常，シニア・マネジメントが交渉に直接関与しているので，非常に速い．大企業や財閥では，交渉はどうしてもかなり長くかかる．大部分の交渉は，シニア・マネジャーと進行中の交渉過程について相談しなければならないジュニア・マネジャーによって行われ，次に開かれる会議で伝えられる．ひとたび交渉が首尾よく成立すると，それは長期的な関係とみなされるであろう．

6.4.7 危険負担の傾向

ワイスならびにストリップ (1985) は，相手の信頼性が疑問視されるとき重要な情報を洩らすのをいとわないこと，あるいは，上司の指示の範囲を超えることをいとわないことを，交渉における危険負担の傾向と呼んでいる．韓国人は，非常にリスク嫌いであり，そして，大企業によって依然として一般に実践されている終身雇用と年功序列は，確実性に対する意識を助長している．このような人的資源管理のもとで，組織内のスタッフは，もし重大な誤りを犯さなかったならば，多かれ少なかれ自動的に着実に昇格するであろう．また，個々の交渉者は，間違いを犯すことから面子あるいは評判や社会的名声を失うことを気にする．したがって，危険負担には，ほとんど選択の自由があるわけではなく，そして，個々の交渉者は，交渉におけるダイナミックで創造的な姿勢を続けることを嫌う傾向がある．さらに，シニア・マネジャーが交渉過程で取る態度を設定しているので，韓国の交渉者は，あまり柔軟性と創造性をもつことができない[10]．

6.4.8 信頼の基礎

　信頼性に関する関心は，このことが情報の開示と保持を決定することから，交渉において非常に重要である．信頼は，どんな社会でもビジネス取引にとって重要であり，身につけなければならない．信頼は，人々が他者よりも集団のメンバーを信頼し，それゆえに交流する集団社会を維持しているので，東アジア諸国においては特に重要である．したがって，信頼は，東洋の集団社会が関係性を一般的に重視することに一致している．キリスト教のもとでの西洋の世界における「罪（guilt）」と比較して，東洋社会では道徳の基盤が「恥（shame）」であるので，集団の内部者間，あるいは，お互いに知っている人々の信頼のレベルは，部外者との信頼よりも高い．信頼あるいは信頼がないことが自己実現過程を生み出している．交渉相手の当事者に信頼されていなかったり，あるいは，信頼されていないと感じている当事者には，信頼できる方法で行動する動機はあまりないが，交渉相手に信頼されるか，あるいは，信頼されていると感じている当事者は，交渉相手を誠実に遇する義務を感じている．

　韓国人は，自分たちが知っていて，信用している人々とビジネスを行うことを好むので，知らない人々と重大なビジネスを行う前には，知らない人々の信用をテストしようとする．韓国のビジネス関係者は，信頼に基づいた関係を作ることが交渉過程の不可欠な第一歩であると考えている．信用は，過去の経験や記録に基づいて評価され，発展する．したがって，韓国人は，夜の娯楽やスポーツというようなビジネスを超えた活動が信頼性を含めビジネス仲間のパーソナリティや性格について学ぶための，また，その人々との関係を作るための手段として役立つと考えている．信頼できる仲介人，特に社会的地位の高い人々，あるいは，家族のメンバーやクラスメートというような彼ら自身が属する集団の人々はまた，信頼を発展させ，ビジネス関係を強化する際に重要な役割を果たしている．このような理由のために，韓国人は，知らない人々と出会ったとき，関係や信用を作るための基盤を見出すために，今なお残っているコネを探し出そうとする[11]．

6.4.9 儀礼に対する関心

　この変数は,「適切な」行為や期待される形式ばった儀礼に関連している.「地位」や「面子」が特別な重要性をもっている韓国の階級社会において,形式ばった儀礼は,ビジネス生活で絶えず観察される.このことは,年齢,社会的名声,組織における地位に比例して,特にさまざまな社会的地位の人々のなかで観察される.韓国人は,日常生活のなかで人間関係においてどのように行動するべきかを幼いときから教え込まれている.強い儒教の影響のもとで,個々の家族のメンバーの役割と行動は,第3章で説明されたように,家族内の地位によってはっきり規定されている.一族のなかでの家族のメンバーは,一族のなかで家系図によって等級づけられている.家族メンバー間の役割と行動は,社会のメンバーが尊敬し,そして,その地位によって決定された儀式に従うであろうと期待されている,より広い社会に類似している.これらの形式ばった儀礼は,マンネリズム,服装規定,人々に対する話しかけ方,対話の仕方を含んでいる.多くの韓国人は,個人の家族や教育的背景,年齢,出身地などについて聞きたがるように思われる.その他の国々の文化では,これらの質問は,他人の私事に立ち入ると見られるが,韓国社会では,これらの質問は,相対的な社会的地位を決めることの一部であり,その結果,それに応じて行動する.韓国人は,一般に,年長者を尊敬し,自分達よりも高くランクづける.そして,敬意の印として,これらの人々に何かを差し上げるときには,慣習として両手を用いる.

　日常生活でもっとも親しんでいる儀礼と一致して,外国人とのビジネス交渉で,韓国人は,韓国人チームが適切であると信じる方法で遇することができるように外国の交渉当事者の地位を判断しようとする.したがって,韓国人が外国の相手と会って最初に名刺を交換するとき,彼らは,相手の企業内でのチーム・メンバーの各々の地位を見抜くために名刺を注意深くチェックする.韓国の交渉者は,外国人の相対的地位を判断するために,会話の最初から外国の相手の家族や教育的背景について,かなり根掘り葉掘り質問をする.その結果,韓国の交渉者は,この地位の認識に沿って外国人を遇することができる.韓国

の交渉者は，別のアドバイスを受けない限り，苗字で外国の相手に話しかけ，形式ばってビジネス・スーツを着る．

6.4.10　コミュニケーションの複雑さ

コミュニケーションの複雑さは，若干の例をあげれば，距離，視線，ジェスチャー，沈黙を含め言語以外のコミュニケーションへの依存の程度に関連している．韓国語は，英語のような低度のコンテキストの理解で足りる言語を使う西洋人が，韓国人の言葉による表現を曖昧とみなすほどの，高度のコンテキストの理解を要する言語である．日常的な対話のなかで，韓国人は，文章における名詞，動詞の目的語，冠詞を省く．韓国語の時制は，英語よりもかなり単純であるが，あまり厳密ではなく，そのうえ，名詞や動詞の複数形や単数形は，十分に区別されていない．韓国人は，状況によってほかの場合なら曖昧な文章の意味を理解する．

　面子意識と調和の取れた関係を重視することは，韓国人の会話に反映されている．韓国人は，他人の感情を害さないようにしようとして，単刀直入な方法で話をしない．特に，彼らは，マイナスの反応をすることをためらい，そのことに慎重である．「ノー」という代わりに，彼らは，「それは難しいです」，「それについて考えさせていただきます」，「もっと情報が必要です」，「マネジャーに相談してみます」というように対応して逃げ道をつくっておく．韓国人が「イエス」と答えたときでさえ，それは，話し手への実際の同意よりもむしろ，話し手から聞いたということの丁重さの表現あるいは同意である．同様に，韓国人は，たとえ十分に理解していないとしても，特に外国語でいわれたことについて質問をすることを好まない．このことは，外国の相手が考えているほど外国語でいわれたことを理解していないか，あるいは，事実を誤解し，間違ったメッセージをもって去るかもしれないことを意味している．韓国人は，小学校から集中的に英語を学んでいるけれども，話したり，聞いて理解する能力は，多くの場合読む能力よりも著しく低い．交渉で，韓国人は，西洋人の相手が，ぜひ取り組み解決したい内容，結論，問題について直接に，また即座に話

をしない.

　言語以外のコミュニケーションで,韓国人は,顔の表情や手の動きをほとんど示さない.日本人とは違って,韓国人は,不快感を示すのに長い沈黙で対応しない.会話中,韓国人は,通常,直接的なアイ・コンタクトを避ける.彼らは,それが不快であると感じる.韓国人のユニークな言語以外の表現は,いわゆるキブン(kibun)であり,それは,個人的な感情やムードを意味している.韓国人は,興奮しやすく,激しい気性であるので,彼らの感情やムードは,必ず交渉の意思決定あるいは一般的な行為に重要な関連性がある(Tung 1997)[12].それゆえ,多くの研究者は,ビジネス交渉における韓国の相手のキブンを理解することが必須であると主張している.ひとたび韓国人の交渉者のキブンが損なわれると,その人は,不機嫌になり,彼の相手とのコミュニケーションから身を引いてしまうことになりがちである.

6.4.11 説得の性質

　この要因は,異なった文化をもつ交渉者が対立する当事者を説得するのに,直接的な経験,論理,伝統,感情,直観を用いる程度に関連している.議論や説得の性質はまさに,多くの韓国人の本能や文化的特質と衝突する(Lee and Park 2004).韓国人社会の階級的,階層的性質は,個人の会話のスタイルに深く影響を及ぼしているので,韓国人はシステマティックで,論理的な議論やディベートを行うことに慣れていない.棒暗記学習を重視した韓国の教育制度は,討論やディベートを維持する能力を発展させることができなかったか,あるいは,そのやる気をそいできた.それゆえ,韓国人は一般に,異なった意見あるいは性質の表現を不快に感じる.そして,違いを克服するための話し合いの進め方や,相互に受け入れられる妥協策に向けて努力する仕方を知らない.彼らは,それによって堪忍袋の緒が切れる徹底的な言い争いに不快感を感じる.このような人生経験によって,彼らは,議論よりもむしろ,詳しい説明を重視する傾向があり,それは,外国人に韓国人は意思決定において論敵ではないとの印象を与えている[13].

また，説得と妥協についての韓国人の理解は，重要な点で西洋の交渉者の理解とは違っている．韓国人にとって，説得は，一方の当事者がもう一方の当事者に降伏するか，条件降伏し，それによって面子を失うことを意味している．反対の見解を唱えたり，交渉にかかわった人々の前で相手を説得する代わりに，韓国人は，たとえば，話し合いそれ自体においてよりもむしろ，その話し合いの休憩の間に舞台裏で説得しようとする傾向がある．また，彼らは，交渉中にどうしても外国の相手による説得に抵抗したがる．それゆえ，行き詰まりに直面した外国の交渉者は，韓国の相手と良好な個人的な人間関係をもっている仲介人を引き込むことが有益であるとわかることがある．この仲介人は，行き詰まりから脱する方法を論理的に考えようとする外国の当事者よりもむしろ，韓国の交渉者を説得するためによりよい立場であろう．

6.4.12　同意の形態

　この変数は，交渉の結果の同意という望ましい形に関連しており，明示的な形や黙示的な形として分類される．韓国人は，黙示的な形により慣れている．伝統的に，韓国人は，文書による契約に慣れてもいなければ，気持ちがよいわけでもない．韓国人は，法律主義には歴史的にも不信をもっている．上述したように，韓国のビジネス・スタイルは，すでに知られており信頼されている人々とビジネスを行うことである．文書による契約を強いることは，相手が信頼されていないことを意味するように取られる．それゆえ，韓国人は，たとえ契約が文書化されていたとしても，契約を当事者の基本的な希望や目的の一般的な原則を確立するための枠組みとみなしている．そして，信頼するには多くの余地がある．この点から考えると，契約は，法律的にあるいはその他の方法で束縛するものでもない．また，その詳細は，その契約が実施されるにつれて，長期にわたって仕上げられる．

　韓国人は，契約を特定の時点で特定の状況下で行われた同意とみなしているので，契約によって契約している当事者が柔軟性をもつことができると理解している．彼らは，状況が変化したら，この柔軟性によって時間の経過とともに

契約を変更することが可能であると思っている（Paik and Tung 1999）．また，シニア・マネジメントによって課される圧力の結果，韓国人の交渉者は，契約に対する他の当事者により柔軟な姿勢を強制しようとする．また，契約を理解するうえでもう1つの非常に重要な違いは，信頼の側面から生じる．他の当事者に信頼を表わすために，韓国の交渉者は，項目ごとに契約をチェックしないことを一般的な礼儀と考えている．このような契約に関する文化的考えのもとで，韓国人は，取引が締結され，契約が署名された後でも，さらに譲歩を要求することがある[14]．明らかに，契約の法律的，信用上の，その他の側面を理解するうえで韓国と韓国以外の交渉者間の違いは，法律的に束縛する文書に署名する以前の交渉期間に両当事者によって明らかにし，話し合う必要がある．

6.5　韓国におけるビジネス交渉の倫理

　前節で検討された韓国の交渉者の特徴は，韓国人や彼らの交渉の文化やスタイルによって保持されている交渉の認識に反映している．本節は，経験的に明らかにされた一部の特殊な交渉戦術を考察し，倫理規準によってそれらを評価する．交渉者によって行われる行為の倫理的適切さから，行為が判断される倫理的次元や基準の範囲まで，あらゆる交渉に倫理的問題が生じている．
　レウィッキならびにその他（2004, p. 185）は，実際上の理由から，交渉における大部分の倫理的問題が，真実を語るという基準に関連していると主張している．すなわち，交渉者は，どれくらい親切で，誠実で，開示しているであろうかということである．この考えは，交渉者が実際に行っていることよりもむしろ，交渉者が行おうとしていることを言うことにおける倫理を認識している．より具体的に言えば，レウィッキならびにその他（2004）は，交渉者の倫理に対する注目が嘘をつく行動に主に焦点を当てていると主張している．このことは，真実を話すことあるいはある嘘をつくことを構成することに疑問を提起している．レウィッキならびにその他（2004）は，交渉関係を維持させるために，各当事者が通常，相手方に対して完全に開示することと騙すことの両極端の中間を選んでいると主張している．

レウィッキならびにその他（2004）は，この範囲の中には，6つのカテゴリーの欺瞞的戦術が存在していると主張している．それらは，次の通りである．

1．相手に対して自分の立場を不正確に述べること．たとえば，大げさなオファーではじめること（伝統的な競争交渉戦術）．
2．怒ったりあるいは恐れたふりをすることを含め感情的に小細工を弄すること．
3．情報を不正確に述べることや選択した開示をすること．
4．威嚇すること．
5．相手のネットワークに不正確に述べること．たとえば，相手の仲間の間での相手の評判をゆがめること．
6．贈収賄，潜入，スパイ行為によって不適切な情報収集をすること．

　欺瞞的戦術の最初の2つのタイプは，一般に，倫理的に適切とみなされ，用いられている．これ以外の4つのカテゴリーは，一般に，非倫理的とみなされる．というのは，それらが，真実を語る基準か，交渉の認知された規則のいずれかを破っているからである．さらに，レウィッキならびにその他（2004）が説明したように，非倫理的な戦術を頻繁に用いることは，たとえ短期的に交渉力を得ることがあったとしても，長期的には結果として交渉力を失うことになることがある．これらの規準は，韓国におけるビジネス交渉の倫理を評価するために用いられるであろう．
　韓国におけるビジネス交渉の倫理的側面を検討した研究は，特に英語の文献では，ほとんど見ることができない．ボーウェン（1998）は，外国人が一般に交渉倫理に関して韓国の相手を高く評価していると主張している．ここで，若干の例外としては，韓国の交渉者が非現実的なオファーで始めたり，取引が成立した後で譲歩を要求したり，譲歩を強要するために時間的圧力をかけたりすることなどを含んでいる．最後の2つの要因は，レウィッキならびにその他（2004）による6つのカテゴリーに含まれていなかったけれども，それらは，一般に倫理的に受け入れられ，したがって用いられそうだとみなされる伝統的

な競争的な交渉戦術の一部であると思われる．

　パクならびにリー（Park and Lee 2003）は，レウィッキならびにロビンソン（Lewicki and Robinson 1998）のモデルを，交渉戦術の倫理を判断するために韓国の交渉者へ適用している．彼らの調査結果は，韓国の交渉者が非倫理的戦術を用いることの適切さと効果との間の認知的葛藤を感じているが，その効果に重きをおいていることを明らかにしている．したがって，たとえ彼らが倫理に若干懸念があったとしても，韓国の交渉者は，非倫理的戦術が効果的であると信じているならば，その戦術を使うであろう．このことは，非倫理的交渉戦術に対する認知構造における韓国の交渉者と西洋の交渉者間の違いを示唆し，交渉戦術の選択に対する社会的，文化的背景の影響を示唆している．

　リーならびにパク（2004）は，韓国の交渉者が頻繁に採用する30の交渉戦術に基礎をおいた主要な要因を明らかにしようとした．その次に，彼らは，パクならびにリー（2003）を拡張して，これらの明らかにされた戦術の各々に関する認識された倫理的な適切さ，効果，採用の可能性の評点の関係を評価しようとしている．彼らは，30の一般に用いられている戦術から5つの主要な戦術を明らかにしている．すなわち，身体的不快感，伝統的な競争的交渉，威嚇，説得的主張，回避などである．身体的不快感は，レウィッキならびにその他（2004）によって提案されたモデルの一部にはなく，相手を不快に，いらいらした，怒ったと感じさせる目的をさしている．「伝統的」な競争的交渉戦術は，相手に最初にオファーを出すよう強制すること，オファーに大げさに驚くこと，代りの相手の存在をほのめかすこと，大規模な交渉チームなどを含んでいる．「威嚇すること」は，ある個人の専門的，社会的立場あるいはネットワークを誇張することを言う．「説得的主張」は，お互いの利益の一致を主張して「私は，今回勝つ……あなたは次回勝つ．」ことを要請し，あるいは，取引が成立した後で追加的な譲歩を言う．「回避」戦術は，交渉を回避する目的で，関連のない問題に繰り返し言及したり，相手の弱点あるいは欠点を繰り返すことのような消極的で受動的な態度を言う．

　リーならびにパク（2004）によって明らかにされた5つの交渉戦術の各々に対して，韓国の交渉者によって認識された倫理的な適切さ，効果，採用の可能

表6.1 韓国人が好む交渉戦術の倫理的適切さ,効果,採用の可能性

	倫理的適切さの評点	効果の評点	採用の可能性の評点
身体的不快感	4番	3番	3番
伝統的な競争的交渉	1番	1番	1番
威嚇	3番	5番	5番
積極的主張	2番	2番	2番
回避	5番	4番	4番

出所:Lee and Park (2004).

性の評点は,表6.1に示されている.韓国の交渉者は,伝統的な競争的交渉戦術がもっとも倫理的で効果的とみなされたので,たいがいこれを採用するようである.韓国の交渉者は,その効果や倫理的適切さに対して2番と評点をつけた説得的主張の戦術を採用するようである.このことは,2つのもっとも効果的で採用されそうな戦術が倫理的にももっとも適切であると示している.威嚇することは,倫理的適切さについて3番と評点づけられたけれども,その効果は5番と評点づけられ,5つの戦術のなかで最後であった.したがって,韓国の交渉者が交渉戦術として威嚇することを採用することは,ほとんどないようである[15].

また,リーならびにパク (2004) の調査結果は,韓国の交渉者が認識した倫理的適切さよりもむしろ,認識した効果に基づいて交渉戦術を採用することを示している.このことは,倫理的な適切さと採用の可能性に対するさまざまな評点づけとは違って,効果と採用の可能性に対する5つの戦術の同じ評点づけによって示されている.たとえば,身体的不快感の戦術は,その倫理的適切さが4番目に評点づけられているけれども,その効果や採用の可能性が3番目に評点づけられているので,採用されるかも知れない.最後に,回避戦術は,交渉戦術として採用される可能性が低いことを示しているので,倫理的な適切さについては5番目に,効果については4番目に評点づけられている[16].

ソンならびにその他 (Song et al. 2004) は,韓国における交渉についての文化的,倫理的に関連した戦術の影響を調査するために韓国の交渉者の実態調査とインタビューを用いている.韓国におけるビジネス交渉の成功にとってもっと

も重要な態度に関する要因として，韓国人交渉者とその相手の両者によって示されるように，彼らは，「誠実さ，誠意，親切さ」を明らかにした．2番目にもっとも重要な成功要因は，韓国のビジネスの実務と慣習に相手が通じていることを含め「文化的意識」である．第3の成功要因は，心構えと忍耐を含め「相手の態度」であり，15番目の要因は過去の経験である．

また，ソンならびにその他（2004）は，韓国におけるビジネス交渉の失敗要因を明らかにしている．交渉スタイル，ビジネスの実務，社会的慣習，文化などにおける違いが，もっとも重要な失敗要因であると認められている．2番目に相手の不正直さとコミュニケーションの断絶，3番目に交渉中の製品の明確なニーズや競争優位の欠如と続いている．この実証的研究は，両当事者にとって交渉戦術の倫理的な適切さが，交渉の成功や失敗に重要な関連性があり，そして，文化的意識や心構えが韓国におけるビジネス交渉のすべての当事者にとってきわめて重要であるということをはっきりと強調している．

6.6　韓国における国際ビジネスのインプリケーション

　上述したことは，韓国でビジネス交渉を成功させるためには，外国人があらゆる点にわたって用意周到でなければならないということを強調している．韓国の交渉者と交渉をはじめる際に，外国人が一般に用いている交渉と韓国の交渉者の交渉には重要な違いがあることを外国人が正しく認識することが不可欠である．そして，それは，韓国の社会や文化，ビジネス文化，コミュニケーション・スタイルによって深く形作られている．それらの交渉倫理も同様に，まったく違っている．外国の交渉者は，韓国市場，その市場内競争，製品に関する政府の政策についての調査を通じてビジネスを行う必要がある．彼らは，もし韓国のビジネス環境，組織構造，意思決定システムについてできる限り学ぶならば，交渉の立場をさらに向上させるであろう．そのうえ，韓国との交渉を成功させるために，外国の交渉者は，すでに検討したように韓国の文化，交渉のしきたり，交渉戦術を正しく認識し，尊重するべきである．

　信頼と関係が韓国におけるビジネス交渉で非常に重要であることから，外国

の交渉者は，関係を構築し，育成することが交渉の成功の鍵であることを理解し，交渉によって彼らが信頼に基づいた長期的関係に入ることを認識するべきである．高い地位の韓国のコンサルタントもしくは仲介人に伴われ，あるいは紹介された交渉のテーブルに着くことは，信頼するビジネス関係を築く重要な戦略である．韓国人が交渉相手を理解し，その関係を築き上げることにかなりの時間がかかるので，外国人は，交渉の目的に突き進もうとするよりもむしろ，交渉の最初ではくだけた会話のために楽しいあるいはほめことばを準備することが勧められる．すでに述べたように，娯楽は，関係を築く重要な方法とみなされ，西洋人は，接待され，そして返礼する心構えをするべきである．儀礼は，行動，服装規定，人々の呼び方，他人との談話する方法における行為の方式がそうであるように，尊重される．儀礼を破ることは，関係構築を妨げ，韓国の交渉者のキブンを害する．

　韓国の交渉者による交渉のユニークなスタイルを理解することは，確かに外国人が交渉で成功する手助けとなるであろう．韓国人は，「ウィン・ルーズ」あるいは「私は今回勝つ……．あなたは次回勝つ.」という交渉結果を生み出そうとする積極的な交渉者として有名である．韓国チームの中心的な意思決定者は，通常，実際の交渉過程にかかわっていない．また，参加している交渉者は，交渉を通して種々の段階で中心的な意思決定者と十分に相談する必要がある．事実，交渉者によって行われるあらゆる決定は，彼の上司によって承認されなければならない．国際ビジネス界で広く認識されているように，韓国人は危険を回避する．そのうえ，上述した複雑な理由のために，韓国の交渉者は，相対的に柔軟性がなく，創造性に欠けている．これらの特徴は，韓国の環境でのビジネス交渉が，西洋の環境でよりもまとまるのにより長い時間がかかるということを意味している．このことから，韓国との交渉で成功するために忍耐を必要としている．

　また，韓国におけるビジネス交渉の倫理は，その他の国々のものとは違っている．韓国の交渉が戦術の認識された倫理的な適切さよりもむしろ，認識された効果に基づいて交渉戦術を採用するようであるけれども，外国人は，一般に，若干の例外はあっても，韓国の相手によって用いられる交渉戦術を高く評

価している．これらの例外は，はじめに非現実的なオファーをしたり，取引を締結した後で譲歩を求めたりというような伝統的な競争的交渉を含んでいる．それらは，外国人が最終段階まで多くの約束や譲歩をしすぎることを回避するべきであり，成立した取引にさえさらなる譲歩の若干の余地を残すべきであることを示している．韓国の交渉者は，韓国におけるビジネス交渉の成功が，自分たちのチームによってばかりではなく，外国の相手によっても倫理的な取り組みを必要としていると信じている．それゆえ，外国人は，倫理的，文化的に考慮するべき要因の正しい評価だけでなく，誠実さと高いコミュニケーション能力によって韓国におけるビジネス交渉に取り組むべきである．

6.7 おわりに

　本章は，韓国におけるビジネス交渉を検討した．ビジネス交渉の重要性を理解することは，国際ビジネスの不可欠な部分である．国際ビジネス交渉は，異文化間の交渉である．異文化間の交渉は，それが異文化間のコミュニケーションや外国の相手の交渉の文化，スタイル，戦術の理解を必要としているので，文化内交渉よりもデリケートで，複雑であるはずである．異文化間の交渉の複雑さを調査するために，多くのモデルが考えられてきた．もっとも包括的で，文化に焦点を当てたワイスならびにストリップ (1985) のモデルは，韓国の交渉者によって採用された交渉過程やそのしきたりを分析するために採用された．異文化間のビジネス交渉の倫理がますます重要となってきているので，特定の交渉戦術の倫理もまた，検討されてきた．

　いかなる国でも支配的である交渉過程やしきたりは，その国の文化に埋め込まれている．韓国文化が独特であるので，ビジネス交渉の支配的なスタイルもまさにその通りである．韓国文化の顕著な特質，特に階級的集団主義，家父長制家族主義，権威主義，世俗主義，強いナショナリズム，長期志向などは，韓国の交渉者が用いる交渉過程やしきたりを消し得ないほどに形作られてきた．韓国人は，交渉を，彼らが非常に重視する長期的な信頼関係のはじまりとみなしており，実質的な問題の交渉を始める前に，そのような関係を築こうとす

る．地位と面子が韓国の階級社会で非常に重大であることから，形式主義や儀礼は根強く観察される．これらの特徴は，必然的に交渉儀礼にも入り込んでいる．面子に対する懸念から，韓国の交渉者は，舞台裏での説得を求める傾向がある．韓国人は文書による契約に慣れていないので，そのような契約の法的性質の認識は，西洋の交渉者が理解しているほど拘束力があるものではない．そして，韓国チームは，取引が成立した後でさらなる譲歩を求める．これは，韓国では，倫理的に受け入れられている行動である．韓国人の言葉によるコミュニケーションの流儀と言葉以外によるコミュニケーションの流儀の両者が交渉過程を形成している．したがって，韓国語のコンテクスト重視の性質と，言葉以外のコミュニケーションにおけるキブンあるいは感情の重要性の両者を正しく認識することが重要である．韓国の交渉者は，交渉倫理に独特な取り組みをしている．彼らは，認識された倫理的な適切さよりもむしろ，認識された効果のために交渉戦術を採用するであろう．しかしながら，考えも及ばないほど，韓国の交渉者は，西洋の基準と似た，そして矛盾のない一般に行われている競争的あるいは配分的な交渉戦略や戦術を採用するようである．

　すべての国々がビジネス交渉の特有なスタイルをもっていると思われているように，このことは，韓国にも確かに当てはまっている．本章で論議され，示されたように，韓国における交渉の支配的なスタイルや倫理は，韓国のモデルを独特（sui generic）であると思わせる多くの特有の特徴をもっている．それにもかかわらず，外国の交渉者は，知識，尊敬，感受性，賢明な計画によって韓国企業との満足のいく，長期的ビジネス関係をもつことができるであろう．そして，それは，どこでその関係がもたれようとも，実りのあるビジネス交渉にとっての鍵となっている．

(訳・兒嶋　隆)

注

1)　ワイス（2004）は，国際交渉の文献に関して有益な調査を提示している．
2)　著者は，交渉の直接的な観察と交渉への参画の両者から恩恵を受けている．筆者は，通訳として韓国人と外国人の間で交渉過程にかかわってきた．そして，カナダの Net Five Com Corporation Ltd の副社長として多くの韓国企業とビジネス交渉に

個人的に参画してきた．
3) 政治的と法律的側面，経済システム，政府と官僚，イデオロギー，労働組合や労使関係を含めその他の利害関係者の関与というような国際的ビジネス交渉に影響を及ぼす，文化以外の要因は，本章の範囲外である．
4) 国際ビジネス交渉に関する文献の詳細なレビューについては，ワイス（2004）を参照されたい．
5) ホッジソンならびにその他（Hodgson et al. 2000, p. 28）は，彼らが研究したあらゆる国々で4段階の交渉過程を繰り返して述べている．グラハム・モデルと同様に，長期にわたって異なり，連続的な段階を通過する交渉を考察したモデルは，段階モデルと呼ばれる（Weiss 2004）．さまざまな段階数や段階の特徴をもった多くの段階モデルが存在している．
6) ボーウェン（1998）は，韓国人によってばかりではなく，韓国人以外によって見られるように，韓国の交渉者の積極的な態度を指摘している．
7) ボーウェン（1998）は，また，このタイプの韓国の交渉戦略を指摘した．
8) ボーウェン（1998）は，韓国人が情報を交換することを嫌がることを明らかにした．
9) ボーウェン（1998）の調査によれば，交渉の選択は，企業内の地位，上司との関係，相手との関係，交渉中の問題についての経験と専門的知識によって決められる．また，彼は，韓国の交渉者が非常に経験豊かで，技術的に認識があり，熟練した交渉者であることを見出した．
10) ボーウェン（1998）は，大多数の外国人が，韓国の交渉者には創造性が欠けていると考えていることを明らかにした．
11) 韓国における非常に多くの外国企業の調査に基づいたクォン（2006）の研究は，韓国以外から来たビジネス・ピープルが個人的な人間関係の重要性を，韓国においてビジネスを行う際にもっとも骨の折れる課題とみなしていることを明らかにした．リーならびにパク（Lee and Park 2004）は，韓国の交渉者が実質的な交渉問題よりも個人的な人間関係を重視していると主張している．
12) トゥン（1991）によって指摘されたように，韓国人は，交渉の過程で日本人や中国人よりも感情的である．また，彼らは，交渉と同様に議論の過程で叫び，机をたたいて，口汚くなる．
13) トゥン（1991）は，韓国の交渉者が日本人や中国人の交渉者よりも論理的ではないと主張している．
14) ボーウェン（1998）で引用された調査は，韓国以外の57パーセントが，取引が成立した後で韓国人からもっと譲歩を要求される経験をしたことを明らかにした．
15) ボーウェン（1998）は，同様な結果を見出した．
16) ボーウェン（1998）の結果は，リーならびにパク（2004）の結果とまったく一致していると思われる．

参 考 文 献

Bowen, S. (1998), 'Projections and perceptions', AMCHAM Journal, September- October, pp. 1-13.

Graham, J. L. (1981), 'A hidden cause of America's trade deficit with Japan', *Columbia Journal of World Business*, Fall, pp. 5-15.

Hahm, Hanhee (2003), 'Korean culture seen through Westerners' eyes', *Korea Journal*, 43 (1), pp. 106-28.

Han, Kyung-Koo (2003), 'The anthropology of the discourse on the Koreanness of Koreans', *Korea Journal*, 43 (1), pp. 5-31.

Hodgson, J. D., Y. Sano and J. L. Graham (2000), *Doing Business with the New Japan*, New York : Rowman & Little field Publishing.

Hofstede, G. and M. H. Bond (1988), 'The Confucius connection', *Organizational Dynamics*, 16 (4), pp. 5-12.

Jones, Leroy P. and Il SaKong (1980), *Government, Business and Entrepreneurship in Economic Development : The Korean Case*, Cambridge : Harvard University Press.

Kweon, Sug-In (2003), 'Popular discourses on Korean culture : from the late 1980s to the present', *Korea Journal*, 43 (1), pp. 32-57.

Kwon, O. Y. (2006), 'Recent changes in Korea's business environment : views of foreign business people in Korea', *Asia Pacific Business Review*, 12 (1), pp. 77-94.

Lee, Jong-Keon and Hun-Joon Park (2004), 'An exploratory study of negotiation tactics in Korea' (in Korean), *International Journal of Negotiation*, 20 (1), pp. 37-68.

Lewicki, Roy J. and Robert R. Robinson (1998), 'Ethical and unethical bargaining tactics : an empirical study', *Journal of Business Ethics*, 17 (6), pp. 665-82.

Lewicki, R. J., D. M. Saunders, B. Barry and J. W. Minton (2004), *Essentials of Negotiation*, 3rd edn, Boston, MA : McGraw Hill Irwin, pp. 179-200.

Paik, Yongsun and R. L. Tung (1999), 'Negotiating with East Asians : how to attain "win-win" outcomes', *Management International Review*, 39 (2), pp. 103-19.

Park, Hun-Joon and Jegoo Lee (2003), 'Korean managers' ethical/unethical bargaining tactics : a study on knowledge structure and cognitive dissonance' (in Korean), *International Journal of Negotiation*, 9 (2), pp. 135-54.

Song, Y. J., C. L. Hale and N. Rao (2004), 'Success and failure of business negotiations for South Koreans', *Journal of International and Area Studies*, 11 (2), pp. 45-65.

Tung, R. (1990), 'Business- negotiation with the Koreans : a cross-cultural perspective', http://www.chinabiz.org/Asian_Business_Folder/Korean_Business_Negotiations. htm, accessed 7 October 2005.

Tung, R. (1991), 'Handshakes across the sea : cross-cultural negotiating for business success', *Organizational Dynamics*, 19, pp. 30-40.

Weiss, S. E. (2004), 'International business negotiations research', in B. J. Punnett and O. Shenkar (eds), *Handbook for International Management Research*, 2nd edn, Ann Arbor, MI : University of Michigan Press, pp. 415-74.

Weiss, S. E. with W. G. Stripp (1985), 'Negotiating with foreign businesspersons : an introduction for Americans with propositions on six cultures', in S. Niemeier, C. P. Campbell and R. Dirven (eds), *The Cultural Context in Business Communication*, Amsterdam : John Benjamins, pp. 51-118.

Yi, Jeong Duk (2003), 'What is Korean culture anyway?' *Korea Journal*, 43 (1), pp. 58-82.

第7章 韓国の経営倫理

7.1 はじめに

　特に1997年の金融危機以降,韓国の政治経済界で明らかになった一連の汚職は,韓国企業には倫理観が相対的に不足している特徴があると示した.韓国で二番目の大企業であるデーウ（Daewoo）を含む多くの韓国のチェボルは,金融危機の直後,破産を強いられた.それらの没落は,金融危機と同時に,現在日常化されている非倫理的行為とみなされることによって拍車がかけられた.韓国の企業部門の汚職とその結果の深刻さにもかかわらず,政府の広範囲にわたる金融危機後の改革計画は,国の経済的強さと企業収益を最高に追求してきた企業文化に経営倫理（business ethics）を埋め込むのに困難を伴った.国内市場と国際市場で競争優位を獲得するか,維持するのにもがいている多くの韓国企業は,倫理に対してわずかな関心しかなかった.

　近年,2000年代初頭にアメリカの巨大企業であるエンロン（Enron）とワールドコム（WorldCom）という企業が破産したことは,世界中の企業の内外で経営倫理にいっそうの関心を引き起こした.2006年に,韓国最大手の自動車メーカーであるヒュンダイ（Hyundai）自動車のオーナーが,息子に経営権を譲るために官僚に数百万ドルの贈賄を行ったとして,スキャンダルの渦中に巻き込まれた.ヒュンダイの場合も,過去数年にわたるサムソン（Samsung）やドゥサン（Doosan）というようなその他の産業コングロマリットと類似した捜査に従った.これらの大企業のスキャンダルによって,世界中で倫理的企業文化の必要性が注目を集めはじめた.

広範囲にわたるメディアによる報道は，韓国のこれらの巨大企業がどのように倫理原則と法律を無視したかについて国民の注目を引いた．それに対して，政府は倫理基準を企業に遵守させるために法律と規制を強化しようとした．法律の力を超えて，注意を怠らない消費者が倫理基準を遵守しない企業に対して市場圧力をふるうことができることから，市場の力は企業に倫理的行動の重要性を認識させはじめている．しかしながら，2つの力は，企業行動に対してわずかなインパクトを与えたにすぎなかった．韓国の人々と韓国政府は法廷または市場で韓国企業の汚職行為に対する厳罰を支持していない．というのは，このことを国家の最優先課題として考えると，国民経済にマイナスのインパクトを与えると信じているからである．このように，倫理基準の遵守を強制するような激しい世間一般の意志や政治的な意志と制度化した厳しい法律の処罰がなかったので，汚職事件の連鎖が示しているように，韓国の倫理的な経営環境への転換は遅れた．

　韓国の国際ビジネスと同様に，韓国経済にとって，経営倫理の重要性の増大とその相対的な不足を認識して，本章は，1997年の金融危機以後の一連の騒然とした企業倒産以来，韓国の経営倫理とそれにかなりの注意が与えられたことを検討する．それは韓国語と英語の両方で現存している文献に基づいて行われる．このために，経営倫理の概念的問題が，まずはじめに状況的な論及としてレビューされる．それから，経営倫理の重要性の増大と，倫理的企業行動を育成し，実施させる基本的な国際ビジネス環境が研究される．経営倫理の概念的で国際的な背景のもとで，特に金融危機後の韓国における経営倫理の最近の状態を検討する．金融危機が広がったとき，韓国ビジネスの弱い倫理的基礎に何が起こったかを理解するために，戦後の経済発展の何十年間に韓国の経営倫理が相対的に十分に発達しなかった主要な原因を検討する．最後に，倫理的な企業文化をつくり出すことによって経済に活力を与えるように，韓国政府によって導入された汚職禁止法案を評価する．これに，一部の企業が法律的必要条件とは無関係に行った法案の評価が加えられる．また，倫理的に動機づけられた消費者の要求を満たし，利益極大化するますます重要なディメンションとして社会的，環境的に満足のできる状態に貢献する必要性を認識することであ

る．

7.2 経営倫理の概念的問題

　通常，倫理は道徳的原理と責任のある行為の規則の複合されたものとして理解される．経営倫理は，企業の生活によいことあるいは悪いこと，そして，企業が社会に責任のある行為者であるならば，企業が行うべきことや企業が行うべきではないことに関する判断の基礎として，企業の行為に対する特定の倫理基準の規範的な適用に関連している．それゆえ，社会で優位を占めている価値観と信念に従って，企業行動の倫理基準は，文化，国，時代によってさまざまである．

　経営倫理の遵守のための議論は，規範的と肯定的な両者の意見を出した．企業の利益を最重要として支持する人々は，企業の第一の目的が，もっぱら責任がある株主に対する金銭的収益を最大化するために利潤を極大化することにあると主張してきた．この原理で曖昧なことは，企業がその他の誰かの利益，権利，関心を考えることが企業の責任を超えており，したがって，非倫理的であるかも知れないという理解である．しかしながら，一部の企業の支持者は，企業が基本的な倫理基準を遵守し，法律のもとで具体的に述べられた範囲を越えて社会に対して一定の責任を果たす必要があると認めるようになった．自由市場システムにおける商取引は，買い手と売り手間の信用と信頼性にかなり基づいている．したがって，経済単位が企業か個人であるかにかかわらず，もしある程度道徳上の義務を尊重しないならば，自由市場システムは存続しないであろう．

　このような規範的な意味で，キャロル (Carroll 1991) は，企業の経済的，法律的責任と同様に社会的責任を明らかにした．企業がその社会的役割と影響力を増大させるにつれて，企業は自分たちの株主ばかりではなく，従業員，顧客，供給者，一般市民というようなその他の利害関係者にも責任があるようになる．キャロル (1991) は，これらの利害関係者が経営行為に関して一定の権利をもち，企業がこれらの利害関係者に社会的責任をもっていると主張してい

る．それゆえ，経営倫理は，企業が株主のために利潤を極大化する一方，財務，会計と課税，人的資源管理，生産，販売とマーケティング，知的所有権，物理的環境に対する取り扱いなどを含んだ経営活動のすべての側面においてその他の利害関係者に公正に対処することを必要とする．また，キャロル (1991) は，企業には社会貢献という責任があることを明らかにした．これは，企業が自社のプロモーションではなく，受けた支援に対する感謝のしるしとして，社会へ利益の一部を還元するという道徳的に根拠がある期待である．この責任は，多くの国々の政府が社会における役割を減らし，企業の利他主義者がさらに貢献するように期待されているということが確実に地歩を得るようになっている．

肯定的な意味から，これらが法律的に成文化されるかどうかに関係なく，基本的な道徳的責任の遵守が企業に利益があり，時には存続のために不可欠でさえあるということが認識されている．市場での企業実績は，原価効率や生産性ばかりではなく，社会や従業員に対するイメージ，顧客に対する信頼性，社会によって認識されるブランドなどにも依存している．企業行動の倫理性に対する一般大衆の関心を含む社会のなかで企業についての有力な認識は，企業の業績に大いに関連している可能性をこれらの一般大衆の認識に与えるので，企業イメージとブランドに深く影響を及ぼすことができるであろう．今日，それは，企業の社会的責任を認識する行動へ企業を強いる国内の倫理的な諸力のインパクトではない．世界経済のグローバリゼーションは，企業に対する倫理的な影響の領域を拡大した．現在，それが起こっているところはどこでも，経営倫理の国際標準は企業の倫理的領域を形成している．企業は，現在，国内の規則と倫理ばかりではなく，国際組織や政府間組織によって確立された経営倫理の国際標準によっても企業行為で制約されている．また，これらの組織が一般に社会にとって関心がある特定の倫理的原因に志向することから，企業実務に対する非政府組織の対応は，企業を社会的に責任のある行動へ導く．

倫理的経営は，法律と規制の遵守とともに，企業が経営倫理に一貫してビジネスを営むことを意味する．倫理的経営において，企業はそれらの倫理規範を確立し，倫理規範だけでなく法律と規制の範囲のなかで利潤を最大化しようと

する．具体的に言えば，倫理的経営は，法律の厳守と同様に，コーポレート・ガバナンス，会計と財務，納税，労働条件，環境保護，人権というような分野においても，透明で，公平で，良心的な経営に関連している．

7.3 経営倫理の重要性の増大

　経営倫理の重要性は，基本的な倫理規範の厳守が経営業績に有益であるために近年増大し，さまざまな国内機関と国際機関による経営活動にも必要とされる．規範的意味で，経営倫理は，企業にはそのオーナーまたは株主の利益に奉仕することをはるかに超えて拡大する道徳的な義務があり，これらの義務が単に法律を守ること以上のものから構成されると主張している．しかしながら，規範的な倫理原則の下で，道徳的な義務を固く守ることは企業に必要とされていない．道徳的な義務の遂行は企業にコストを増大させ，その競争相手がそれらを無視するならば，競争力の損失につながるであろう．それゆえ，企業は最小限の範囲で経営倫理を遵守する傾向がある．

　経営倫理の重要性は，そのポジティブな状況で最近増大してきた．企業は，倫理的行動が社会の利益だけではなく，それら自身の利益に奉仕することも認めるようになった．国際ビジネスにおける倫理行動を制度化し，実施する国際機関による動きは，倫理的に意識する企業文化を促進させた．企業は，利益と市場価値に対する重大な影響を与える倫理の「コスト」と「利益」間のプラスの関係を認識している．この倫理の「コスト」とは倫理的な経営を行うことと社会的責任を果たすことであり，倫理の「利益」とは好ましい企業イメージと評判のことである．したがって，企業は倫理的な行動を一種の必要な投資とみなしている．韓国で1999年から2002年までの期間に，倫理規定と倫理担当重役を設けることによって，倫理的な経営を実施している企業の株価は，倫理的な経営者がいない企業よりもかなり高くなった（全国経済人連合会：Federation of Korea Industries：FKI 2004, p. 27）．同研究で，1998年から2001年の期間に，倫理的経営者がいる企業の営業利益が，それがいない企業よりもかなり高かったことが明らかになった[1]．その他のスタンダード・アンド・プアーズ（Standard and Poors：S&P）500 社の 10.7 パーセントと比較して，フォーチュン誌（*Fortune Magazine*）によって選ばれた「もっとも尊敬できる企業 10 社」の株価は，1996 年から 2001 年の期間に 25.6 パーセントも高くなった（FKI 2004, p. 28）．また，経営倫理の規約と倫理担当重役をおいている韓国企業は，その他の企業よりもかなり多くの外国資本の注意を引いたことも明らかになった（Yoon 2005, p. 16）．

倫理は，グローバル時代のビジネスにとって重大な関心事であった．重要な理由は，倫理が国際的商取引において公正さを確立しようとする国際的規制機関によってますます制度化され実施されてきたということである．世界経済のグローバル化による国際ビジネスの巨大な成長は，雇用関係，消費者保護，環境汚染，基本的人権などというような分野でビジネス行動のための国際的な倫理ガイドラインを確立するように国連と OECD などの国際機関を促した[2]．明確な例としては，以下のような国際法に重要性を与える OECD によるコーポレート・ガバナンスの 5 つの基本原則がある（OECD 1999）．すなわち，それは，株主の権利の保護，すべての株主の公平な待遇，法律によって確立された投資家の権利の認識，企業の財務状況・業績・所有・支配を含むすべての具体的な問題に関する開示と透明性，企業の戦略的指針と経営に対する効果的モニタリングを確実にする取締役会の責任や，企業とその株主への取締役会の責任などである．

汚職に対する規制のなかで，OECD は国際ビジネス取引における外国の官僚に対する賄賂防止に関する条約（Cnvention on Combating Bribery of Foreign Public Officials in International Business Transactions）を 1997 年に制定し（Park 2005），そして国連は 2003 年にその腐敗防止条約（Convention against Corruption）を採択した（Kim 2004, p. 90）．OECD 条約は，1999 年までに国内法の下で外国の官僚に対する贈賄を犯罪とする義務を調印国に課した．OECD 条約の条項は，重大な制裁のために関与者を拘束できる．国際連合腐敗防止条約は，汚職を起訴できるように，汚職の広範囲にわたる行為をカバーする刑事上やその他の犯罪も証拠立てることを国々に義務づけている．また，国連の条約も，選挙運動と政党に融資，公務員の新規採用の際に透明性を増進させることによって汚職の防止を要請している．国連の条約は，主に政府レベルの汚職に関係して

いるけれども，また，それは国際ビジネス取引への重要な意味をもつであろう．

WTOの管轄下で，国際貿易法は，倫理的取引の行動と企業の社会的責任を制度化しようとしている．これらの法律は，環境問題，労働基準，知的所有権，公正競争，非倫理的なビジネス慣行などに関する一連の会談の結果としてもたらされた．倫理ラウンド（Ethics Round）は，どんな非倫理的な活動でも行う企業によって生産される製品の国際取引を防止することを意図している．非倫理的な活動は，贈賄，脱税，不適切な財務取引，資本逃避，買収資金，虚偽広告，価格操作，不適当な労務管理，環境破壊を含んでいる．このラウンドの一部として，WTOはより透明な政府調達法を必要としている法案を通して公正な国際競争を増進するために，政府調達に関する協定（Agreement on Government Procurement）を制定した．

また，非政府組織（NGO）もこの部門で積極的であった．秀でた例としては，1993年に設立された国際的NGOである国際透明性機構（Transparency International：TI）があり，それは政府，企業，銀行で汚職と戦うために強力で世界的な連携で市民社会，企業，政府を結びつけている（TI 2005a）．国際透明性機構は防止システムを重視し，改革とその測定手段は世界中で高く評価されている．これらは，国家の状況で汚職を比較するための腐敗認識指数（Corruption Perception Index）と，ビジネスに勝つために外国人の官僚へ贈賄する傾向を測るための賄賂指数（Bribe Payer Index）を含んでいる．国際透明性機構の6ステップの実施過程は，企業が贈賄を避ける実行可能なモデルを提供している．6つのステップとは，非贈賄政策を採用する決定，トップから委任を得ること，クロス・ファンクショナルなプロジェクト・チームの設立，開示の範囲の決定，タイム・テーブルに対処することに集中，実施過程に対する障害を明らかにすることなどである．

グローバルな経営倫理の重要なリーダーであるアメリカは，1977年にアメリカ企業が諸外国で賄賂を贈ることを禁止する海外汚職防止法（Foreign Corrupt Practices Act）を導入した．エンロン，タイコ・インターナショナル（Tyco International），ワールドコムを含む一連の企業の金融不祥事の後で，アメ

リカは2002年に株式会社の会計改革および投資家保護法（Public Company Accounting Reform and Invester Protection Act）として知られている法律を制定した．その法律はアメリカ証券取引委員会（US Securities and Exchange Commission）の下で会計監督委員会を設立することを，アメリカ証券市場に上場しているすべての企業に義務づけている．そして，この委員会は上場企業の行動，監査役の独立性，最高経営責任者（CEO）と最高財務責任者（CFO）による財務情報の公開，財務の開示の増進を含む企業責任などを監督する．この法律は，国内と海外の企業を含むアメリカにおけるすべての上場企業に適用されることが期待されている．

　要するに，制度の圧力は，国内と国際的な状況における経営倫理の重要性を高めるために，倫理的収益性の追求とぴったりとかみ合った．倫理的な企業行動とそれらの社会的責任の重要性と価値を認識して，多くの企業は，倫理的な経営を熱心に行ってきた．それらは，企業行動の憲章または社内の指針における倫理基準を成文化した．一般に，これらの規約と憲章は，企業の労働者の期待を明らかにし，ビジネスを実施する過程で生起するいくつかの一般的な倫理問題を取り扱うことを意味している．企業内部の倫理方針を考えることは，かなりの倫理的な認識，適用の一貫性，倫理的な災害の回避につながる．一部の企業は，倫理的な問題に関して推薦するか，適切な情報を従業員に広め，違法か非倫理的な企業行動を明らかにするか，または防止するように倫理担当重役に命じている．

7.4　韓国の経営倫理

　韓国の企業は，1990年代の当初から経営倫理に何らかの注意を向けはじめたが，倫理問題に深刻に取り組んだのは1997年の金融危機以降であった．韓国の金融危機の原因の追究は，最終的に韓国企業の慣行の特質を批判的な目にさらし，そして，韓国企業の一側面におけるわずかな倫理的問題に注目した．企業と政治家の間の身内びいき，透明性と説明責任を妨害するコーポレート・ガバナンス，モラル・ハザードなどはチェボルと銀行間で特に明白であった．

政府の改革計画は，国民経済におけるそのような予想外の失敗を生み出した韓国企業間の不透明性と説明責任の欠如の問題に取り組もうとしたので，韓国の経済に対して広範囲にわたっていた．改革の第一の関心事は，企業の倫理性を確実にするよりはむしろ，景気回復と安定性であった．それにもかかわらず，経営倫理が持続可能な企業の成功の重要な基礎であると認めていたので，改革の計画者は，倫理的な企業行動を実施するために多くの規制を求めた．1つの特定分野はコーポレート・ガバナンスであり，これは特に主要な株主（所有者）の説明責任を増大させた．新しい法律が，取締役会に社外重役の数を増やし，内部監査の権限を拡大し，少数株主を保護し，財務諸表の透明性を増大させるように施行された[3]．

　しかしながら，倫理的な経営は韓国に定着しているようには思われない．倫理的な経営の実現は，倫理規定の確立，実施マニュアルの作成，倫理担当重役の任命，従業員に倫理教育を提供，内部告発者を保護することなどの諸段階を含んでいる．多くの韓国の企業には，倫理規定が依然としてない．FKI（2004）による2002年の調査では，日本の90パーセントと比較して，ちょうど抽出された標本企業の半分以下しか（49.7パーセント），倫理規定をもっていなかったことが明らかになった（FKI 2004, p. 126）．キム（Kim 2004, p. 112）は，2004年の時点で，大企業のわずか45パーセントと中小企業の21パーセントだけが，経営倫理規定があったという似た結果を明らかにした．韓国商工会議所（Korea Chamber of Commerce and Industry：KCCI）による2005年の調査（KCCI 2005）では，調査された300社の企業の53.2パーセントに倫理規定があり，64.4パーセントが従業員のための倫理ガイドラインがあり，30.9パーセントが倫理担当重役をおき，48.2パーセントが内部告発と監視体制があり，56.8パーセントが倫理教育を管理職と従業員に提供していることが明らかになった．これらの調査結果は，韓国の経営倫理の未発達さと韓国の企業文化における経営倫理を制度化する必要性を示した．一部の企業が倫理規定を確立したけれども，それらは主に外部に目が向いており，倫理担当部署は設置されていないか，または適切に機能していなかった（FKI 2004, p. 127）．キム（2004）は，ライデンバックならびにロビン（Reidenback and Robin 1991）によって明らかにされた経営倫理

の5つの発展段階の第3段階に韓国があると示した[4]．

　韓国の非倫理的な経営のもう一つの徴候は，経営活動における透明性の不足である．金融危機以降の改革計画の1つの重要な領域は，経営活動における透明性の不足について取り組むことであり，それは，特に海外投資とビジネス・パートナーの信頼を受け，確保する上で特に重要である．経営活動における透明性の不足の重要性は，海外の投資家が，自分たちが投資し，パートナーになった韓国企業の真の姿が1997年に突然かつ完全に暴露されたので自分たちの投資を韓国から引き上げたとき，明確に証明された．しかし，1997年の金融危機の後でさえ，韓国企業が経営の透明性の価値を正しく評価するようにはならなかったように思われる．2005年に300社を対象としたKCCIの調査によると，1997年の金融危機の後，68パーセントが透明な経営活動の必要性を受け入れたことが明らかになった．しかし，1997年以降，それらの透明性を増大させたと主張したのは57パーセントだけだった（KCCI 2005）．透明な経営に関する企業の見解に関しては，調査によると34.5パーセントが国際競争力を増進すると考えており，27パーセントが収益性を改善すると考え，20パーセントが企業イメージを改善すると信じており，18パーセントが企業の社会的責任を達成するために必要であると考えていることが明らかになった（KCCI 2005）．しかしながら，韓国の企業は，それらの経営の透明性のレベルが先進国の企業以下に分類されると認め，そして，企業の透明性レベルが経済的に先進国でもっとも一般的なレベルに等しいと考えているのはわずか20パーセントである（KCCI 2004a）．

　透明性の不足は，株価のためのいわゆる「韓国割引」の重要な原因とみなされた．2004年12月に韓国商工会議所によって実施された海外の株の専門家30人の調査によると，これらの海外の専門家は，「韓国割引」の程度，すなわち，上場された韓国企業の平均株価が実際の価格よりも高い割合が31パーセントであると推定した．これらの海外の専門家は，韓国企業の透明性が不足していることの割引に対して22パーセント，核の脅威のような国家的リスクに対して30パーセント，政策の一貫性が不足していることに対して24パーセントであるとした（KCCI 2004b）．

透明性と汚職は，密接に関連している．透明性の不足は，汚職を生じさせる．それゆえ，韓国の経営倫理の低いレベルの重要な指標は，汚職のレベルである．不適切なコーポレート・ガバナンスと透明性の不足によって，企業は財産と経営の論争の的となっている相続財産のような社会的に無責任で非倫理的な活動を行っている．キム（2004, p. 112）は，たとえば，違法な政治献金，入札過程の共謀，ビジネス・ライセンスとコントロールの贈賄，課税の贈賄というような韓国の実業界に浸透している汚職の多くのタイプを考察した[5]．国際透明性機構によって作成された年次腐敗認識指数は，国の汚職レベルの相対的評価を提供し，韓国における機会を考慮するとき，海外の投資家と企業に知らせる際にきわめて重要である．腐敗認識指数のスコアは，企業人と国の分析によってわかるように，汚職の程度を示しており，0（汚職のもっとも高いレベル）から10（汚職のもっとも低いレベル）までを尺度上で示している．韓国にとっての腐敗認識指数は，国際ビジネス界が韓国の高いレベルの汚職を認識していることを示している．表7.1に示しているように，2005年に韓国は，158ヵ国中第40位にランクづけられ，スコアはまだ低かったけれども，韓国のスコアは

表7.1 韓国のCPIにおける傾向（1997-2005年）

年	1997	1998	1999	2000	2001	2002	2003	2004	2005
CPI	4.3	4.2	3.8	4	4.2	4.5	4.3	4.5	5.0
韓国のランク	34	43	50	48	42	40	50	47	40
調査された国の数	52	85	99	90	91	103	133	146	158

注：Transparency International (2005b). 1997-2004年度の数値は，パク（2005）による．

一定ではなく，次第に高くなっていることを示している．

汚職のもう一つの側面は，ビジネスに勝つために外国の官僚に賄賂を贈る企業の傾向である．国際透明性機構によって作成された賄賂指数は，輸出国に本社がある国際企業がビジネスに勝つために新興市場国の高級官僚に賄賂を贈りそうな程度について主要な輸出国をランクづけている．この指数では，10点満点が賄賂を贈る傾向がゼロと認識されるけれども，スコアが低ければ低いほど，賄賂を贈る傾向が高いと認められる．2002年に，韓国のスコアは3.9であ

表7.2 賄賂指数 (1999年, 2002年)

ランク	国	1999	2002	ランク	国	1999	2002
1	オーストラリア	8.1	8.5	12	フランス	5.2	5.5
2	スウェーデン	8.3	8.4	13	アメリカ	6.1	5.3
3	スイス	7.7	8.4	14	日本	5.1	5.3
4	オーストリア	7.8	8.2	15	マレーシア	3.9	4.3
5	カナダ	8.1	8.1	16	香港		4.3
6	オランダ	7.4	7.8	17	イタリア	3.7	4.1
7	ベルギー	6.8	7.8	18	韓国	3.4	3.9
8	イギリス	7.2	6.9	19	台湾	3.5	3.8
9	シンガポール	5.7	6.3	20	中国	3.1	3.5
10	ドイツ	6.2	6.3	21	ロシア		3.2
11	スペイン	5.3	5.8				

出所：Transparency International (2002).

り, 21の主要な輸出国中第18位にランクづけられた (表7.2). そして, 韓国企業がビジネスに勝つために賄賂を提供することによって国際市場で競争者に対して非倫理的で, 不公正なビジネスを行う傾向が高いことを示している[6].

7.5 韓国における低レベルの倫理と高レベルの汚職の理由

　上述したデータは, その他の国々の企業文化と比べることによって, 韓国企業は比較的汚職が多く, 倫理的には比較的低いと, 国際的に依然として認識されていることを示している. いくつかの要因がこれを説明している. 第1に, 韓国企業は, 新たに出現しているグローバル時代における経営倫理の価値を正しく評価していない. ほとんどの韓国企業が, 経営倫理は企業の成功や長期的な存続のための不可欠な条件であるというよりもむしろ, 企業の社会的責任はなくてもすむものとみなしている. キム (2004, p. 104) は, 韓国企業の71パーセントが経営倫理を2004年に社会的責任とみなした一方, わずか14パーセントが倫理的な経営が企業活動の成功と生き残りにとって必要と考えていることを示した. 韓国企業は, 企業イメージとブランドをつけることを合法化するために, 顧客との信頼性を確立するために, 従業員の士気を維持するために, 経

営倫理がどれくらい重大であるかを正しく評価することができなかった．それらは，倫理的な企業行動によって自由市場が最小限の規制で活動することを可能にし，市場の関係者間の信頼関係が市場における倫理的行動の期待によって持続されるということを認識できなかった．多くの韓国企業が強い市場経済と企業自体の成功のために倫理的行動の重大な機能を理解しなかったことから，経営倫理は韓国の企業文化にはしっかり定着しなかった．

　第2に，多くの韓国企業は，国際ビジネス取引のために国際組織によって確立された国際的ルールと倫理的ガイドラインを理解していない．キム（2004, p. 105）が説明したように，多くの韓国企業は，国際的なビジネス取引のために国際組織，たとえば腐敗防止条約（Convention against Corruption），WTOの国際倫理綱領，OECDの国際商取引における外国公務員に対する贈賄の防止に関する条約（OECD Convention on Combating Bribery of Foreign Public Officials in International Business Transactions），NGOによる倫理ガイドラインなどによって確立された倫理ガイドラインを理解していない．

　第3に，韓国企業と特にチェボルの不適切なコーポレート・ガバナンスは，特に1997年の金融危機に先立って，経営活動における透明性の不足と非倫理的で非合法な企業行動のために重大な犯罪とみなされた．金融危機以前に，相互所有からもたらされたピラミッド型の所有構造と，チェボルの創設者とその家族にかなりの自由を与えたコーポレート・ガバナンスのスタイルによって，たとえそれらが総株式数のほんのわずかしかもっていなかったとしても，これらの人々はチェボルを監督し，管理することができた（Hwang 2002）．子会社の利益を統制し，順番にその他の子会社の利益を統制することによって，支配株主はすべての子会社の経営に参加した．そして，取締役会には経営を監視する重大な役割があったけれども，取締役会はチェボルの支配一族のメンバーでほとんど構成されていたので，取締役会は，経営を監視し，懲戒する重大な義務を効率的に遂行しなかった．

　また，経営に関する外部の監視と懲戒も効果がなかった．銀行でさえ政府の監督の下で，信用割当てを含んでいたので，債権者としての商業銀行にはチェボルに対してほとんど監視力がなかった．チェボルの敵対的買収は，国民経済

の安定性の名において禁止された．それゆえ，支配株主は，外部の株主からの異議申し立てがなかったので，ほとんど完全な裁量を享受し，経営活動に関する透明性と開示の必要条件を無視できたのであろう．これらの事情は，すべての株主のためにというよりもむしろ自分たちのために価値を最大化しようとした支配株主と管理者によって，政府機関の問題を生み出した[7]．

　株主に関するチェボルの取り組みは，不公正であり，OECDのコーポレート・ガバナンスの原則に一致していなかった．少数株主は，支配株主が彼ら自体の利益を追求することを防ぐ法律的保護または権利がほとんどなかった．発行済み株式の5パーセント未満しかもっていない株主は，重役を解任し，禁止命令を整理保管し，株主総会を要請し，会計帳簿を点検し，企業の事件や企業の資産に関する記録を閲覧することはできなかった．1997年までには，株主の98パーセント以上は，株式の1パーセント未満しか保有していない小口投資家であった（Joh 2001）．

　チェボルの所有者がそれらの経営活動における透明性がなくても経営することを可能にしたこれらの状況は，市場にチェボルの業績と経営に関する正確で信頼できる情報が不足していたことを意味している．チェボルが負債による資金調達を大いに当てにしていたので，株式投資家を引きつける財務的な透明性あるいは信頼できる情報には強制力はまったくなかった．チェボルは，グループ全体のための連結財務報告書を提供する必要がなかった．そして，韓国の会計基準は，国際標準よりも低かった．ここで議論される全体的な特徴は，チェボルの倫理行動を確実にする制度化された規制なしで，経営倫理のために，または，国内市場の最大のプレーヤーとして彼らに要求される信頼のために，チェボルを所有し，管理して継続経営ができたことを明らかに示す．

　確かに，これらの状況が国民経済を持続することができないと1997年の金融危機が証明したとき，コーポレート・ガバナンスと経営の透明性を改善することによって経営倫理を制度化する方策は政府の改革計画における重要な関心事であった．よいコーポレート・ガバナンスの中心にある透明性を改善するために，1998年に政府は，企業が国際標準に従う財務諸表を準備することを企業に義務づけた一般公認会計原則（Generally Accepted Accounting Principles）を修

正した．チェボルは，現在，連結財務諸表を準備し，公開し，グループ内の取引を開示し，子会社，グループ内保証，信用取引間の相互株式保有を詳細に示すことを義務づけられている（SERI 2005）．2004年から，CEOは，それらの財務諸表を認証し，署名し，そして，署名された文書の真実性を確実にすることを義務づけられている（SERI 2005）．

　株主に対する支配所有者の説明責任を改善するために，累積的な投票制度が取締役の選抜に導入され，取締役会の最高50パーセントまで社外取締役を任命することが強制的に行われた．監査役の独立性は，社外取締役，主要な債権者，株主を含まなければならない外部監査委員会を設立することによって強化された．小口の株主が一定の行動を開始するか参加することを可能にする株式保有の敷居を下げることで，少数株主の投票権を強化し，機関投資家は「シャドー・ボーティング」[訳注]を廃止することによって自由に投票する権利を与えられた[8]．これらは不正経理と虚偽の情報開示について目に余る訴訟事件に対して法律的には制限されていたけれども，株主による集団訴訟は，2004年にはじめて可能となった（SERI 2005）．

　それゆえ，コーポレート・ガバナンス制度は，1997年の金融危機の結果として改革計画で行われた法律とその他の立法措置を通して大幅に改善された．しかしながら，その改善は完全なものとはほど遠く，チェボルのコーポレート・ガバナンスはまだOECDのコーポレート・ガバナンス原則のすべてにははるかに達していなかった（Kang 2004）．少数株主がマネジャーのモラル・ハザードをチェックし，防止することはまだ難しい．大企業における個々の投資家にとって，支配株主あるいは経営に対して何かをするために株式の最低水準の所有者を動員することは，ほとんど不可能である．少数株主による集団訴訟を可能にするポスト金融危機法は，ほとんど意味がなくなったために素速く削除された（Lee 2003, p. 56）．機関投資家が投票権を行使することが許可されたけれども，直接的な行動にはまだ不十分であった（Kang 2004）．また，純資本の

（訳注）　機関投資家が株主として投票には参加することができるが投票結果には影響を及ぼすことができないようにする方式．

25パーセントまで相互株式保有を制限する法律は，多くの抜け穴と例外をつけたことで，ほとんど無力となった（Lee 2003 p. 56）．実際に，チェボルの内部で保有された株式の割合は，金融危機の後で増加し，少数株主を犠牲にして支配株主の勢力を強化し，その結果，チェボルの経営で影響力を維持することができた（Jang 2002）．

　企業の取締役の選抜方法に関する新しい法律が，選ばれる人々の範囲を広げることができた一方，2000年でさえ，選抜された社外取締役の85パーセントは支配者一族，マネジャー，関連した仕事仲間によって推薦された（Jang 2002, p. 113）．社外取締役の義務と責任は，明確に定められておらず，実際には企業の取締役会にほとんどあるいはまったく重きをおいていなかった（Lee 2003, p. 56 ; Joh 2001, p. 127）．したがって，取締役会も外部の投資家も経営を監視し，規律に従わせるという重要な任務を遂行しなかったこともまた事実である．これらの状況が広まって，国内と外国の両者の投資家は，韓国企業が透明性や説明責任があるガバナンスで経営していないと認識している（Jang 2002, p. 116）．要するに，韓国のコーポレート・ガバナンスは，依然として国際標準にははるかに達していない．この不適切さが，経営倫理の低い発展の一因となっている．

　第4に，韓国における倫理と汚職の1つの重要な理由は，企業風土が寛大に扱うということであり，また法制度やその施行を不備のあるまま，それを持続させているということである．国の法制度は，倫理的な企業行動を実施するためにつくられたのではなく，主として工業力の徹底した集中と包括的な政府の支援によって，特にチェボルを通して経済をすばやく再建するための戦後の産業政策を持続させるためにつくられた．上述したように，企業の経営を透明にして，韓国企業，特にチェボルのガバナンスをオーバーホールするために，金融危機の後で改革計画の一部として法整備が行われた[9)]．しかしながら，2005年にサムスンとドゥサンの無罪判決によって裏づけられたが，類似した罪でヒュンダイ自動車の会長が2006年に起訴されたように，企業法は執行手段に効力が弱く十分ではなく，完全にあるいは一貫して法を守らせられなかった．また，韓国の人々は，経済に対する企業法の悪影響についての懸念からそのような不正行為に対して法律の不備を大目に見てきた．

第5に，企業内外の多くの困難は，韓国で倫理的経営を実施する際に指摘されてきた．韓国企業における倫理的経営に対する内外の障害を明らかにするために，全国経済人連合会によって2005年に研究が行われた（FKI 2005）．FKIは，特に企業のCEOがもっている見解を明らかにするために，500社のアンケート調査を実施した．企業の内部の困難性について表7.3で見てきたように，17パーセントが倫理的経営における情報とノウハウの不足を，14パーセントが人的資源とその他の資源の不足を，14パーセントが短期業績との葛藤を，13パーセントが従業員の無関心さなどを主張した．この表のデータは，企業に経営倫理への十分な認識と理解が不足しており，倫理的経営のスタイルを実施することに重大な注意を払わなかったことなどを示している．この状況は，韓国のビジネス部門を代表する全国倫理協会が，すべての企業に適用でき，すべてのメンバーによるコンプライアンスを義務づける経営倫理のガイドラインを生み出す必要性を強調している．もう一つの有益な解決策としては，すべての韓国の企業の取締役会が企業による倫理規定の制定とこの規定への遵守を監督する倫理委員会を設立するということが必要であろう．

表7.3　倫理的経営管理に対する内部の障害

内部の困難のタイプ	％
1. 必要とされる情報とノウハウの不足	17
2. 必要とされる人的資源とその他の資源の不足	14
3. 短期業績との葛藤	14
4. 従業員の無関心	13
5. 従業員間の紛争	9
6. 企業の価値に対する報酬制度	7
7. 従業員間の不確実性	5
8. 企業のイメージに損害を与えること	5
9. 最高経営者による重大な意図の不足	4
10. その他	12

出所：FKI (2005).

　倫理的経営を実施する際に企業にとっての外部の困難性について，表7.4で示したように，回答者の25パーセントが公共部門における汚職，22パーセン

表7.4 倫理的経営の外部の困難性

外部の困難性のタイプ	%
1. 公共部門における汚職	25
2. 悪徳政治家	22
3. 公共部門における透明性不足	22
4. 公共部門の官僚	19
5. 違法な政治資金	13

出所:FKI (2005).

トが悪徳政治家,22パーセントが公共部門における透明性の不足,19パーセントが公共部門の官僚主義,13パーセントが違法な政治資金などと指摘した(FKI 2005).これらの外部の難しさのすべては,政治家と公務員が金づくで動くことやそれを育てる企業と政府の癒着構造につながっている.

これらの調査結果は,韓国の企業文化における倫理的問題の制度的な特質を強調している.それらは,民間部門における倫理的経営を制度化するために,政府が同時にそれ自体の汚職禁止政策を実施しなければならなかったので,倫理的経営の実施が両方の部門において包括的であり,相互に補強していることを示している.公共部門と民間部門に対して一貫していない実施は,両部門の関係者が制度を回避するかあるいは悪用し,それを不正で効果的でなくする抜け穴と柔軟性が常にあることを確実にするであろう.

7.6 経営倫理を向上させるために韓国は何をしたか

特に金融危機が韓国のビジネス・モデルにおける欠点と,国民経済に対するこれらの欠点の恐ろしい結果を明らかにしたことから,韓国政府は,根強い汚職に取り組むために,多くの政策措置,具体的には法律の形を取った.改革法案における最初のステップは,一部の政府規制が汚職を生み出すという認識に対応して1998年に規制改革委員会(Regulatory Reform Committee)を設立し,そして,この委員会は中央政府の14,000の規制のなかで8,000(57パーセント)を廃止した.また,その年に,国際ビジネスにおける外国の公務員の贈賄防止

法（Act to Combat Bribery of Foreign Public Officials in International Businesss）は，OECD協定の遵守を韓国へ持ち込むために制定された（Park 2005）．それに続いて法律は，汚職に取り組むことを目的にした．すなわち，汚職禁止法とマネー・ロンダリング防止法が2001年に制定され，そして，公務員行動規準（Code of Conduct for Public Officials）は2003年に制定された（Chung 2004）．政府は，情報技術を大いに利用しようとした一方，特に公共部門とコーポレート・ガバナンスにおける透明性を増加させるためにその政策を実施に移した．

倫理的な企業行動を制度化するための特別な意味で，韓国汚職防止独立委員会（Korean Independent Commission Against Corruption：KICAC）は，全国レベルで汚職防止政策に方向性を設定し，政府全体の実施と公共と市民の協力の基礎をつくるために，2001年汚職防止法に基づいて2002年に設立された．KICACは，特に，政策策定とアセスメント，制度の改善，汚職報告の処理，教育と振興という4つの主要な汚職防止領域を追求した（Park 2005）．KICACは，内部告発事件を取り扱うことに責任があり，告発者を仕事場での報復と差別から保護し，汚職防止努力に報酬を与えた．

金融危機以来，これらの政府の努力にもかかわらず，国内外ともに，汚職が依然として韓国の政治経済の状況を特徴づけているという認識が有力である．2002年のKICACによる一般大衆の全国調査は，53パーセントは公務員（政治家を含む）に汚職があると思っており，59.5パーセントは汚職が過去に比べて減少していないと考えているということを明らかにした（KICAC 2003）．この調査は，政治家，司法制度，メディア，行政，民間企業を対象とした汚職の行動に対するもっとも強い一般大衆の関心を明らかにした．調査によって，汚職が公共部門，特に建設，法務，税制，防衛，警察，教育，健康管理，環境，調達で広範囲にわたっていると認識されたことが明らかになった．これらの調査結果は，このことに深刻に対応する政治的意志がある民間部門や政府と同様に公共部門に対するさらなる汚職防止対策の必要性を示している．本書を執筆している2006年の時点で，不正資金をつくったことでヒュンダイ自動車の会長を起訴する動きで明らかであるように，KICACは汚職の取り締まりと，政府と法律制度の支持に熱心であるように思われる．

7.7 おわりに

　韓国の経営倫理に関する本章は，国の政治経済における相対的に未発達な状態に光を投げ掛けた．グローバルな状況における経営倫理の発展には，依然として韓国の企業文化の道にかなりの距離があることが示された．1997年の金融危機は，戦後の韓国のビジネス・モデルの重要な倫理的問題，つまり，根深く培われた汚職を無視する企業の資質を持続させることに風穴を開けた．金融危機まで，特にガバナンスと透明性の問題において，安易に経営倫理を無視した企業文化は，企業の成功をかなり生み出した．しかし，一定の倫理的な問題を覆い隠してビジネス・モデルを築き上げたので，そのような企業の「成功」は時間がたつにつれて明らかに持続することはできなかった．金融危機が企業部門と国民経済をかなり犠牲にして証明したように，この企業文化で安易にはねつけられた倫理的問題は，市場活動に不可欠であるまさしく懸念の一部であった．

　経営環境は，近年，国内的にも国際的にも経営倫理の遵守をますます必要とするようにドラスティックに変化した．企業文化で働いている倫理的命令は，経営倫理を維持することが企業の利益に役立つ重要な企業戦略であるという認識に基づいている．諸研究は，特に利益を得るその能力について企業に対する一般大衆の評判とイメージの影響を考慮したときに，経営倫理を支持することが企業の成功にとってどれくらい重要であるかについて示した．この見解では，経営倫理を維持することは，回避可能コストというよりもむしろ企業の継続的な成功への回避不可能な投資である．

　現在の国際的な状況では，グローバリゼーションと自由市場は経済生活に対して深い影響を与えており，その結果，企業行動を具体化する上で倫理的な問題に重要な位置を占めざるを得なかった．また，これらの諸力は，現在法律的責任と同様に社会的責任を含んだ経営倫理の性質を変えさせた．経営倫理は，現在，株主の関心をはるかに超えて考慮し，従業員，顧客，供給元，有益か有害であるかにせよ，企業経営の結果を共有する一般市民というようなその他の

投資家をも考慮することを企業に要求している．また，倫理的ガイドラインは，国連，OECD，WTOというような国内組織や政府間組織，さらに企業行動に関して国際的な規則や規制の厳守を育成する国際透明性機構というような非政府組織によって，かなりしっかり制度化されている．

それにもかかわらず，企業イメージ，企業の成功，長期にわたる存続のための投資として経営倫理を理解することは，韓国の企業文化において深く定着していない．本章で論じられた経験的証拠は，韓国のCEOのなかで倫理の理解がどれくらい十分に知らされていないかを示している．また，経験的証拠は，企業行動が，特に大規模な韓国企業によって認識された汚職の国際比較（腐敗認識指数）に関して著しく低く格付けされ，韓国の経営倫理が金融危機以降に広範囲にわたる改革の試みにもかかわらず，国際標準にまでは達していないという韓国の一般市民と国際的な実業界の認識を持続させている．

事実，本章で我々は，企業部門と中央政府の両者が金融危機の後で行動を起こしたことを検討した．多くの企業は，倫理規定を採用し，倫理的行動を促進するように倫理担当重役を任命する方向へ動いた．しかし，2005年までに，韓国企業のおよそ半分には，企業の倫理規程が依然としてなかったし，倫理担当重役の多くは適切に機能していなかった．中央政府は，その金融危機以後の企業の改革計画の一部として非倫理的な行動を防止するために，より広範囲に動いた．政府の古い規制の半分以上を廃止し，多くの新しい法律や規制を導入するのと同様に，政府は汚職防止政策の方向づけを行い，全国的な実施の基盤をおくために，韓国汚職防止独立委員会を設立した．

韓国で経営倫理を制度化するこれらの動きにもかかわらず，規制システムは，依然として十分に役割を果たしていない．非倫理的な企業行動を防止するには，チェボルによって強固に保持されている企業パワーの集中を取り除くことが必要であった．透明性と説明責任の障害となったコーポレート・ガバナンスの金融危機以前のシステムは，チェボルによる企業パワーに対して強固な支配力を維持した．政治的，法律的，社会的な制度が不適切で，懲罰的な措置を実施することができなかったことから，それらは比較的罰を受けることなく企業のパワーを維持した．金融危機以降，歴代の政府は，企業からの実質的な支

持の受け入れとしてこの制度における企業エリートによる抵抗と，それら自体の共謀による反対に直面して，非倫理的行為を罰する政治的意志が欠如していた．政府は，広範囲にわたる企業改革に着手し，政治制度，公共部門，企業部門における倫理的行動を実施するように大いに動いた．政府は役に立たない法律の通過を認め，裁判所がその法律を施行しないことを受け入れた．また，韓国社会は，企業を罰することが経済を害すると信じて，これらの結果を受け入れた．2005年までに，韓国の消費者は，非倫理的な行為に対して企業を罰するために効果的に市場行動を用いなかったし，また，企業による非合法で倫理的な最低限のことに真剣に気を配る力のある政府をもたらすような選挙行動を用いなかった．

　明らかに，大部分のOECD諸国によって維持されているレベルへ達するように韓国の経営倫理が目指すには長い道のりが必要だった．ンワブゾール（Nwabuzor 2005）とサンヤル（Sanyal 2005）による研究が示しているように，汚職は経済発展を遅らせた．それゆえ，韓国社会は，汚職をやめ，経営倫理を強化する断固たる国家的責務が，先進諸国のレベルに国民経済を発展させる際にきわめて重要であると理解しなければならない．グローバリゼーションは，韓国経済に影響を与え，韓国の企業に国際的な倫理基準をさらに遵守するように促し続けるであろう．この傾向は世界中で進行しており，より高いレベルで企業が経営倫理を遵守することによって，韓国の実業界が得る利益は増すだろう．このために，コーポレート・ガバナンスと透明性は，OECDの原則に従うために重大な矯正活動を必要とする．政府もまた透明性と説明責任を向上させるために活動のすべての範囲を徹底的に見直さなければならない．そして，汚職防止制度は国際基準に一致するように徹底的に見直さなければならない．先進諸国のレベルまで倫理的経営を実施するように，実業界は尽力しなければならない．

　韓国の政治経済は転換期にある．韓国の民主主義と経済がさらに成熟するにつれて，よりオープンで透明な政治制度は発達する．そして，それは，政治的汚職の影響を受けにくい．先進諸国のレベルへ進む過程で，韓国の経済はいっそうグローバル化され，国際的ビジネス標準を遵守することが避けられないと

認識するであろう．経営倫理のレベルが高くなることを要求する傾向は，世界中で起こっている．この傾向を認めて，韓国の実業界がさらに高いレベルの経営倫理を遵守することから利益が生み出されることを認識するであろう．韓国の政治と経済のこの転換期のなかで，韓国の経営倫理は，徐々にではあるけれども，経済力に釣り合ったレベルへ向上し，先進諸国のレベルへ追いつこうとしているようである．

(訳・金 英 信)

注

1) 同様の結果は，2001年から2003年の期間に，ユン (Yoon 2005, p. 14) によって見出された．すなわち，株価と営業利益の両者とも，倫理的経営のない企業よりも倫理的経営のある企業のほうが高かった．
2) 1948年の国連世界人権宣言 (United Nations Universal Declaration of Human Rights in 1948) は，人権についての基本的倫理ガイドラインである．それによって多国籍企業は生命，自由，安全，プライバシーに対するすべての人々の権利を尊重しなければならない (Frederick 1991)．
3) 1997年の金融危機の前後のチェボルのコーポレート・ガバナンスの発展の詳細な検討には，クォン (2005) を参照されたい．
4) ライデンバックならびにロビン (1991) は，以下のように経営倫理の発展における5段階を作成した．
    a. いかなる犠牲を払っても勝つ文化と倫理規定がない不道徳な組織．
    b. 道徳ではなく，法律と規制に従うことに関心がある法律尊重主義の企業．
    c. 生産性や法律遵守の意味を超えた価値観を維持することに対応する組織．
    d. 利益と倫理のバランスがとれた適切な考えをもち，中核的な組織的価値観のための倫理規定をもち，倫理担当重役をおいている倫理的組織の出現．
    e. 倫理的結果や経済的結果のバランスが取れ，組織的行動のすべての側面における倫理的プロフィールをもっている倫理的組織．
5) 韓国における非常に多くの外国企業の調査に基づいたクォン (2006) の研究によれば，外国のビジネス・パーソンは，身内びいき，汚職，官僚の過度な自由裁量権，過度な政府規制を韓国でビジネスを行う際の難しい領域とみなしている．
6) パク (2005) は，汚職レベルと透明性の不足に関する韓国の認識が国際透明性機構のものと似ているその他の国際的機構のものを引用している．
7) 機関問題の1つの徴候として，1995年に，チェボルが社会的な評判のために行った寄付総額は，株主への配当総額よりはるかに大きかった．
8) 表に出てこない投票は，それ自体で票を投ずることが許されなかった機関投資家

がもっていた票が株主総会で投票結果に比例して配布されたことを意味する．それゆえ，事実上，機関投資家は株主総会で重要ではなかった．
9) 1997年の金融危機の前後におけるチェボルのコーポレート・ガバナンスの発展についてさらに詳細な検討には，クォン（2005）の研究を参照されたい．

参 考 文 献

Carroll, A. B. (1991), 'The Pyramid of Corporate Social Responsibility', *Business Horizon*, 34 (4), pp. 39-48.

Chung, Soung-Jin (2004), 'Anti-Corruption Strategy of Korea', mimeo, presented at the 2nd Anti-Corruption Agency Forum, Malaysia.

Federation of Korean Industries (FKI) (2004), *Ethical Management : Understanding and Implementation* (in Korean), Seoul : FKI.

Frederick, William C. (1991), 'The Moral Authority of Transnational Corporate Codes', *Journal of Business Ethics*, 10, pp. 165-77.

Hwang, Inhak (2002), 'Chaebol Structure, Diversification and Performance', in Z, Rhee and E. Chang (eds), *Korean Business and Management : The Reality and the Vision*, Elizabeth, NL : Hollym, pp. 171-203.

Jang, Hasung (2002), eAfter the economic crisis : an analysis of the effects of corporate restructuring f, in Z. Rhee and E. Chang (eds), *Korean Business and Management : The Reality and the Vision*, Elizabeth, NJ : Hollym, pp. 79-131.

Joh, Sung Wook (2001), 'The Korean Corporate Sector : Crisis and Reform', Financial Crisis to Prosperity, Cheltenham, UK and Northampton, MA, USA : Edward Elgar publishing, pp. 116-32.

Kang, Moon-Soo (2004), 'Corporate governance in Korea', http://coe21-policy.sfc.keio.ac.jp/ja/event/file/sa-5_kang.pdf,asscessed 27 May 2006.

Kim, Sung-Soo (2004), *Ethics Management*, Seoul : Samyoung-sa.

Korea Chamber of Commerce and Industry (KCCI) (2004a), 'Perception and Issues of Transparent and Ethical Management' (in Korea), *KCCI Report*, 619.

Korea Chamber of Commerce and Industry (KCCI) (2004b), 'Status, Causes and Prospects of the "Korean Discount" of Stock Prices' (in Korean), *KCCI Report*, 768.

Korea Chamber of Commerce and Industry (KCCI) (2005), 'Ethical Management of Korean Global Companies : the Current Status and Impacts on Business Performance' (in Korean), *KCCI Report,* 842.

Korea Independent Commission Against Corruption (KICAC) (2003), 'Perception of Corruptionsurvey', http://www.kicac.go.kr/eng_content/news_02.jsp?bbsid=eng2&sequ=1602&pnum=12.

Kwon, O. Y. (2005), 'The Korean Corporate Sector (Chaebol) : Development and Reform', mimeo.

Kwon, O. Y. (2006), 'Recent Changes in Korea's Business Environment : Views of Foreign Business People in Korea', *Asia Pacific Business Review*, 12 (1), pp. 77-94.

Lee, Jaymin (2003), 'Economic Crisis and Structural Reform in Korea', in C.H. Sohn (ed.), Structural Reforms and Economic Development : Experience of the Northeast Asia, Seoul : Korea Institute for International Economic Policy, pp. 35-64.

Nwabuzor, A. (2005), 'Corruption and Development : New Initiatives in Economic Openness and Strengthened Rule of Law', *Journal of Business Ethics*, 59 (1-2), pp. 121-38.

OECD (1999), OECD Principles of Corporate Governance, Paris : OECD.

Park, Y. S. (2005), 'International Efforts to Combat Corruption and Korea's Anti-Corruption Drive', *Korea Observer*, 36 (2), 323-49.

Reidenback, R. E. and D. P. Robin (1991), 'A Conceptual Model of Corporate Moral Development', *Journal of Business Ethics*, 10, pp. 273-84.

Samsung Economic Research Institute (SERI) (2005), 'Korea Economic Trends', Seoul : SERI, 26 February.

Sanyal, R. (2005), 'Determinants of Bribery in International Business : the Cultural and Economic Factors', *Journal of Business Ethics*, 59 (1-2), pp. 139-4.

Transparency International (TI) (2002), 'Transparency International Bribe Payers Index 2002', www.transparency.org,accessed 7 March 2006.

Transparency International (TI) (2005a), 'TI History', www.transparency.org, accessed 7 March 2006.

Transparency International (TI) (2005b), 'TI Corruption Perceptions Index 2005', www.transparency.org,zccessed 7 March 2006.

Yoon, Dae Hyeok (2005), Business Ethics (in Korean), Seoul : Trade Management Company.

第8章 転換期における韓国の経営システム

8.1 はじめに

　新古典派経済学者は，企業が，利潤最大化のためにもっとも効率的な方法でインプットをアウトプットに転換する技術的な「ブラック・ボックス」であると捉えている．この前提として，効率的な形態のビジネス組織を促進し，非効率なものを破壊するところの，効率的市場の存在がある．このような市場均衡の仮定の下では，(経営を含む)企業内部の働きと，企業の社会的枠組みは，どちらも重要でないとされる．この議論は国境を越えて拡張され得るものであり，市場経済における経営システムは，競争的グローバル化の圧力の下で収斂しなければならない，というのである．

　企業と経営を新古典派経済学的に捉える立場は，特に社会学のグラノヴェッター (Granovetter 1985)，ウィトレイ (Whitley 1987)，ベーカー (Baker 1987)，さらにはウイリアムソン (Williamson 1975, 1985)，ノース (North 1990) などの新制度派経済学者など，多くの論者によって批判されてきた．批判的立場をとるこれらの論者は，市場は不完全であり，企業は経済主体として重要であり，企業と市場は社会的制度的に成立するものだと唱える．すると，主要な制度は国によって大きく異なり，合理的効率的な企業の内部オペレーションも同様ということになる．新古典派経済学者は，経済的効率性は制度的に構築され，さまざまな制度枠組みの間で異なる，という議論も示しているが，これは経営システムの本質的性格を十分に議論し尽くしたものとはいえない．

　経営は，組織として掲げた目標を達成するために，組織構成員の作業を計

画・組織・指揮・統制するプロセスである（Stoner and Freeman 1989, p. 3 ; Bartol et al. 2005, p. 5）．人間は，そもそも社会文化的な被造物であり，我々の行動様式は社会的諸制度の影響を受ける．この流れで，経営者は経営プロセスの全般にわたって社会的諸制度の影響を強く受けるのである．本研究においては，制度とは，ある社会における「ゲームのルール」であると捉える（Yeager 1999, p. 9）．すなわち，個人間のやり取りに関する不確実性を減らすために，社会が設定するルールなのである．つまり，現行の諸制度があるからこそ，社会的な状況に応じてどのように行動すべきかを知ることができる，というわけである．制度的枠組みは3つの要素から構成される．

1．習慣・伝統・規範などのインフォーマルなルール
2．法律制度，政策，司法および行政などのフォーマルなルール
3．ガバナンス・メカニズムの執行や強制，これにより執行体制をゲームに合わせる（Williamson 2000）

　これらの制度は国により異なり，経営システムもまた同様である．このことは，必ずしも諸国間で経営システムが完全に不一致であることを意味するものではない．どの企業も市場の競争下で生き残りを図り効率化を目指すため，異文化にわたる複数の経営システム相互間において若干の共通性や違いが発生するのは当然である．

　1963年から1993年における韓国の急速な成長は，多くの要因によるものとされてきた．たとえば，効率的な政府の経済政策，企業家の才能，そして韓国人の勤勉さなどである．これらに加えて，ソン（Song 1997）ならびにチャン（Chang 1998）は，韓国のユニークな経営システムが，急速な経済成長に貢献したと付け加えている．韓国の企業部門は，多数の中小企業と，限られた数のチェボルによって構成されている．前者の集団，すなわち中小企業が企業数の圧倒的多数派を占める一方で，いくつかのチェボルが，集中的な経済的権力により韓国の経済成長において圧倒的な役割を果たしてきた．したがって本章では，韓国の経営システムとして，チェボルが用いてきた経営システムに焦点を

当てることにする．中小企業の経営システムは，チェボルのそれとは若干異なる．これは，政府が長年にわたり2種類の企業集団に対してかなり異なった政策を適用してきたことによる．しかし，チェボルの経営システムは，韓国の経営方式一般に適用可能な基盤とみなされる．共通の文化背景に加え，チェボルの経営システムをその他企業が見習ってきたことが，その理由である（Rowley and Bae 2003, p. 189）．

本章は以下のように進める．まず，韓国の経営システムの主な特徴，特に1997年の金融危機までを第8.2節において概観する．続いて，第8.3節では，基盤となる制度に照らし合わせて，経営システムの顕著な特徴を分析する．チェボル経営に関係する最近の変更点については，第8.4節で検討する．これらの制度的変更を基盤として，韓国の経営システムの将来見通しを評価する．最後に，韓国の経営システムの最近の変更に関して，韓国で働く外国人ビジネス・パーソンがどのように認識しているかを調べるサンプル調査で明らかになったことを，最終節で再検討する．本章の分析の大半は2次資料に依拠するものであるが，2002年のフィールドワークおよび実地調査が分析に多大な貢献をしている．

8.2 韓国の経営システムの顕著な特徴

経営は，組織目標または戦略目標に基づくものである．経営の計画段階では，組織目標の選定という重要なプロセスが必要となり，その目標を達成するための工程を識別し選択しなければならない（Bartol et al. 2005, p. 5）．株主収益最大化を第1の経営目標とみなす西洋の企業とは異なり，チェボルの戦略目標は一般的に成長と多角化である．チェボル自身が主張する経営目標であるところの，収益性・安定性・成長性とは，対比的である（Lee 1989）．実際のところ，リー（Lee 1989）の研究によれば，株主収益最大化は，チェボルが目標として掲げることがもっとも少ないものの一つであるとされる．チェボルのトップ30の総資産は，1990年から1997年に年平均20.1パーセント増加した（Jang 2002）[1)]．平均純持分対収益比率（net profit ratio to equity capital）は，1990年代初

頭には 2 ～ 3 パーセント程度であったが，同時期にはマイナス 0.2 パーセントの減少となった（Jang 2002）．これは，チェボルの戦略目標が収益最大化ではなく，むしろ成長であったことを示すものである．

チェボルのもう一つの重要な戦略目標は，多角化であった．チェボルが積極的な多角化戦略を採用していたことにも疑いの余地がなく，結果として，関連性の薄い業務分野に数多くの子会社や関連会社を展開することになった．チェボルは，関連会社の数を次第に増やし，1997 年に金融危機が発生した時点では，チェボルのトップ 30 は，平均 27.3 社の関連会社を，平均で 19.1 の異なった業種に展開していた（Jang 2002）．異なる業種にまたがる大幅な多角化は，チェボルが外注先や企業間取引に頼らなかったことを示すものである．結果として，中小企業部門の育成は阻害された[2]．

意思決定プロセスも，計画プロセスの重要な一要素である．韓国の経営システムの特徴は，「トップ・ダウン」型意思決定であり，これは一般的に経営上位層が，部下にほとんど相談することなく最重要な意思決定を行うことを指す．この意思決定プロセスにおいては，まず社内の誰かが，典型的には上司の業務命令に基づいて企画書を作成する．その後，この企画書は，経営の各階層において回覧され検討される．企画書に対する各層の意見が勘案され，コンセンサスが得られるまで，当初の企画書には改訂が加えられる（Chen 2004, p. 179）．しかし，この企画書には，経営者による承認がさらに必要である（Chang and Chang 1994, p. 131）．このプロセスは，コンセンサスを得るためにグループ参加者を介在させるように見えるものだが，実際のところは，既成の意思決定の上に，さらにコンセンサスを構築して，それを合理的にしてみせるための形式的なプロセスと大差ないものである．仮に実務上の意思決定が下位管理者によってなされていたとしても，そのような意思決定は上司の要求を反映したものにすぎない．このように，意思決定プロセスが，一見したところコンセンサス志向で参加型であるようでも，実は高度に中央集権的なのである（Chang and Chang 1994, p. 134）．チェボルにおける組織の各部署相互間での水平的コミュニケーションは，比較的難しいものである．なぜなら韓国では，個人的忠誠心は，組織に対してではなく，一個人としての上司に対して発揮されるものだ

からである.

　西洋的なコングロマリットと比較して，主要な地位が家族や親族によって占有されている韓国のチェボル (Chen 2004, p. 146) は高度に中央集権的であり，計画と意思決定プロセスの階層的な性格をさらに強めている．チェボルの経営計画策定と意思決定に際して，もっとも重要な要素は一般に「会長秘書室」と呼ばれる企画グループである[3]．この部署は「シンクタンク」ともみなされるが，トップ管理職やトップ社員を含むエリート社員で構成され，経営者の意思決定に対して，最重要な助言および実施を行う部隊として機能するのである．彼らが戦略計画を策定し，将来の事業展開の青写真を提示する．これ以外の重要な任務の例として，グループ企業の業績を監視（モニタリング）し，各社に資金と管理職の配分を行うのである．会長秘書室は，チェボルの国内および海外の環境を分析し，対応のための戦略を提案する．

　韓国企業は，一般的に「縦長」の組織をもち，多くの階層が存在する．たとえば，一部の大手企業では，公式の組織図には10もしくはそれ以上の階層がある．このような組織形態において，経営の管理権は，垂直的にトップ経営者に集中するのである．垂直的で階層的な管理形態に加えて，財務や人事といった分野は，それぞれの個別部署に与えられた強大な権限により定型化される．組織構造は中央集権的であり，各部署の機能は定型化されているにもかかわらず，韓国の事業法人における社員個人の業務管掌分野は，定型的に構成されていない．すなわち，個別の社員には職務記述書や職務仕様書が与えられておらず，日常の業務や責任分担は，多くの場合，当該社員の上司によって決定されているのである．職務記述書がないのは，社員をスペシャリストではなくゼネラリストとして育成する意図であるともいえる．このような制度は，チェボルにとって，管理職やエンジニアをグループ企業間で移動させ，専門知識等の移転をしながら，自社グループに対する忠誠心を涵養することを，容易ならしめるものである．豊富なスキルをもった社員を移動させることにより，チェボル・グループ全体としての能力を高め，同時に一体感のあるグループ文化を啓発しつつ，中央集権による管理をより強固にするものである．

　韓国企業における権威や権力は，単に経営上位層に集中しているというわけ

ではなく，いくつかの鍵となる経営者ポストにも集中しているのである．これらのポストは，3種類のグループにより占められている．これらのグループは，フォーマルあるいはインフォーマルな権力グループに基盤をおいており，韓国の経営における個人的つながりの決定的重要性を示すものである (Chen 2004, p. 181)．第1に，オーナーの家族が経営における最強グループを形成している．韓国のほとんどの事業法人では，所有と経営の分離が存在しないからである．第2のパワー・グループは，公募で競争的な新卒採用により入社して以来，自社に長期間在勤しているプロフェッショナルな経営者や管理職によって形成される (Lee 1989)．第3のパワー・グループは，出身校およびオーナーの同郷という結びつきを基盤として形成される．オーナーが同郷あるいは同窓の友人を入社させるのは，よくあることである．キム (2004) は，このような階層的構造は，上司に権限と特権を与える一方，しばしば腐敗を生み，部下の権利侵害にもつながると指摘している．

　経営の上流工程は，指示・動機づけ・スタートさせる（始動を促す）機能とも言われるが，組織構成員に動機づけを行い，設定された目標に到達できるように働かせることが必要である．イ (H. C. Lee 1989) は，韓国人従業員を集団としてみた場合，動機づけに外生的要因（雇用の安定と予測可能性・労働条件・賃金と金銭および現物給付）を重要視する傾向があると指摘している．これは，西洋の企業では内生的要素，たとえば達成度・創造性・認知などが動機づけの道具として用いられるのとは対照的である．韓国企業にとって，達成度や認知などの内生的ニーズは，企業全体としての調和の精神などのなかで，満たされてしまう傾向がある．韓国企業では，たとえばグループ・ボーナスやグループ精神を，グループの動機づけ方法として用いる一方，西洋の企業では，個別的な方法を用いて，個人的な昇進や金銭的報奨を重要視する．韓国人労働者にとって，雇用の安定は最重要であり，個人的動機づけの主要な源泉となっているのである．ただし，伝統的な終身雇用制度があるため，たいていの場合，短期的な動機づけの道具にはならないとされる (H. C. Lee 1989, p. 160)．このような外生的動機づけ要素の重要視は，韓国の組織文化では自他の人間関係における調和や安定が重視される点に帰すべきだとされる (H. C. Lee 1989)．従業員を家

族の一員とみなし（彼らを「家族」と呼ぶ），家族のように接することは，動機づけ目的で大変に重要視され，また実践されている．さらに，従業員と経営者との間で，調和重視のフォーマルあるいはインフォーマルな交流が強調される．

　リーダーシップは，従業員が組織のタスク関連の諸活動をこなせるよう指示を出し，影響力を行使するプロセスである．それは，組織の効率性において決定的な役割を果たすものである（Bartol et al. 2005, p. 6）．韓国企業における経営者のリーダーシップは，強硬に家父長的で権威主義的である点に特徴があり，グループの調和を志向するとされる（H. C. Lee 1989, p. 160；Kim and Kim 1989, p. 213；Cho and Yoon 2002, p. 76；Park and Yu 2002, p. 379）．チェボルは立志伝中の人物たる商売人が起業したものであり，その多くは今でも創業者や子孫たちによって経営されている．一般的に，これらの創業者は家父長的かつ権威主義的に自社経営をしてきた．したがって，チェボルでは，従業員を家族とみなし，従業員相互間の家族的なつながりを重要視するのである．そこで，創業経営者は家父長的な存在とみなされる（Cho and Yoon 2002, p. 76）．オーナー経営者は，自分の周りで必ずしも最重要ではない問題も含めて，ほとんどの意思決定を支配し，権威主義的なリーダーシップを維持している．チェボルのリーダーシップは，韓国の企業活動と経営に多大な影響を及ぼした．チェボル経営は，模範（ロール・モデル）とみなされ，他のビジネス・パーソンは彼らの行動様式をまねようとしたのである（S. M. Lee 1989, p. 185）．

　強硬に権威主義的な経営スタイルにもかかわらず，韓国の経営者たちは，グループの調和（inhwa）を強調し，チームワーク・従業員の参画・コンセンサスを重要視し，企業が家族一団という企業家族主義（corporate familism）を奨励している（S. M. Lee 1989, p. 189；El Kahl 2001, p. 169）．この目的のため，韓国の経営者は，頻繁にフォーマル・インフォーマルに従業員との交流をもとうとする傾向がある．しかし，韓国企業でのほとんどの意思決定は組織トップで行われているため，従業員がグループ意思決定に介在できる機会は多くない．

　韓国の企業経営におけるリーダーシップのもう一つの特徴は，技術的な効率性よりも，倫理的な優越性を強調することである（Whitley 1992, p. 113）．韓国の

長い歴史を通じて，社会的政治的エリートの倫理的な高潔さを強調する儒教の影響のもとで，韓国のリーダーたちは，倫理的に勝った集団であるとみなされてきた．労働者の福祉に興味を示し，儒教の教えの知識をもち，それに従うことにより，慈悲深く行動することが求められてきたのである（Shin 1992, p. 658)．さらに，韓国のリーダーたちは，実際に有用な機能を果たすことにより自らのステータスを正当化する必要がなかった．このようにして，支配層エリートによる意思決定に対する批判や，代替案の提案といったものは，「別の選択肢のメリットに関する，やや技術的な議論」ではなく，リーダーの人格的完全性に対する個人攻撃として見られてきた．結果として，時間の経過とともに，強硬に権威主義的で説教臭いリーダーシップが成立したのである．このようなリーダーシップの下では，垂直的なコミュニケーション・プロセスが発達した．すなわち，上司が指示を出し，部下は自己主張をすることなく，粛々と指示に従ってそれを実行することが求められる，というものである（Chen 2004, p. 183)．

経営の管理機能は，実際の行動が計画通りに実行されることを保証するプロセスである．それは，実際の業績を計画された結果と比較し，必要な修正を加えることによって，企業の内部オペレーションを管理することであるともいえる（Bartol et al. 2005, p. 6)．リー (2004, p. 3) は，人事管理については，韓国の経営者は部下に対して厳密な管理を示す傾向にあると主張しているが，韓国では経営の管理機能は十分に発達していなかった．企業が継続的に拡大・成長・多角化する時期には，内部オペレーションの統制は不可欠ではなかったかもしれない．のみならず，チェボルが「大きすぎて潰せない」という認識のもとでは，経営者にとって統制管理は，さほどの関心事ではなかったのである．さらに，韓国のチェボルは，強硬に中央集権的なオペレーション管理と計画に関する意思決定権限を維持しており，現場の部隊など下位集団の自主独立性は弱かったとされる（Whitley 1992, p. 65)．この結果，経営者による管理機能の発達は遅れることとなった．最後に，統制管理機能は，貧弱な業績に対処して修正アクションがとられることを必要とする．しかし，人事管理が業績に基づくものではなく，韓国の場合のように，年功序列制度と終身雇用とを基盤とするもの

であった場合，個別の従業員に対して矯正措置をほどこしたり叱責を加えたりするのは難しいため，管理機能は非効率になりがちである．

　上記のような諸問題点にもかかわらず，韓国の経営システムには，ある種の統制管理機能が含まれている．過去において，統制管理機能は，成長・多角化という企業の戦略目標と整合しつつ，拡大・成長・多角化という短期的な外部到達目標を基盤としていた (Shin 1992, pp. 331-60)．したがって，もっとも重要な業績標準は，企業としての成長，もしくは新規事業の立ち上げであり，各事業の内部オペレーションにはあまり関心がなかったのである．統制管理目的に用いられた，もう一つの重要な業績指標は，輸出水準である．輸出促進策の一環として，政府は企業の輸出額に応じて信用を供与し，輸出報償を与えたのである．この結果，企業は赤字であっても輸出を拡大しようと努力した．

　いずれにしても，韓国式経営の統制管理機能の非効率性を示す証拠は多数あがっている．チェボルによる過剰な事業拡大と多角化は，統制管理機能の非力さを示す一例である．1997年の金融危機直前の段階で，チェボル上位30グループの負債比率は，519パーセントだった．これは，明らかに統制管理の実態が非効率であったことを示すものである (Joh 2001)．韓国企業が，自社での技術開発に代えて，外国技術のライセンス供与を受けて導入するか，あるいは模倣することに頼りきっていたことも，経営における統制管理機能の不十分さを示すものであるといえる．

8.3　韓国経営の制度的影響

　上でも述べたように，韓国の経営者による経営の実態は，文化・公式的な制度・ガバナンス・システムを含む，各種の制度により強い影響を受けている．韓国のユニークな制度的枠組みは，これまでに検討した韓国の経営システムの，きわだった特徴を反映するものであるといえよう．たとえば，計画と意思決定プロセスをとってみても，チェボルの戦略的目標は，拡大・成長・多角化であった．これは政府による，1960年代からの30年間にわたって最大限の経済成長を図るという施策と整合するものだった．チェボルは，信用供与・相互

債務保証・株式の相互持ち合い・相互子会社化・グループ内取引・関連会社への資金フローなど，各種の特権を与えられた．このようにチェボルを優遇する制度的枠組みが，「チェボルは大きすぎて潰せない」という認識を生成したのである．この認識に由来する当然の結果として，チェボルは生き残りのために拡大し多角化を目指した．つまり，オーナーは拡大し続ける企業集団に対して中央集権的な権力をふるうことができたので，チェボルが拡大戦略を目標としたという事実について，コーポレート・ガバナンス・システムが効力を持たなかったことが，その重要な一因となっているわけである．

「トップ・ダウン」型式意思決定プロセスは，韓国の伝統文化を反映するものである．第3章でも検証した通り，儒教の強い影響下で形成された韓国文化には，階級的集団主義・家父長制家族主義・権威主義・地位意識などがきわだった特徴として含まれる．韓国社会もまた，その文化と同様，垂直的に構成され，階層的な特質をもつ．オーナー経営者は家父長的存在とみなされるため，意思決定の権限をもつことになる．さらに，韓国文化に従い，従業員は上司に対してのみならず，最高意思決定権者に対しても，従順で忠実であることが求められる．家父長制家族主義と権威主義という文化的特徴に影響されて，意思決定および経営においても，官僚主義が形成されたのである（Kim and Yi 1998/9）．

韓国の意思決定プロセスは，家族および個人的関係に由来する関係者によって形成されるグループに，高度に集中している．このことが，韓国の経営実態全体を通じて重要な基盤要素となっているのである．儒教のもとで発達した集団主義は，排他主義の存在を暗示している．排他主義は，家族・出身地・出身校に基づく，人々の強い共通性やグループ意識の感覚により，さらに強められる．グループ内部者同士の信頼レベルは，外部者に対する信頼レベルよりも高いのである．この伝統的排他主義が現代的企業に応用されたとき，中央集権的意思決定権力を用いるオーナーを中心とする閉鎖的グループが形成される．

韓国では，制度的枠組みが未発達であるという特徴により，組織に対してよりも，個人的上司に対して，忠誠心が発達してきた．この文化的側面は，組織の各部署相互間での水平的コミュニケーションを最小化させ，意思決定権力が

経営者の少人数グループに集中する状況をもたらしたのである．李王朝時代を通じて，行政あるいはビジネス・オペレーションに関して，制度的枠組みが発達することはなかった（Whitley 1992, p. 187）．第2章でも説明したように，政治的権力は，国王とごく少人数の貴族に集中し，地域のパワー・グループあるいは民間部門における経済的権力の集中に対する寛容性はほとんどなかったのである．貴族階級は官職を求めて競争し，個人や派閥間での役職争いは激烈をきわめた．その結果として公的な地位に対する不安感や不安定な状態が醸成され，家族が安定の主要な源泉となり，日和見的に寝返る忠誠心の変更が督励されることになった．正式な制度的枠組みや政治的・官僚的な安定感が不在の状態では，ビジネスの取引コストは高くならざるを得なかったのである．この結果，ビジネス・パーソンは支配的な派閥や家族と同盟し，彼らとの個人的つながりによって保身を図ったのである（Whitley 1992, p. 187）．このような社会経済的および政治的状況を通じて，個人的忠誠心は，組織に対してではなく，個別の上司に対して形成されるようになった．朝鮮戦争以降になっても，未発達な制度的枠組みと，継続的な社会的・政治的不安定性が，韓国人の属人的な忠誠心を方向づけてきたのである．

　韓国企業の高度に中央集権化され定型的な構造もまた，韓国文化の反映であるといえよう．数多くの階層をもち経営権が最高経営者に集中する縦長の組織構造は，階層分化が進み階級的な韓国社会の反映である．職務記述書や専門特化がないという事実は，西洋世界の分析的アプローチと比較して見ると，東洋あるいは韓国文化における問題解決に対するホリスティックなアプローチを反映するものかもしれない．さらに，異なった部署や関連会社との間で社員の人事交流が高度化されているということも，チェボルの事業拡大を助けてきたが，これは公的制度およびガバナンス制度に由来するものである．

　韓国人の動機づけに用いられる道具は雇用の安定や予測可能性といった外生的要因に基づくものであり，文化的根本にさかのぼることが可能である．ホフステッド（Hofstede 1991）が指摘しているように，韓国人はリスク回避的である．したがって，終身雇用のような雇用の安定は，高く評価される．韓国の儒教主義は，伝統的に社会の階層分化を促進し，結果として韓国人は社会ある

いは組織内での自らのステータスを敏感に認識するようになった．したがって，職の予測可能性と，企業内での相対的なステータスの保持は，高く評価され，年功序列制度は重要な動機づけの道具となっているのである．

　韓国の経営者の家父長的で権威主義的な特徴は，伝統的韓国人家族の鍵となる特徴を直接的に反映したものである．伝統的韓国人家族におけるリーダーシップは，2つの次元の特徴をもつ．すなわち，専制君主的な権威と，調和への強い願望である (Kim and Kim 1989, p. 211)．家長としての父親は，強固な権威で家族を支配するが，その反面，家族は家長に対して従順で敬意をもつことが必要とされる．父親の役割には，家族間の調和を維持することと，彼らに対して最高の保護監督と気遣いが与えられるようにすることが含まれている．同様に，企業のトップも権威主義的な権力を行使しつつも，同時にグループの調和を強調するのである．

　成長・多角化という戦略目標に沿って，韓国企業の経営管理機能は，社内のオペレーション統制管理よりも，むしろ短期的な事業拡大・成長・多角化などの外部的な業績に対して，大部分の注意を払うのである．上記にも示したように，韓国における制度的環境が，企業に対してそのような戦略目標を立てることを促してきた．韓国企業にとって，計画意思決定とオペレーション統制管理が中央集権化していることや，下位の管理職には最低限の自治権しか与えられていないことが要因となって，社内の管理は難しい課題である．さらに，双方とも文化的に埋没している年功序列制度や終身雇用を実践するような韓国の人事管理の考え方も，統制管理を困難にしているのである．

　要約すると，伝統的価値制度，官民関係などの公的ルール，コーポレート・ガバナンス・システムを含む諸制度が，韓国の経営システムに影響を与えたことに疑念を差し挟む余地はない．しかし経営慣行は静態的なものではなく，制度の変更に応じて変わるものである．そこで，制度的変更とそれが韓国式経営に与える影響については，次節で検討することにする．

8.4　最近の制度的変更

　伝統的な韓国社会と文化は，時間の経過とともに漸進的に変化してきたが，1960年代以降の韓国経済の工業化は，伝統的韓国社会を工業社会に変貌させ，これにより，急速な都市化と農村の過疎化が進んだ．韓国の現代的都市社会において，経済的機会は伝統的な社会的ステータスと必ずしもマッチするものではなく，社会の階層分化が毀損したため，より平等な意識が発揚されるようになったのである．韓国人家庭の規模と構成が変わるとともに，伝統的な家族重視の価値観もまた変わってきている．大人数だった伝統的家族は，「核家族」となった．さらに，家族の倫理的価値観，たとえば親や先祖に対する敬意も大幅に劣勢となり，伝統的な家父長制家族主義は消滅した．韓国の家父長制家族主義を支えてきた法制度さえも改正され，女性のステータスが向上した．工業化により，価値観として重視されるものも，倫理性や博愛主義から，物質主義や生活の質へと変わってきている．生活の質という概念は，今日の若年層に支持されているが，これは以下のような価値を重要視する．すなわち，言論の自由・職場における能動的な参画・共同体と政治・人間的な社会への発展などである．

　第3章でも検証したように，1997年の金融危機をきっかけとして，韓国文化の画期的な変容が発生した．金融危機は，国民にグローバリゼーションが不可避であることを認めさせ，自分たちの価値システムを再検討すべき機会を与えたのである．家族と階級的集団社会を特に重要視する儒教的伝統は，その後，見直しを迫られることになった．労働者のリーダーや企業に対する忠誠心は，大幅に減退した．韓国人は外国企業や外国文化を評価するようになり，支配的だった強い愛国心は，著しく減退した．同時に，韓国社会は，徐々に集団社会から西洋社会に近似した個人社会へと変容を遂げてきている．韓国社会は，経済の国際化と並行して，国際的なコミュニティに対して開放的になったのである．

　1997年の金融危機を受けて，政府は企業経営の実態，特にチェボルに関す

る諸制度の劇的な改革を断行した．これらの改革は，コーポレート・ガバナンスや金融構造，およびその他のビジネス関連諸制度の改善を目指したものである．コーポレート・ガバナンスの分野では，支配株主の権力は制約され，他の株主の権利は拡大された．良好なガバナンスの中心となる経営の透明性と説明責任についても，改善がみられた．各チェボルには，連結財務諸表の作成を義務づけた．さらに，各チェボルの取締役会構成員の最大25パーセントについても，社外取締役とすることを義務づけた．各チェボルは，グループ企業間における既存の相互保証を段階的に撤廃することが義務づけられた．また，負債比率についても，200パーセントまで削減するよう求められた．継続企業の原則に合致しない企業の市場からの退出を促進するために，敵対的買取を含むM&Aが許可されるようになった．さらに，破産・企業整理の法制度が改正された．

　企業関連制度改革の結果として，チェボルに付与されていた各種制度的特権のほとんどは剥奪された．さらに，一部のチェボルを破産させることで，「大きすぎて潰せない」の認識が大幅に減退することになった．金融危機の痛みを伴う経験は，政府主導型経済から市場型経済へと，韓国の経済政策パラダイムの転換を余儀なくさせた．政府は国内産業保護政策を放棄し，韓国経済を相当程度まで自由化した．韓国市場は，この時点で，通商・FDI・M&Aを通じて国際的競争にさらされるようになったのである．銀行部門もまた，相当程度まで改革され，より厳しい外国からの競争にも暴露するようになったため，チェボルに対する監視（モニタリング）の役割を強めた．韓国国内金融機関に対して株主として資本参加する外国人投資家は，融資先企業の監視を強化することができる．結果として，透明性や説明責任が確保されていない融資先企業が，現在低い収益性と高い負債比率をもつ場合，今後は銀行からの資金調達が困難になるというわけである．チェボルを優遇する特権が廃止されたため，金融機関は，企業が健全なビジネス・オペレーションの証拠を提示できる場合にのみ，融資を実行すればよいことになったのである．このことは，チェボルがコア・コンピタンス分野に経営資源を集中し，周辺分野のビジネスから撤退することを，余儀なくさせるものである．ここで興味深い問題が生じる．すなわ

ち，韓国社会や文化，あるいはビジネス・オペレーションおよびコーポレート・ガバナンスに関するルールや規制を含む，これらの諸制度がどのように変化したのかである．この点については，次節で論じることにする．

8.5 転換期における韓国経営

　1997年の金融危機以降の韓国における（文化的変化を含む）制度的変更が，企業経営の実態を大きく変えたことは想像に難くない（El Kahl 2001, p. 166）．国内市場は国際的競争に開放され，チェボルはその特権が剥奪され，政府との癒着の可能性も排除され，韓国企業は，守られた国内市場内で独占的な企業運営を享受することが，もはや不可能となったのである．韓国企業は資本と技術に裏打ちされた外国企業との競争にさらされざるを得なくなったわけである．韓国企業は，これまで以上に監視の対象となり，外国人投資家や，融資を受ける外資系金融機関からの介入の対象となるだろう．大企業は潰れないという神話は，すでに過去のものとなっている．したがって，韓国企業は，生き残りをかけて，外国の競合企業と同程度に効率的な運営を迫られることは必至だろう．これを実行するためには，韓国企業が，伝統的な韓国の経営システムを保持することはもはや不可能であろう．ただし，韓国文化に深く根ざした部分については，簡単に排除される可能性は高くないともいえる．

　台頭しつつある新しいビジネス環境のもとで，韓国企業は戦略経営のあり方を変え，西洋の経営テクニックの多くの側面を，自らの経営システムに導入するだろう（Rowley and Bae 2003）．拡大・成長・多角化という戦略目標は，新しい韓国のビジネス環境に不整合であるため，韓国企業はそういったものをあきらめざるを得ないだろう．この新しいビジネス環境およびグローバルな市場で競争するため，韓国企業は競争力を高める必要がある．

　この目標に向けて，韓国企業の戦略的方向性は，自社のコア・コンピタンス分野の事業と国際協業に，またその戦略目標は，収益最大化または株主価値最大化に，焦点を当てなければならないのである．

　また，トップ・ダウン型意思決定プロセスも，見直す必要があるかもしれな

い．韓国企業は，生き残りをかけて，オーナーおよびその家族による経営から，効率的なプロフェッショナルによる経営へと，遷移しなければならないのである．すでに，会長秘書室の存在は，金融危機後の法改正で容認されなくなったため，事業計画と意思決定プロセスに中央集権的な統制管理を応用することは，より困難となろう．さらに，韓国社会において，階層的関係の重視が劣勢となり，従業員の企業やリーダーに対する忠誠心も衰えてきているため，トップ・ダウン型意思決定の実行可能性は損なわれていくものと思われる．この点に関して，リー（Lee 2004）は，韓国の経営においても，意思決定に関して，よりリスク選好度が高く，個別的なアプローチが受け入れられるようになってきていると指摘している．

西洋の企業の水平的な組織構造と比較して，縦長で階層的な韓国企業の組織構造は，グローバル化が進む世界市場で効果的に競争するためには，あまりに非効率だというのである（Lee 2004）．さらに，従業員を，スペシャリストではなくゼネラリストとして育成する伝統的アプローチは，チェボルが常に拡大を続けており国内外の市場で最低限の競争しかなかったような過去の時期には優位性があったかもしれないが，グローバリゼーションの競争圧力のもとでは，不利益ではないかとの指摘もある．新しい制度的枠組みのもとでは，韓国企業には，高度に訓練された経験豊富なスペシャリストが，国際競争力を維持するために必要なのである．これにより，企業は自社のコア・コンピタンス分野のみに集中することが可能となる．さらに，出世志向で能力の高い従業員は，ゼネラリストではなくスペシャリストであることによりジョブ・モビリティ（転職可能性）を高めたいと欲するかもしれない．

個人的関係を重視する韓国の企業経営が，効率性に焦点を当て独立事業者間取引を重要視する西洋の経営スタイルと比較して，競争力を保つことができるかどうかは不明である．在韓の外国企業，および外国人投資家の資本参加を仰ぐ韓国企業（外資系韓国企業）が，韓国経済においてますます重要な役割を担うようになると，ビジネス・オペレーションでは，さらなる透明性と説明責任が求められるだろう．個人的な人間関係の重要性は減少し，既存のビジネスネットワークは変わらざるを得ないものと思われる．外国人が綿密にチェックをす

るような状況の下では，過去には大変な影響力を行使してきた個人的な人間関係も，ビジネス・オペレーションにさほど影響を与えなくなるかもしれない[4]．

　終身雇用と年功序列制度で従業員を動機づけるため，雇用の安定と予測可能性を重視するという韓国の重要性の置き方は，西洋企業が用いる達成度・創造性・認知という動機づけ要因と比較すると，不利である．最近導入されたレイオフ・パートタイム採用・フレックス就労時間の諸制度は，従業員に終身雇用を保証するという高コストで非効率な慣行を打破するものとなろう．年功序列制度も，その階層的構造とともに，長期的には崩壊することになるだろう．終身雇用制度と年功序列制度とを代替するに当たり，動機づけに向けて個人志向型アプローチが導入されるべきであろう．このようなアプローチにおいては，個別の従業員は，その年功やランクではなく，各人の創造性・イノベーション・業績に応じて褒賞を受けることになるのである．

　韓国企業における経営リーダーシップの家父長的で権威主義的なスタイルが，台頭する新しい韓国文化および韓国社会と整合し続けるのは難しいかもしれない．年少あるいは下位のランクで能力のある従業員は，「自主的に参画できる環境」がもっとも効率的なワーク・インセンティブであるとみなすからである (H. C. Lee 1989)．伝統的な権威主義的リーダーシップは，このような近代的で創造的な従業員の貢献を妨げる可能性がある．国内企業における雇用の安定が損なわれる一方，若手労働者が，外国企業への転職・入社を含め，よりよい職を求める，前向き志向の増加という傾向が台頭しつつある．このため，韓国企業が，伝統的なリーダーシップ・アプローチを通じて，効率的な従業員の離職を防止することは困難になるだろう．逆に，韓国企業は，彼らの離職を防ぐために，従業員の参画を拡大し，経営者とのパートナーシップという感覚を醸成することが，求められるのである．

　最後に，韓国における経営の統制管理機能には，改善が求められる．過去の統制管理標準だった拡大・成長・多角化は，その有効性を失っている．韓国企業は，現場の部署に，より大きな自治権を付与し，当該部署のオペレーションについて責任と説明責任をもたせる必要が出てくるだろう．韓国企業は，終身

雇用制度と年功序列制度の凋落に合わせて，適正な業績の評価基準を構築せざるを得なくなるだろう．これにより，実際の業績の比較や，業績志向の統制管理の慣行導入が，可能となるのである．

上記の予想で描写したような，イノベーティブな経営システムを導入しようとしても，韓国企業は，それを困難にしてしまうような文化的慣性（cultural inertia）に直面するだろう．1997年危機以降，経営に関連する公的な制度が大幅に刷新されたにもかかわらず，企業文化の変革は，困難で手間のかかるプロセスとなる可能性が高い．従業員の間には，伝統的価値が深く根ざしているからである．韓国企業も，下位管理職の参画を含んだ意思決定プロセスの実施には苦労しているように見える．韓国社会では，権威主義と，硬直的な階層性が，しぶとく生きながらえているためである．さらに，多くの韓国企業は，縦長で階層的な組織構造をもち続けている．クォンならびにチョ（Kwun and Cho 2002）は，組織変革の実施に関連して想定されるような，文化的慣性を含む各種慣性に起因する問題点を掲げている．

企業経営とオペレーションにおける個人的な人間関係の重要性は，韓国社会の集団志向的特徴に深く根ざしたものであるため，それを減少させることは困難だろう．終身雇用制度は，はっきりとわかる程度まで撤廃されているが，年功序列制度は，未だに概ね一般的な慣行として，特に大企業において残存している．したがって，韓国企業の経営現場においては，客観的な業績の測定は定着していないかのように見えるのである．業績が適正に測定されたとしても，特定の個人に対して矯正策を実行するのは，「面子」を重んじる韓国文化とは相反するものである．したがって，業績の測定は，韓国企業には容易には導入されないだろう．

韓国の企業が，その経営システムをどの程度まで変容させたかという点を評価するのは，きわめて難しい作業である．韓国で実行された経営改革を評価する一つの方法として，2002年5月から7月に，韓国内の外国企業に雇用されていた外国人従業員のサンプル調査が実施された．この調査結果は，韓国における経営改革の進捗度とその成否に光を当てるものだった．これについては，次節で論じることにする．

8.6 変革期にある韓国経営システムの外国人による認識

　韓国オブザーバーの主張によれば，韓国の経営システムは，1997年の金融危機以来，西洋の慣行をより反映して，大幅に変わってきたとされる．外国人ビジネス・パーソンが，韓国の経営システムの変化をどのように認識しているかを評価するため，調査では経営システムの諸側面に関係する12の質問を設定した．すなわち，企業の目的・意思決定プロセス・組織・リーダーシップ・人事管理・全体的な経営の効率性・全体的な変化である（Kwon 2006）．

　回答者は，韓国の経営システムの変更に対して，全体として否定的な見解をもっていた．このことは，設問に含まれた韓国式経営における12項目の潜在的変化について，1から5までのスケールで，全体を通じての平均スコアが2.686だったことが示している（表8.1）．調査対象となった外国人ビジネス・パーソンは，韓国企業が「より収益志向的な経営」に向けて戦略目標を変えているという点について，肯定的に評価していた．12項目の潜在的変化のなかでもっとも高い，3.349という平均スコアだったのである．この結果は，韓国企業が，伝統的なビジネス目標だった成長極大化または市場占有率最大化から，西洋の企業では一般的な，収益最大化にシフトしてきていることを示唆している．また外国人回答者は，終身雇用制度が消滅しつつあり，従業員のレイオフは増加しているという点についても同意していた（Kwon 2006）．

　外国人ビジネス・パーソンは，戦略目標，終身雇用制度，雇用の安定における変化以外については，韓国の経営システムが大きく変化してはいないと，一般的に見ていた．これは，経営の諸側面に関する調査項目の平均スコアが，中立値の3よりも低かったことに反映されている．この調査項目には，階層的組織構造・権威主義的意思決定・家父長的リーダーシップ・人事管理が含まれている．とりわけ外国人回答者は，韓国の経営の全体的効率性に大きな変化が見られつつあるという点についても，また韓国の経営システムが彼ら自身（母国）の経営システムと似てきているという点についても，否定した（同上）．これらの調査結果は，韓国における外国人ビジネス・パーソンの視点から見て，韓

表8.1 韓国の経営システムの変化に対する回答者の見解

変化のタイプ	N	平均スコア	標準偏差
より収益志向の経営になりつつある	63	3.349	1.003
階層的組織構造の階層が減りつつある	66	2.591	1.007
トップ・ダウン型で権威主義的な意思決定制度は薄れつつある	65	2.262	1.065
家父長的リーダーシップは薄れつつある	64	2.594	1.050
終身雇用の慣行は消滅しつつある	64	3.156	1.130
従業員のレイオフは増えつつある	63	3.032	0.999
メリット・ベースの昇進と報酬	65	2.615	0.963
外国人従業員の雇用に積極的である	64	2.719	1.046
個人的つながり（コネ）や出身大学ではなく，メリット・ベースで採用	65	2.462	1.047
年功序列制度は消滅しつつある	66	2.394	1.080
経営の効率性は全体的に改善されつつある	64	2.734	0.840
韓国の経営は，あなた自身（母国）の経営のようになりつつある	61	2.328	0.944
平均	64	2.686	1.015

出所：Kwon (2006).

国の経営システムは，より収益志向型になった点と終身雇用制度の撤廃を除けば，概ね変わっていない，ということを示している[5]．

8.7 おわりに

韓国の経営システムは，韓国の文化・公的制度・ガバナンス・システムなど，諸制度の影響の下で発達してきた．儒教の強い影響の下で，韓国社会は，集団主義・家族志向性・家父長制家族主義・権威主義・階層的構造などの特徴を示してきた．1960年代初頭より，公的な制度的枠組みが，韓国のチェボルに対して，さまざまな特権を付与してきた．たとえば，信用供与・相互債務保

証・株式の相互持ち合い・相互子会社化・グループ内取引・関連会社への資金フローなどである．コーポレート・ガバナンス・システムは，筆頭株主を優遇する歪んだものとなっており，制度的特権とも相まって，チェボルの無誤謬性という認識を生成していたのである．

　このような制度的背景の下で，韓国の経営はユニークな形で発展した．韓国の経営は，第一義的に成長・事業拡大・多角化という戦略目標に焦点を当てていた．意思決定プロセスは「トップ・ダウン」プロセスであり，意思決定権力は経営の最高レベルに集中していた．縦長の組織構造と多くの階層レベルがあり，権威と権力は数人の鍵となる経営者，とりわけオーナーとその一族および個人的な関係者に集中していたが，これは，経営における個人的な人間関係の重要性を示すものであった．韓国企業の経営リーダーシップは，家父長的で権威主義的であると特徴づけられてきた．韓国企業は，従業員の動機づけには雇用の安定や安定感を頼りにしており，終身雇用と年功序列に焦点を当ててきた．最後に，経営における統制管理機能は，成長・拡大・多角化という外部的な達成項目に基盤をおいており，企業の社内オペレーションの統制管理には効果的でなかった．

　企業経営に関する制度的枠組みは，1997年の金融危機以降，変容を遂げた．新しい環境において生き残るために，韓国企業は外国のライバル企業と同様の効率的な運営が求められるようになった．このため，韓国企業は経営システムの各部分の修復を迫られた．韓国企業の戦略的方向性にはコア・コンピタンス分野に焦点を当てることが必要となり，目標は収益最大化であるべきとされた．専門経営者が所有経営者を代替し，話し合いに基づく意思決定プロセスが，伝統的なトップ・ダウン意思決定プロセスを代替すべきとなった．韓国企業の組織は，西洋の企業組織と互換的であるべきで，より水平的で効率的な構造に似てくるはずであるとされた．終身雇用の慣行と年功序列制度は，創造性・イノベーション・業績を報償するシステムによって代替されるべきということになった．経営リーダーシップにおいても，家父長的で権威主義的なスタイルは排除し，従業員の参画と，経営者とのパートナーシップという意識を促進醸成すべきであるとされた．韓国企業の統制管理機能も改善が迫られた．こ

のため，韓国企業は，適正な業績の評価基準を設定し，業績志向の統制管理制度を導入すべきであるというのである．

　上記で想定されたような韓国の経営システムの変革は，立派な目標ではあるが，文化的慣性のせいで，時間のかかるプロセスにならざるを得ないだろう．韓国の経営システムを変遷させる場合の問題点は，韓国における外国人ビジネス・パーソンの調査結果に示されている．彼らの多くは，全体的な認識として，西洋型システムに近づく動きも一部では散見されるものの，韓国の経営システムは有意に変遷していない，というのである．

　新しいビジネス環境と競争的なグローバル市場で成功を収めるために，韓国企業は，計画・意思決定・組織・動機づけ・リーダーシップ・統制管理などの分野で，経営の改革努力を加速しなければならない．世界水準のベスト・プラクティスを導入して，経営システムの変遷を成功させるために，従業員の協力はきわめて重要だろう．従業員が，新しい経営ビジョン・価値・戦略を間違いなく受け入れてくれるよう，韓国企業は，従業員との適正なコミュニケーション・チャネルを維持し，十分な教育・トレーニングを施すことが求められるのである．

(訳・野末裕史)

注

1) 1970-80年代でも，主要な製造業各セクターの収益性は，およそ3パーセント程度だった (Whitley 1992, p. 46)．
2) ウィトレイ (1992, p. 43) は，韓国のチェボルによる多角化は日本の財閥による多角化よりもずっと広範であったと指摘している．
3) 後に説明される通り，会長秘書室と呼ばれるものは，1997年の金融危機以降の企業改革において存続が容認されなくなった．
4) キム (2004) は，個人的人間関係の重要視は，縁故主義に結びつくと主張している．
5) 調査結果の詳細説明および議論については，クォン (Kwon 2006) を参照されたい．

参 考 文 献

Baker, W. E. (1987), 'What is Money? A Social Structural Interpretation', in M.S. Mizruchi and M. Schwartz (eds), *Intercorporate Relations : The Structural Analysis of Business*, Cambridge : Cambridge University Press, pp. 109-44.

Bartol, K., M. Tein, G. Matthews and D. Martin (2005), *Management : A Pacific Rim Focus*, North Ryde : McGraw-Hill Australia.

Chang, C. S. (1998), 'The Confucian Capitalism : Impact of Culture and the Management System on Economic Growth in South Korea', *Journal of Third World Studies*, 15 (2), pp. 53-66.

Chang, Chan Sup and N. J. Chang (1994), *The Korean Management System*, Westport, CT : Quorum Books.

Chen, M. (2004), *Asian Management Systems*, 2nd edn, London : Thomson Learning.

Cho, Yung-Ho and J. K. Yoon (2002), 'The Origin and Function of Dynamic Collectivism : an Analysis of Korean Corporate Culture', in Chris Rowley, T. W. Sohn and J. S. Bae (eds), *Managing Korean Business : Organization, Culture, Human Resources and Change*, London : Frank Cass, pp. 70-88.

El Kahl, S. (2001), *Business in Asia Pacific : Text and Cases*, Oxford : Oxford University Press.

Granovetter, M. (1985), 'Economic Action, Social Structure and Embeddedness', *American Journal of Sociology*, 91, pp. 481-510.

Hofstede, G. (1991), *Cultures and Organizations : Software of the Mind*, London : McGraw-Hill.

Jang, Hasung (2002), 'After the Economic Crisis : an Analysis of the Effects of Corporate Restructuring', in Z. Rhee and E. Chang (eds), *Korean Business and Management : The Reality and the Vision*, Elizabeth, NJ : Hollym, pp. 79-131.

Joh, Sung Wook (2001), 'The Korean Corporate Sector : Crisis and Reform', in O. Y. Kwon and W. Shepherd (eds), *Korea's Economic Prospects : From Financial Crisis to Prosperity*, Cheltenham, UK and Northampton, MA, USA : Edward Elgar Publishing, pp. 116-32.

Kim, A. E. (2004), 'The Social Perils of the Korean Financial Crisis', *Journal of Contemporary Asia*, 34 (2), pp. 221-37.

Kim, Dong Ki and C. W. Kim (1989), 'Korean Value Systems and Managerial Practices', in K. Chung and H. Lee (eds), *Korean Managerial Dynamics*, New York : Praeger, pp. 206-16.

Kim, L. and G. Yi (1998/9), 'Reinventing Korea's National Management System', *International Studies of Management and Organisation*, 28 (4), pp. 73-83.

Kwon, O. Yul (2006), 'Recent Changes in Korea's Business Equipment : Views of Foreign Business People in Korea', *Asia Pacific Business Review*, 12 (1), pp. 77-94, http://www.informaworld.com.

Kwun, Seog K. and N. S. Cho (2002), 'Organizational Change and Inertia : Korea Telecom', in C. Rowley, T. W. Soh and J. S. Bae (eds), *Managing Korean Business : Organisation, Culture, and Human Resources and Change*, London : Frank Cass, pp. 111-36.

Lee, H. C. (1989), 'Managerial Characteristics of Korean Firms', in K. Chung and H. Lee (eds), *Korean Managerial Dynamics*, New York : Praeger, pp. 147-62.

Lee, Sang M. (1989), 'Management Styles of Korean Chaebols', in K. Chung and H. Lee (eds), *Korean Managerial Dynamics*, New York : Praeger, pp. 181-92.

Lee, Y. I. (2004), 'South Korean Companies in Transition : an Evolving Strategic Management Style', *Strategic Change*, 13 (1), pp. 29-35.

North, D. (1990), *Institutions, Institutional Change and Economic Performance*, Cambridge : Cambridge University Press.

Park, Woo-Sung and Gyu-Chang Yu (2002), 'HRM in Korea : Transformation and New Patterns', in Z. Rhee and E. Chang (eds), *Korean Business and Management : The Reality and the Vision*, Elizabeth, NJ : Hollym, pp. 367-93.

Rowley, C. and J. Bae (2003), 'Culture and Management in South Korea', in M. Warner (ed.), *Culture and Management in Asia*, London : Routledge Curzon, pp. 187-209.

Shin, Yoo-Keun (1992), *Korean Management* (in Korean), Seoul : Parkyung-Sa.

Song, B. N (1997), *The Rise of the Korean Economy*, Hong Kong : Oxford University Press.

Stoner, J. A. F. and R. E. Freeman (1989), *Management*, 4th edn, New York : Prentice Hall.

Whitley, R. D. (1987), 'Taking Firms Seriously as Economic Actors : towards a Sociology of Firm Behaviour', *Organization Studies*, 8 (2), pp. 125-47.

Whitley, R. D. (1992), *Business Systems in East Asia : Firms, Markets and Society*, London : Sage Publications.

Williamson, O. E. (1975), *Markets and Hierarchies : Analysis and Antitrust Implications*, New York : Free Press.

Williamson, O. E. (1985), *The Economic Institutions of Capitalism*, New York : Free Press.

Williamson, Oliver E. (2000), 'The New Institutional Economics : Taking Stock, Looking Ahead', *Journal of Economic Literature*, 38 (3), pp. 595-613.

Yeager, Timothy J. (1999), *Institutions, Transition Economies, and Economic Development : The Political Economy of Global Interdependence*, Boulder, CO and Oxford : Westview Press.

第9章　転換期における韓国の労働市場とHRM

9.1　はじめに

　人的資源管理（HRM）は，組織がその人的資源を効果的に利用するように行う活動を表わしている．これらの活動には，募集，配置，業績評価，報酬と昇進，訓練と養成，労使関係などが含まれる（Hill 2003）．HRMが企業の全体的戦略や経営の一部であることから，HRMの各構成要因は，企業の戦略的方向性に沿って機能するはずである．MNEの国際HRMは，各HRM機能が国際的状況で遂行されなければならないので，はるかに複雑である．国内企業のHRMと比較すると，MNEの国際HRMは，さらに2つの側面を含んでいる．すなわち，1つは駐在員の管理に関連しており，もう1つはホスト国における現地のHRMに関連している．国際人的資源管理の第2の側面は，文献ではほとんど注意を引いてこなかったように思われるが，MNEは，海外子会社の社員の大部分を現地の人的資源から配置するので，それは駐在員の管理と同様に重要である[1]．

　本章は，ホスト国として韓国を用いる海外のMNEの視点から韓国のHRMを検討する．労働市場は厳密な意味でのHRMの分野とみなされないけれども，そのような知識が韓国における既存の海外のMNEあるいは韓国への参入を考えている企業にとって特に有益であるので，韓国の労働市場の特徴と傾向を検討する．そのうえ，海外のMNEは，韓国における労使関係と労働基準の規則と慣行を理解するべきである．したがって，本章は，以下のように進められる．第9.2節では，韓国の労働市場とそれに関連した制度を取り上げ，第9.3

節では，労使関係や労働基準に関する規則と規制の検討へ続ける．第9.4節は，関連した制度の変化を含んだ韓国のHRMの顕著な特徴を検討する．HRMと同様に，労働市場のマクロ側面を含んだ韓国のビジネスや経済のほとんどすべての側面は，1997年の金融危機とともに変質した．したがって，金融危機の結果としての労使関係，労働基準，HRMにおける変化に特別な注意が払われる．関連した制度的変化の点から，韓国のHRMの見通しが評価される．韓国にいる外国のビジネス・パーソンが認識している韓国のHRMにおける最近の変化に関するサンプル調査の結果は，最後の節で検討する．本章の分析の大部分は，二次資料に基づいているが，2002年に著者によって実施されたフィールドワークと調査が分析の基礎となっている．

9.2 韓国の労働市場

9.2.1 人的資源の供給

1960年代からの30年間にわたる韓国の高度経済成長のもっとも重要な要因の1つが，勤勉で，高等教育を受けた豊富な人的資源とそれを利用した政府の能力にあったことはしばしば論じられてきた（Kim and Lee 1997）．労働需要は，労働集約型工業戦略の結果として1960年代に急速に増加した．この戦略によって，韓国は，1960年初頭の労働者過剰から1970年の中頃までに労働者（経済的活動に従事している人口）不足へ変化した（Kim 2001）．韓国は，1970年代の中頃以降，持続的な高度経済成長に必要とされた人的資源をどのように供給したのであろうか．韓国における人的資源の供給の見通しはどうであろうか．本節はこれらの疑問について論及する．

1960年代以降，人的資源の供給は，人口増加，不完全就業状態の農業労働者の移動，労働者の就業の増加，教育の向上などの結果として急速に増加した．表9.1に示されているように，人口は1963年の2,730万人から2005年の4,830万人へ増加し，その期間に毎年平均1.8パーセントずつ増加した．しかしながら，明らかに人口増加率は低下傾向にある．人口は，1960年代に毎年

表 9.1 韓国の労働市場の主要経済指標

	1963	1970	1980	1990	1997	1998	1999	2000	2001	2002	2003	2004	2005
人口（100万人）	27.3	32.2	38.1	42.9	46.0	46.3	46.6	47.0	47.3	47.6	47.8	48.1	48.3
人口増加率（%）	2.82	2.21	1.57	0.99	0.94	0.72	0.71	0.84	0.71	0.63	0.49	0.49	0.44
65歳以上の人口（%）	3.1[b]	3.1	3.8	5.1	6.4	6.6	6.9	8.2	8.6	9.1	9.5	10.0	10.5
経済的活動人口(100万人)	8.2	10.0	14.4	18.5	21.8	21.4	21.7	21.1	22.4	22.9	22.9	23.4	23.7
就業率：全体（%）	56.6	57.6	59.0	60.0	62.5	60.6	60.6	61.0	61.3	61.9	61.5	62.1	62.0
就業率：女性（%）	n.a	n.a	42.3[a]	47.0	49.8	47.1	47.6	48.6	49.2	49.7	49.0	49.9	50.1
雇用（100万人）	7.7	9.6	13.7	18.1	21.2	19.9	20.3	21.2	21.6	22.2	22.1	22.5	22.8
失業率（%）	8.2	4.4	5.2	2.4	2.6	7.0	6.3	4.1	3.8	3.1	3.6	3.7	3.7
雇用の割合（%）													
農業	63.1	50.4	34.0	17.9	11.3	12.4	11.3	10.9	10.3	9.3	8.8	8.2	7.9
製造業	8.7	14.3	22.5	27.6	21.4	19.5	19.9	20.1	19.7	19.1	19.1	19.1	18.6
サービス業	28.3	35.3	43.5	54.5	67.3	68.1	68.7	69.0	70.0	71.6	72.1	72.8	73.5
一週間あたりの労働時間	n.a	51.6	51.6	48.2	46.7	45.9	47.9	47.5	47.0	46.2	45.9	45.7	45.0
名目賃金変化率（%）	n.a	n.a	23.4	18.8	7.0	−2.5	12.1	8.0	5.6	11.6	9.4	6.5	6.4
実質賃金変化率（%）	n.a	n.a	−4.2	9.4	2.5	−9.8	11.1	5.6	1.5	8.7	5.7	2.8	3.6
労働生産性／時間	n.a	n.a	n.a	6.6	4.3	4.3	5.1	3.1	1.9	4.8	4.6	3.1	3.6
労働組合（1000）	n.a	3.5	2.6	7.7	5.7	5.6	5.6	5.7	6.2	6.5	6.3	6.1	n.a
組合員数（1000）	n.a	473	948	1,887	1,484	1,402	1,481	1,527	1,569	1,605	1,549	1,537	n.a
組合組織率（%）[c]	n.a	12.6	14.7	17.2	11.1	11.4	11.7	11.4	11.5	10.8	10.8	10.3	n.a
労働争議（1000件）	n.a	n.a	206	322	78	128	198	250	234	321	320	462	287

注：a 1981年の数値
　　b 1965年の数値
　　c 組合組織率＝組合員数／総従業員

出所：KNSO (2002b), (2003), (2004), (2006), KLI (2003), (2006b).

2.56パーセントずつ増加したが，人口増加率は1970年代には1.75パーセントへ次第に減少し，1990年代には，さらに1パーセント以下に減少した（表9.1，表9.2）．人口増加率は，さらに2005年に0.44パーセントへ減少した（表9.1）．出生率は，1960年代初頭から減少しはじめ，1980年代の後半には後継者ができる以下のレベルへ下がり，さらに，2000年には1.47パーセントにまで減少した（T. H. Kwon 2003）．出生率は，さらに2010年までに1.36パーセントへ減少すると予想されている．出生率の減少を考慮すると，人口は2020年までにおよそ5,100万人へ増加すると推定される（T. H. Kwon 2003）．

第4章で示したように，韓国の人口は，急速に高齢化し，65歳以上の人口比率は1970年に3.1パーセント，1990年に5.1パーセント，2005年に10.5パーセントに達している（表9.1）．65歳以上の人口比率が2020年に15.1パーセントに，2050年には34.4パーセントへ達すると推定される（T. H. Kwon 2003）[2]．韓国におけるこれらの人口統計的傾向は，韓国の労働者の人数と構造に深い変化をもたらした．最近の40年間とは違い，人口の労働者比率は，ゆっくり増加し，そして，労働者人口の絶対的人数は，労働者供給における将来の不足が見込まれるので，2015年以後に縮小すると推定される（T. H. Kwon 2003）．

労働者の就業率は1963年の56.6パーセントから2005年の62パーセントへ，つまり，その期間に毎年およそ0.2パーセントの成長率でゆっくり増加したけれども（表9.1），それは，OECDの平均以下の3パーセントくらいであった（Martin et al. 2004, pp. 89-90）．就業率は，1970〜80年代にも1960年代のレベルのままで，あまり変化はなかった[3]．人口増加と労働者の就業率を結びつけると，労働者は，1963年から2005年の期間に1年につき4.5パーセントの率で増加した（表9.1）．しかしながら，週当たりの平均労働時間数が1980年の51.6時間から2005年の45時間へ実質的に減少したことは注目するべきである[4]．

労働者のこのゆっくりした増加は，女性就業者の増加と定年の延長によって大部分緩和された．女性労働者の就業率は，全体の就業率よりもすばやく増大したけれども，全労働者の62パーセントと比較して，2005年に50.1パーセン

トと低いままであった．また，高齢の労働者数の増加も就業率の上昇を後押ししている．しかし，これとは反対に政府は，2002年に教員と公務員の定年年齢を引き下げた．

　経済資源としての労働者の概念は，すでに分析されたように，量的ディメンションばかりではなく，質的ディメンションももっている．経済発展に対する労働者の貢献の質的側面は，大部分が教育，文化，労働倫理に依存している．儒教の影響のために，韓国人労働者は，一般に一所懸命努力し，勤勉で，規律正しく，高等教育を受け，訓練しやすく，動機づけが高く，献身的で，会社に忠誠心が高いとみなされている[5]．歴史的に，教育は常に儒教のもとで非常に重要視され，韓国の労働者の教育レベルは，最近の30年間にわたって著しく高くなった．儒教の影響は，学者が韓国の歴史を通してもっとも高い社会的地位を維持しているので，個人の教育レベルによって明らかにされる微妙な社会的地位の発展につながっている．韓国人は，社会的地位を向上させるばかりではなく，物質的な成功に直接つながっているとして，またそれによって韓国人の生涯において教育に特別な場所をつくり上げるとして教育を認識し続けている．韓国の結びつきの強い家族主義志向の社会ゆえに，経済的成功と社会的地位の向上に対する関心と願望は，個人レベルというよりもむしろ家族単位の点から考えられている．したがって，両親は喜んで子供たちの教育に家計の大部分を振り向け，そして，兄弟でさえ，その他の兄弟のそれぞれの教育を財政的に援助する．

　韓国人の教育熱は，日本の植民地支配の期間に抑制され，その結果，1945年に韓国人の非識字率は78パーセントであった．しかしながら，朝鮮戦争後，非識字率は，劇的に下がり始め，1970年の中頃までに，著しいレベルへ下がったので，韓国統計庁によってもはや公表されなくなった．経済が発展するにつれて，大学教育が社会的地位や雇用の可能性を上げるので，教育は，第三次教育へいっそう拡大した．第三次の教育機関へ登録した学生数は，1960年の10万1,000人から2005年の300万人へ増加し，この期間に毎年7.8パーセント増加した（KNSO 2006）．第二次教育以後を求めた高等学校の卒業比率は，2003年に74パーセントであった．このことは，アメリカと日本の各々63パ

ーセントと 45 パーセントと比較される (*Chosun Ilbo* 2004)．より高い教育にかなりの社会的要請があるにもかかわらず，政府は，長期にわたって厳格な登録割当て制度を実施してきた．割当て制度のもとで，大学教育のわずかな機会を考えると，教育熱は大学入学のための激しい競争の必然的な発展へつながった．小学生や高校生は，すべてが大学の入学試験への歯車の一部となっているため，非常に一所懸命勉強する．大学入学のためのこの競争は，すでに述べたように，韓国人の労働倫理に貢献するもう 1 つの要因でもある．

　韓国の文化的影響からもたらされた教育熱は，教育に大金を支出することを伴っている．民間部門は，教育費の増加といううまい汁を吸っている．政府の教育費は，1974 年の総予算の 13.2 パーセントを占めていたけれども，2004 年には 18.7 パーセントへ増加した (KNSO 2006)．増加したにもかかわらず，教育に対する政府の支出は，教育に対する総国家予算のわずか 1/3 を占めているにすぎない．残りは，個人によって支出されている (L. Kim and S. M. Seong 1997, p. 394)．そのうえ，国家の収入と比較して，政府は，教育に十分な資金を提供していないと議論されている．GDP 対政府の教育費比率は，1970 年の 1.8 パーセントから 1990 年の 3.1 パーセントへ増加したけれども，1990 年から 2002 年の期間にはまったく変わらないままであった．

　教育の一般的レベルの向上が韓国の急速な経済成長の恩恵を大いに被っているということは疑問の余地がない．しかしながら，韓国の教育制度と教育政策は，多くの深刻な課題に直面している．特に，第三次教育の質は，一般大衆の関心を引く問題となってきている．科学や技術の発展，ビジネス，職業コースは，急速に工業化した社会の要請に十分に対処していない (L. Kim 1995)．大学の入学試験と雇用の募集が最高に重要であるために，教育制度は，最新の工業化政策の要請に合わせる必要がある科学的探究と批判的思考のスキルの発達よりもむしろ，事実に基づく情報の暗記学習を助長する傾向がある．

9.2.2　人的資源の雇用

　工業化と経済の急速な成長と同時に，雇用数は，1963 年から 2005 年の期間

に毎年平均4.7パーセントで増大した（表9.1）．労働需要は，労働供給よりもすばやく拡大し，特に，1960年代から1970年代初頭にかけての韓国の工業化の初期段階では明らかであった．その結果として，1970年代以来，1997年の金融危機に続く1998年から1999年の期間を除いて，失業率はまさに低いままであった（表9.1）．

産業別の雇用率は，韓国の工業化を反映して，最近の40年間に著しく変化した．農業部門の雇用率は，1963年の63.1パーセントから2005年の7.9パーセントへ着実に減少した一方，製造業部門の雇用率は1963年の8.7パーセントから最高は1991年の28パーセントまで増大し，その後2005年の18.6パーセントへ次第に減少した．サービス部門は，1963年の28.3パーセントから2005年の73.5パーセントへ雇用率を着々と増大させた．

韓国の労働市場は，労働者の可動性と適合性が社会階級の構造，地域，宗教などの違いというような社会的制限に相対的にとらわれないという特異性をもっていた．その結果として，労働回転率は，1970年代と1980年代とでは相対的に高く，およそ4～5パーセントであった（K. S. Kim and J. K. Kim 1995）．そして，これは労働市場が競争的であることを示している．しかしながら，回転率は，1990年代には3パーセント以下に徐々に低下し，2002年には2.41パー

表9.2 労働市場の主要指標の傾向（その期間に対する年次平均）

	1963-1969	1970-1979	1980-1989	1990-1999	1963-1996	1963-2002	1998-2002	2002-2005
GDP成長率（％）	9.8	9.7	8.3	6.2	8.7	8.2	4.6	4.7
人口増加率（％）	2.56	1.75	1.24	0.94	1.64	1.51	0.72	0.47
実質賃金増加率（％）	n.a	n.a	5.8	5.6	n.a	5.6[d]	3.5	5.7[c]
生産性増加率（％）[a]	n.a	8.9[b]	9.6	11.2	9.8[c]	9.7[d]	8.6	8.5[e]

注：a 労働生産性は次式によって算出された．
　　　労働生産性＝GDPの指標／労働者人時投入の指標．
　　b 1971-79年間の値を示している．
　　c 1971-96年間の値を示している．
　　d 1980-2002年間の値を示している．
　　e 2003年の値を示している．
出所：KNSO (2002), (2005), BOK (2003), (2005), (2007), KLI (2003), and Korea Productivity Centre (2004).

セントへ達した（KLI 2006a, p. 36）．経済全体としての実質賃金率が実質的に増加したけれども，それは労働生産性の増加ほどではなかった．表 9.2 に示されているように，1980 年から 2002 年の期間に，前者は 1 年に 5.6 パーセントずつ増加した一方，後者は 9.7 パーセントずつ増大した[6]．

9.3 労使関係と労働基準

9.3.1 転換期の労使関係

労働市場は，韓国政府がもっとも広範囲にわたって介入した分野である．1980 年代の後半までに，最大の成長政策と一致した雇用の創出は，政府の労働政策の焦点でもあった．強力な権威主義的な体制が最大の成長政策をすべて重視したので，実質賃金や労賃を上昇させた最低賃金法，労働者保護法，組合独占というような反競争的制度的協定は，1980 年代の後半までまったく存在しなかったか実施されていなかった．そのうえ，政府は，しばしば賃金ガイドラインを課した．この労働政策の一部として，政府は，組合活動を抑え，労働争議に介入し，労働者の権利を犠牲にして経営者の権利を増進させた．政府の政策や介入を利用して，経営者は，労務管理に権威主義的な方法を適用した．労働争議が起こったとき，経営者はいつも，適切な方法を学び実行するのではなく，政府に頼ってきた．それゆえ，キムならびにリー（1997）が述べているように，韓国の労働市場は競争的で効率的であるように思われるけれども，それは厳しい政府の統制下にあり，先進国で見られる労働市場の類のようには進歩しなかった．

韓国の労働市場は，1980 年代の後半以降，著しく変化した．1987 年の政治的民主化とともに，労働市場の民主化も起こり，労務管理に対する政府の権力や影響力は劇的に低下した．1980 年代後半に経験した労働者不足と同時に，このことは，1987 年から 89 年の期間に多くの労働争議へつながった．かくして，労使関係管理の過去の慣行はもはや韓国で機能しなくなったことが明らかになった．また，1990 年代初頭から，グローバリゼーションの諸力も，労使

関係や政府の労働政策に対して実践的な影響を及ぼした．グローバル競争の増大に直面して，政府と雇用者は，賃金の高騰を統制し，労働市場の柔軟性を維持しようとした．その一方で，労働組合は，労働者の権利が国際基準に並ぶように強化するように要求した．国と種々の対立をした後に，韓国の労働法は，組合活動に関する諸制限をほとんど撤廃し，1997年のはじめに修正された（Lee and Lee 2003, p. 178）．

1997年の金融危機の勃発は，韓国における労使関係に深いインパクトを与えた．三者委員会（Tripartite Commission）は，経済危機を克服する際に，3つの重要な関係者——政府，労働組合，雇用者——間での協力を促すために1998年1月に設立された．当委員会は，広範囲にわたる議題をカバーする歴史的，社会的協定を結論づけ，それに対応して，労働基準法（Labour Standards Act）が1998年2月に修正された（Lee and Lee 2003, p. 179）．修正法の重要な内容の1つは，「経営上の理由」で労働者の解雇を許可し，「非正規労働者制度」を導入することによって労働市場の柔軟性を増進することであった[7]．

9.3.2　現在の労使関係と労働基準

韓国の労働組合は，産業別組合が近年に出現したものの（Lee and Lee 2003, p. 180），圧倒的に企業別組合が多く，またその加入率は高くない[8]．両方の組合数と組合員数は1989年に最大に増大し，両組合の数が前年よりわずかに増加した2001年までに毎年少しずつ減少した（表9.1）．2004年の時点では，6,107の組合と150万人の組合員がいた．組合組織率は，1989年にもっとも高く18.6パーセントに増加し，2004年には10.3パーセントへ着実に減少した（表9.1）．労働争議数は，年によってさまざまであった．1980年に206件であり，政治的民主化が行われた1987年には3,749件で最高に達した．1990年以来，労働争議の数は，毎年およそ100件から300件の範囲にあった（表9.1；KLI 2006a）．

韓国における現在の労使関係の主要な関係者は，労働組合，雇用者，政府である．労働組合には2つの全国連盟がある．すなわち，韓国労働組合総連盟

(Federation of Korean Trade Union：FKTU）と韓国民主労働組合総同盟（Korean Confederation of Trade Union：KCTU）である．FKTU は，2000 年の終わりの時点で，組合数が 3,754 団体で組合員数が 87 万 2,000 人であり，KCTU は組合数が 1,362 団体で組合員数が 61 万 5,000 人である（Lee and Lee 2003, p. 181）．1999 年に法律的に認知を得た KCTU は，戦闘的な活動に傾いていた．FKTU は，政府と雇用者に対してより協力的なスタンスを示している．雇用者を代表する 2 つの全国レベルの組織は，韓国経営者連盟（Korea Employers Federation：KEF）と全国経済人連合会（Federation of Korea Industries：FKI）である．FKI は，主にチェボルで構成されており，経済政策の問題を扱う一方，チェボルと同様に約 4,000 社の小企業を代表する KEF は，労使関係の問題を重視している．KEF は，全国レベルの交渉と相談に対して韓国の雇用者のオフィシャルな意見を表わしている．労働部は，労働政策を管理する政府機関である．

　労働組合は企業別組合であるので，ほとんどの組合に加入した企業の団体交渉は，主に企業レベルで行われている．それにもかかわらず，企業レベルの交渉に対する組合の全国連盟の影響は，近年大きくなってきている．毎年，年のはじめに，FKTU と KCTU は，賃金とその他の契約の更改について全国規模で交渉による要求を行う．それは，企業レベルの団体交渉にとって影響力のあるガイドラインとして役立っている．全国の組合支部によるこれらの提案に対応して，KEF はメンバーの企業にそれ自体の交渉のガイドラインを提供している．

　従業員と雇用者間のコミュニケーションと協力を促進するために，従業員数 30 人以上の企業すべてに労使協議会をおくことが法律によって定められた（Lee and Lee 2003, p. 182）．協議会は，従業員と経営者の同数の代表者で構成され，四半期ごとに定期会談を行っている．韓国における労働争議のオフィシャルな調停者は，労使関係委員会（Labour Relations Commission：LRC）であり，それは労働組合，経営者，公共の利益関係者の代表から構成されている．

　労働基準法（Labour Standards Act）は，韓国における労働基準の基本的枠組みを示している．1998 年に修正されたことによって，この法律は，国際基準に近いレベルまで労働者の権利と労働基準を規定している．この法律は，性に

よる差別や労働者の搾取を含んだ差別的待遇を禁止している．この法律は，労働者の尊厳，安全性，職業上の健康を保証するのに必要とされる労働条件の最低レベルを示している．また，それは，最低賃金以下しか稼げない労働者は2001年に労働者のわずか2.1パーセントしかいなかったけれども，労働者の基本的欲求の保証として最低賃金を規定している（Lee and Lee 2003, p. 187）．2003年に，この法律は，労使間での深刻な対立の後，土曜日を休日とするように修正された．それによって，労働時間数は，週当たり44時間から40時間へ減少した．これにもかかわらず，韓国の労働基準は，失業した労働者を組合員に入れておくことの禁止，1つの企業に複数の労働組合をおくことの禁止，組合の専従職員の給料を雇用者が支払うことの禁止，ストライキが禁止されている実質的な公共サービスの非常に広い定義などという多くの分野では国際基準には達していない（Martin et al. 2004, pp. 79-80）．

韓国の労使関係には多くの困難な問題が残っている．第1に，たとえ経営的理由での労働者の解雇が法律で認められたとしても，雇用者が60日前に組合へ解雇計画の通知を行うことを含んだ多くの必要条件を満たさなければならないので，労働者を解雇することはきわめて困難なことである（Lee and Lee 2003, p. 185）．それゆえ，実際に，雇用者は，ビジネスを再建するときに雇用調整のために解雇することよりもむしろ，主に「名誉ある定年」，早期退職，人員削減に頼っている（Park et al. 2001）．雇用者は，名誉ある定年が退職手当てのせいで費用のかかる雇用調整方法であり，労働市場は依然として柔軟性に欠けていると主張している[9]．

韓国社会で一般にいきわたっている強い集団主義，貧弱な社会的セーフティ・ネット，中間管理者がひとたび解雇されるや新しい仕事を見つけることの難しさゆえに，解雇が雇用調整の有力な方法にはなっていないように思われる．もう1つの物議を醸している問題は，非正規労働者の急速な増加であり，2002年のOECD加盟国のなかでもっとも高くなっている[10]．非正規労働者の割合は，1997年の45.9パーセントから2000年の52.4パーセントへ増加したが，労働者の権利は十分には保護されていない．このグループのなかで，日雇い労働者のカテゴリーは，ほとんど保護されていないが，2000年の総雇用の

18.3 パーセントを構成している (Rowley and Bae 2004, p. 71). 非正規労働者のこの増加を反映して, 韓国における平均的な在職期間は国際比較によると低い. 2000 年の時点で, 従業員数 5 人以上の企業における平均在職期間は, 6 年以下だった. これは, EU の 10 年の平均在職期間や日本の 12 年と対照的である (Martin et al. 2004, pp. 95-6)[11]. 最後に, たとえ組合加入率が相当低いとしても, 労働争議は, 注目度が高く, 大規模で, 対決的であり, それによって経済的・社会的秩序を混乱させ, 外国人の見るところでは国のイメージを傷つけることになる.

9.4　H　R　M

9.4.1　伝統的 HRM

経営として, HRM は, 伝統や文化, 公的な規則や規制, 施行メカニズムを含んだ社会制度によって影響される. 韓国の HRM 制度は, 長い歴史をかけて進化し, そのユニークな制度的背景を反映している. 制度は, 静態的ではなく, 時間の経過とともに進化している. 同様に, 韓国の社会的制度も, また, 長年にわたって転換してきた. 特に, 第 3 章で検討したように, 韓国社会は, 1997 年の金融危機とともに社会制度の種々の側面におけるドラスティックな変化を立証し, 経済改革や経営改革を確実なものとした. その結果として, 韓国経済は, 世界経済のグローバリゼーションに巻き込まれ, 企業は, グローバル経済の厳しい競争に生き残るために HRM の最善の方法を採用しようとしている. そのうえ, 外国の投資家は, 出資者, 戦略提携のもとでの企業パートナー, あるいは, 直接投資による国内の競争者というようなかたちで韓国のビジネス部門に入り込んできた. GDP 対 FDI の株式比率は, 1995 年の 2.1 パーセントから 1999 年の 7.9 パーセントへ増加した. そればかりではなく, 外国人が資本の 10 パーセント以上を所有している韓国の企業数は, 1997 年の 4,419 社から 2001 年の 11,515 社へ増加した (Kwon 2003, p. 40). 外国資本の存在が増大し, 企業やその考えによって, 韓国企業は, より競争力のある HRM を採用

せざるを得ないであろう．

　韓国のHRM制度は将来どこへ行くのであろうか．韓国の社会制度の種々の側面は，西洋の制度へ転換しつつある（第3章を参照されたい）．さらに，西洋の経営やHRMの制度は，特に1997年の金融危機以降，韓国の制度よりもより好意的にみなされている．したがって，韓国の企業が西洋の制度に向けてHRMを変更することが予想される．しかしながら，1997年以降の制度的改革にもかかわらず，制度の慣性や経路依存性(訳注)を考慮して韓国のHRMの転換の程度には深刻な疑問が投げかけられている．競争力と効率を求めたとしても，韓国企業は，重要な文化的規範をすばやく，簡単には捨てられないであろう．むしろ，それらは，グループの和，従業員の忠誠心や参加というような伝統的なHRMの強さを維持しようとする一方，その他の西洋の慣行を採用しようとしている．多くの従業員は，伝統的なHRMによって保護された雇用の確保と確実性を好むであろう．グイレン（Guillen 2001）は，社会科学におけるほとんどの経験的研究がグローバリゼーションの結果として行動の政治的，社会的，組織的パターンへの収束を見出していないし，そして，その範囲に共通したグローバル文化がまったく出現していないので，「経路依存」のむしろ収束方法にあるけれども，国の文化と価値観が時間の経過とともに変化していることを指摘した．韓国企業は，どのように2つの拮抗力を重視し，HRMの最適なモデルをつくり出すのであろうか．

　本節の目的は，韓国の伝統的HRMを検討し，近年に起きているHRMへの新しい取り組みを評価することである．このことは，HRMの慣行が明確に示され，また，チェボルが韓国における経営とHRM制度の転換の先導者であるので，チェボルのHRMを分析することによって行われる．その他の韓国企業がそれ自体の存続のために必要とされる効率と競争力を求めてチェボルによって採用された新しい制度をすばやく真似することが予想される．

　すでに述べられたように，HRMは，経営戦略に基づいている．第8章で検

（訳注）　外部から力が与えられない限り，現状を持続するという傾向と制度や仕組みが過去の経緯や歴史的な偶然によって制約され，拘束されることをいう．

討されたように，過去に，韓国の経営システムは，成長志向戦略，儒教の影響のもとで家父長制家族主義や権威主義スタイルの経営に適合していた．そのような経営システムのもとで，韓国のHRMの指導理念は，年功序列と終身雇用制度によって，雇用の確保と確実性を図ることによって従業員の忠誠心，参加，グループの和の維持に定着していた（要約としては，表9.3を参照されたい）．これらの原理のもとで，韓国のHRMは，伝統的にチームワークを重要視し，家族単位として協力を促進した（S. M. Lee 1989, p. 189）．企業についての認識が

表9.3　韓国のHRM：伝統的と新アプローチ

機能	伝統的HRMアプローチ	新HRMアプローチ
企業戦略	成長志向戦略 温情型管理	利益志向戦略(効率と国際競争力) 参加型管理
HRM理念	長期的忠実性 調和（家族主義） 独裁的 年功序列 雇用の確保（終身雇用） 人に基づいた	コンピタンスとベネフィット 協同的 民主的 年長者の影響力の減少 終身雇用の影響の減少 職務に基づいた
募集	ジェネラリスト 内部的	スペシャリスト 内部的と外部的
選抜	家族員，大学や地域に基づいた選考 新卒（1年に2回）	長所に基づいた選考 経験豊かな人：適性と個人的な能力が必要とされる
昇進	年功 内部昇進	成果 内部と外部の昇進
報酬	年功に基づいた給付 集団に基づいた給付 無数の付帯給付 利益配当はない ホボン(hobong)による月給制	成果に基づいた給付 差別的奨励策 限られた付帯給付 利益配当（限定的） 個人の能力による年俸制
労使関係	終身雇用 パートタイムはない レイオフはない	終身雇用の保証はない パートタイムの労働者（契約に基づいた） 必要に応じたレイオフ
訓練と啓発	集中的	集中的ではない

一種の家族単位であること，そして，できる限りそのメンバーによく気遣うことに責任がある儒教に従って，伝統的な韓国の HRM の慣行は，集団志向あるいは家族志向であるが，独裁志向ではなかった．

これらの基本原理における変化を心に留めつつ，伝統的な HRM 機能の各々（募集，訓練と養成，昇進と報酬）をまずはじめに検討し，続けてこれらの機能の変化を検討する．

募　　集

ほとんどの韓国企業の募集は，伝統的に能力あるいはスキルではなく，家族的，教育的，地域的結びつきというような個人的な人間関係に基づいている (Chang and Chang 1994, p. 65 ; S. M. Lee 1989, p. 188)．韓国社会はアジア諸国でもっとも家族中心の社会であり，家族の基本的責任がそのメンバーにあると考えている．したがって，家族的オーナー・マネジャーには，経営に一族のメンバーを起用することが予想される．しかしながら，チェボルがあまりにも大規模になって単に家族のメンバーによってのみでは配置することができなくなるにつれて，教育的，地域的結びつきも，また，募集の重要な要因として考えられた．

伝統的に，チェボルは，韓国にある少数の一流大学の卒業生を優先したオープン試験を通して1年に2回新卒者を募集した．彼らは，ジェネラリストとして雇用され，そのとき，職務記述書は彼らには与えられず，大学の学科は募集期間には厳密に考えられなかった．また，地域的結びつきも，重要な考慮要因であった．韓国は，同じ地域出身者が同じ文化を共有し，お互いによりよく信頼し，仲良く一緒に働くと信じている．内部昇進が当然のこととして考えられ，家族，学校，地域による結びつきはすべて昇進の重要な側面であると考えられた．このことは，外部の募集にはほとんど信頼をおいていないということを示している．

また，韓国企業は，その他の種類の差別的 HRM の慣行を行ってきた．それらは，ホワイトカラーと比較して，ブルーカラーを好意的には扱わなかった．また，それは，女性労働者をひどく差別した．女性は子供ができるとすぐに，

会社を退職し，戻ってくることはないという一般的な認識のために，たとえ同じ教育上のバックグラウンドをもち等しく有能であったとしても，女性がまずはじめに採用されるということはほとんどなかった．さらに，女性が儒教社会でそのようなリーダーシップの役割をもつということが適切であるとは考えられなかったので，女性は，上位の経営ポジションを募集するときには差別された．たとえ労働法が性別による差別を禁止する立場にあったとしても，上位の経営ポジションの女性は韓国企業では珍しかった．

訓練と養成

ひとたび雇用されると，労働者が終身雇用の慣行によって生涯同じ会社にとどまるという認識のもとで，チェボルは，従業員を訓練することをかなり重要視していた．また，多くのチェボルは，それ自体に十分な資金があったので，支援する訓練センターを設立した．一流の韓国企業は，グループ訓練によって企業の価値観，グループの和，忠誠心を促すように長期のオリエンテーション期間を新規の従業員に準備した．ジェネラリストを養成するために，何にでも使える一般的スキル，チーム・スピリット，適応力が訓練では重視され，職場のローテーションが通常行われた．企業が内部の昇進制度に頼っているので，企業は，その中心にあるすべてのレベルの上席マネジャーに広範囲にわたる訓練を行った．

昇進と報酬

伝統的に，年功序列の給料や終身雇用のもとで，業績評価の制度は，著しく昇進あるいは報酬に影響を与えなかったので，重要ではなかった．韓国文化が「顔を立てること」をかなり尊重しているので，公正で客観的な評価は難しい．マネジャーが従業員を落ち込むほど批判することは，インファ（inhwa）——グループの和——にとって有害であると考えられていた．したがって，マネジャーは，業績の悪い従業員を明らかにすることを特に嫌がった．このような理由のために，スタッフは，マネジャーの評価を知らされなかったし，フィードバックもまったく与えられなかった．

昇進は，韓国の HRM で特に重要な要因であった．韓国のような非常に高い儒教社会において，人の成功は，ステータスあるいはランクによって判断され，昇進は，彼自身やその家族に大いなる威信をもたらす．ほとんどの場合に，外部からの昇進がまれにしか起こらない例外であったので，昇進は，社内から出され，年功序列に基づいていた．通常，昇進のプロセスは，従業員の年功序列，業績，パーソナリティ，学校の卒業証書，誠実な努力（あるいは，勤勉さ），昇進試験の結果などの評価に関連している[12]．すべてのこれらの基準のうち，年功序列が一般的にもっとも重要である．これらの基準に基づいた従業員の評価は，経営者の期待と希望と比較された．経営者の期待にもっともよくあっていると評価された従業員は，昇進できた（Puick and Lim 2002, p. 148）．

伝統的に，報酬は，年功序列と教育上の資格に基づいている．韓国の賃金構造は複雑であり，契約した基本給，さまざまな手当て，ボーナス，付加給付から構成されている．基本給と多くの手当ては，毎月支給され，通常すべてのスタッフに，基本給の 3 倍から 5 倍のボーナスが支給された．およそ半分の韓国企業は，1987 年の団体交渉と非公式の労使交渉によってこれらの賃金や給料を決定した（Chang and Chang 1994, p. 96）．企業家族主義，また，終身雇用の認識のもとで，付加給付は，韓国の報酬制度のもう 1 つの重要な要因であり，従業員の金銭上の必要性に関連している．多くの企業は，住宅ローンや従業員の子供のために授業料を支払うことによって金銭的に従業員を援助した．そのうえ，多くの企業は，修士課程や博士課程という高い教育を望む従業員を支援した．

9.4.2　HRM への新しい取り組みの出現[13]

続いて起こった新しい制度的枠組みによって 1997 年の金融危機以来，韓国企業の経営戦略は，成長志向戦略から利益推進戦略へ変わった（Park and Yu 2002, p. 127）．経営戦略におけるこの新たな方向づけによって韓国企業は，国際競争力を求めるようになり，そのために，伝統的な HRM 制度の種々の要因の改革をはじめた．さらに，金融危機後まもなく，労働法は，経営者が労働者を

解雇できるように変更された．これらの新しい法律のもとで，リストラによって多くの企業は，ダウンサイジングし，非常に多くの従業員をレイオフした[14]．チョならびにクム (Cho and Keum 2004, p. 375) は，特に組合が伝統的に交渉力をもっていない中小企業においてこれらの解雇のほとんどが必要とされた手続きに従っていないと述べた．このことは，伝統的な HRM 制度に基づいた文化的基礎の転機であったし，マネジャーと従業員の両者の視点から HRM の指導理念を転換させた．マネジャーは，もはや従業員に雇用の確保を保証していないし，企業に対する従業員の参加や忠誠心は衰えはじめた[15]．これらの状況のもとで，多くの企業における HRM の指導原理は，年功序列や終身雇用から業績に基づいたり，職務に基づいた経営や報酬へ移行しはじめた (Rowley and Bae 2004)．そのうえ，独裁的な HRM と企業家族主義は減少し，参加型 HRM がますます採用されている (表 9.3)．

　HRM の転換を加速する韓国経済のもう 1 つの発展は，情報技術に基づいたベンチャー・ビジネスの拡大であった (Park et al. 2001)．ベンチャー企業は，伝統的な HRM の慣行に固執していない．それらは，雇用の安定を保証していないし，ストック・オプションというような魅力的な報酬を提供しているので，外国の労働市場から労働者を募集することをむしろ選んでいる．ベンチャー企業の成功が増加したことは，厄介で老いたチェボルよりも魅力的な雇用機会であるとしてベンチャー企業を考えている新卒者や若く革新的な労働者に貢献した．これらのベンチャー企業や HRM の慣行の魅力が増大したことによって，チェボルの HRM には重大なインパクトがあった．一部のチェボルは，新しい奨励制度を導入し，ベンチャー企業が行っているように，従業員の新しい世代に創造性を鼓舞し，一定の自治を与える労働環境を創造しようとしはじめることによって，ベンチャー・ビジネスの魅力的な HRM 制度と競争をはじめた (Park et al. 2001 ; Rowley and Bae 2004)．

　それゆえ，韓国企業は，HRM の驚くほどの課題に直面している．新しい HRM 制度とは，雇用の安定を備えた伝統的な HRM の慣行になれており，快適に思う従業員と，企業にほとんどかかわりあいがなく，忠誠心がないが，挑戦や高い実績に基づいた報酬を切望する若い世代の両者に便宜を図らなければ

ならない．新しい HRM の慣行は，若い世代を募集し，動機づけるのと同様に彼らに魅力を与えることを重視しなければならない．同時に，それらは，伝統的な制度に慣れた従業員の経営効率を向上させるはずである．

募　　集

人員配置における重要な傾向として，ジェネラリストよりもむしろスペシャリストの募集を新たに重視することが生まれつつある．たとえ一流の韓国企業が1年に2回の新卒者を依然として募集しているとしても，それらは，今やジェネラリストよりもむしろ専門化したプロフェッショナルを求めている．専門的なスタッフに対する重要な選抜基準は，候補者が卒業する大学の名声やステータスよりもむしろ，創造性や挑戦心，清廉潔白さ，協調性，技術的能力である（Park et al. 2001）．したがって，選抜プロセスは，応募者の潜在能力を評価する適性検査を重視し，そして，応募者の性格，価値観，創造性を評価する面接をますます重要視するようになっている．サムソンを含む多くの企業は，応募者の大学名を必要としていない．このことは，大学名に基づいた偏見を排除している（Puick and Lim 2002）[16]．

今や一流の韓国企業は，募集に国内の人的資源ばかりではなく，外国の労働者市場にも頼っている．ベンチャー企業に対する多くの卒業生の好みの著しい変化を考慮すると，韓国のチェボルは，現在では外国の労働市場を積極的に詳しく調べている（Puick and Lim 2002）．パクならびにその他（2001）は，2000年に韓国労働研究所（KLI）によってサンプル調査された企業の79パーセントが，外国市場からの募集経験をもっていると指摘している．このことは，国内募集あるいは内部の昇進が，韓国における伝統的な HRM の基礎であったことを考慮すると，募集を実際に行うことにおける著しい転換である．

訓練と養成

訓練と養成の焦点は著しく変化した．金融危機以前に，経営者は企業の価値観，グループの和，忠誠心を促すことに重要な人的資源を使っていた．しかしながら，そのような HRM は，個人の能力や大志を抱いた新しい種類の若く，

高等教育を受けた従業員に訴求力をもっていない（Puick and Lim 2002, p. 138）．これらの若い従業員に対し，ジェネラリストの養成よりもむしろ専門的なプロフェッショナルの養成に訓練を集中させた．たとえば，サムソン電子（Samsung Electronics）は，技術，マーケティング，顧客サービスにおける熟練者の養成を目的としたスタッフの訓練と，注目に値する能力や技量をもつ選抜されたスタッフのキャリア養成計画を重視している．パクならびにユ（2002）が指摘したように，経営の発展目的のための訓練の重みは，長期雇用が減少したことと，募集に際して外国人労働者の重要性が生まれたことのために減少している．それにもかかわらず，韓国企業は，グループの和と従業員の忠誠心や参加というような伝統的なHRMの強さを維持しようとしている．このために，企業は，これらの競争上の要請間のバランスを探し求め，また，企業文化を高めることに合わせた伝統的な訓練計画を実施し続けている．

報酬と昇進

上述したように，評価は，報酬と昇進の年功序列制度，そして，従業員のモラールやグループの和に対する潜在的なマイナスのインパクトについての関心のために伝統的なHRM制度のもとでは重要ではなかった．しかしながら，企業が業績に基づいた報酬と昇進や差別的奨励策をますます実施するにつれて，評価は，一部のチェボルのHRMの重要な部分となってきた．新しいHRMのもとで，評価は，年功序列，学校の卒業証書，家柄，勤勉さを伝統的に重視してきたことと比較して，職務，義務，責任，スキルや知識の能力などにおける業績を重視している（Puick and Lim 2002, p. 148）．パクならびにその他（2001）によると，企業が過去に主に昇進目的のために評価を行ってきた一方，そのうちの一部の企業は，現在ではそのうえにキャリア養成のツールとして評価を利用している．

韓国の伝統的なHRM慣行の基礎は，年功序列と内部の人的資源に基づいた昇進であった．すなわち，企業内のポストの空席は，以前には，年功序列に基づいた昇進の形態で現在雇用されている従業員に与えられていた．しかしながら，すでに説明したように，外国で募集された労働者が，これらの空席にます

ます配置されている（Park et al. 2001）。そのうえ，業績と能力に基づく昇進もますます増えつつある．たとえば，サムソンは，年功序列に基づいた昇進に取って代わるためではなく，それを補足することを目的として，業績に基づいた昇進制度を導入した（Puick and Lim 2001）．

伝統的に，報酬は，主として年功や職位に基づいていた（Kim and Briscore 1997）．しかしながら，韓国企業は，1980年代後半から急速な賃上げに遭遇したので，その他の要因を考慮して報酬枠組みを手直ししはじめた（H. C. Lee 1989）．特に，多くの企業は，業績に基づいた給料制度を導入した．しかし，それらは限られている．たとえば，1999年1月に行った4,303事業体の調査に基づいていえば，調査された企業の15.1パーセントは，業績と能力に基づいた年俸制度をすでに採用していた．これに加えて，11.2パーセントは，その制度を採用することを決定して，実施の準備をしており，さらに25パーセントはそのような制度を採用する計画段階にあった（Rowley 2002, p. 186）．2003年の時点で，100人以上の労働者のいる企業のおよそ3分の1は業績に基づいた報酬制度を用いており，1,000人以上の労働者のいる企業の場合には，その比率は61パーセントであった（Economist Intelligence Unit 2003, p. 60）[17]．

韓国の報酬制度の重要な特徴の1つは，報酬制度が基本給，手当て，ボーナスから構成されており，そのボーナスが総額のおよそ3分の1を構成しているということである．ボーナス制度は，個人の業績に関連して達成されたことをますます重視する一方，実質的にはグループによって影響されている．韓国人は，一般にその他の先進諸国と比較して奨励給の重要性を相対的に高く考えているが，彼らは業績に基づいた奨励給の望ましさを驚くほど低く評価している（Lowe et al. 2002）．したがって，ボーナスは，依然として個人の業績に基づいているよりもむしろ大部分がグループに基づいている．

ベンチャー企業やチェボルによって導入された報酬のもう1つのイノベーションは，利益共有計画である．企業が自社株購入奨励策を容易に採用できるように関連した規制が修正されて以来，多くのベンチャー企業は，従業員持株制度（Employee Stock Ownership Plans）を採用してきた．多くのチェボルは，購入できる株の数はわずかであったけれども従業員持株制度を導入し，主に研究開

発（Research and Development）の従業員にのみそれらを提供した．

　実績に基づいた年俸制度がますます導入され，企業家族主義の理念が減少しているので，付加給付（任意）は，国際的な競争力をもつためにも，余分な支出を削減しようとするにつれて減少するはずである．しかしながら，付加給付が依然として広範囲にわたって用いられているように思われる．多くの企業は，住宅や昼食の補助，子供の教育支援，余暇やスポーツ活動の支援というようなさまざまなタイプの付加給付を提供している．これらの付加給付が，業績ではなく，スタッフの金銭的必要性あるいは個人の状況に基づいていることに注目するべきである．

9.5　韓国のHRMに関する外国人の認識

　韓国のHRMに関する外国人の認識を理解することは，経営戦略を立てる上では有益である．韓国のHRM制度における変化について外国のビジネス・パーソンがもっている認識を評価するために，在韓の外国企業に雇用されている外国人労働者に対するサンプル調査が2002年の5月と6月に実施された．その調査結果は，外国のビジネス・パーソンによって認識されている韓国のHRMの転換の程度を解明するのに役立った（Kwon 2006）．

　表9.4に示されているように，調査は，HRMの重要な機能に関連した6つの質問をした．回答者は，一般に，HRMにおいて起こる可能性のある6つのタイプの変化に対する平均値が2.73と示されているように，韓国のHRMをほとんど変化していないと考えていた（表9.4）．これらの6つの起こる可能性のある変化のうち，2つは平均値が3よりも高かったが，4つは3以下に評価された．外国人は，一般に，「終身雇用が消えつつある」という考えには3.156の値で賛成しており，「労働者のレイオフが増加している」という考えに3.032の値でかろうじて賛成していた（Kwon 2006）．このことは，終身雇用の慣行が消えつつあるけれども，その他の伝統的なHRMはほとんど変わっていないという認識を示している．これらには，昇進と報酬，募集，年功序列制度が含まれている．また，外国人は，かろうじてであるけれども，外国の労働者を雇用

表 9.4 韓国の HRM システムにおける回答

変化のタイプ	No.	平均点	標準偏差
終身雇用慣行の消失	64	3.156	1.130
労働者のレイオフの増大	63	3.032	0.999
実績に基づいた昇格と報酬	65	2.615	0.963
外国人労働者の雇用意欲	64	2.719	1.046
個人のコネや卒業大学よりも実績による採用	65	2.462	1.047
年功序列の消失	66	2.394	1.080
平均	64	2.730	1.015

出所：Kwon（2006）の表6より．

する意欲のある韓国企業の変化は明らかであるということには不賛成であった[18]．

9.6 おわりに

1997年の金融危機以降，韓国経済は，さまざまな点で転換してきた．企業や金融部門と労働市場は改革され，経済は自由化され，国際化された．ここで，韓国のビジネス環境は，著しく変化した．ビジネスは，現在では国内的にも国際的にも前例のないほどの競争に直面している．それらは，その戦略と経営についてこの新しい状況に対応しなければならないし，それ自体の存続のために経営効率と国際競争力を高めなければならない．

それゆえ，韓国の HRM は，やっかいな課題に直面している．韓国企業は，伝統的な制度のもとで HRM における非効率を排除しなければならない．それと同時に，経験的証拠が示唆している労働者の参加と忠誠心が減少している分野ではその強さを維持する努力をしなければならない．また，それらは，人口統計的変化や新しい労働法に HRM を適応させなければならない一方，経路依存性と制度的慣性の概念，特に HRM に関連した弾力的な慣習や文化的価値観を正しく認識すべきである．

韓国企業の HRM 制度は，この新しい戦略的方向性と相まって転換しなければならないし，社会的制度の出現に適応しなければならない．企業は，極大成

長から収益性へ戦略目標をシフトさせた．さらに，人口増加が著しく低下し，人口がすばやく高齢化するという明らかな傾向が，韓国の人口統計にはじまっている．このタイプの人口統計的変化は，HRMにとって深刻な意味合いをもっている．労働市場に関連した公的機関もまた変化が必要とされている．実際に行うことは，難しいけれども，労働者の解雇が「経営的理由」で可能となった．労働組合は依然として企業別であるけれども，産業別組合が出現しつつある．労働組合には2つの連盟が共存し，企業レベルで複数の組合が2002年から許可され，組合の戦術はまさに対立的であると考えられている (Rowley et al. 2004)．1998年に修正されたように，労働基準法は，事実上国際基準と並んで労働者に権利を与えている．最後に，週40時間の労働時間と週5日の労働日は法律によって導入された．

　先導者としてのチェボルによって，韓国企業は，近年にHRMのさまざまな機能をすでに転換しはじめた．それらは，年功序列や終身雇用を伴った伝統的，権威主義的，家父長制家族主義のHRM制度から移行して，業績に基づいたHRM制度を実施している．募集について，伝統的な国内的配置政策から外国の労働市場を含むように修正された．また選抜基準も変わった．つまり，個人，学校，地域の絆というような伝統的な基準を重視しないで，能力や個人の特性を重視するようになった．スタッフの評価は，年功序列や家柄への信頼から職務の業績，義務と責任，知識を重視するように移行している．

　韓国の伝統的なHRMの基礎の一部は，年功序列に基づいた昇進であった．しかしながら，外国で募集された労働者は，ますます空席となったポストに配置され，昇進は業績や能力に基づいている．伝統的に年功序列や順位に基づいていたが，報酬制度は業績に基づいた新しく革新的な報奨制度をますます含んでいる．最後に，経営者は，定期的な労使協議会を通して良好なコミュニケーションを重視して，より民主的な方法で労使関係にますます取り組もうとしている．

　1997年以降，HRMの慣行に関する上述した検討に基づいて，HRMの転換にかなり興味をそそるような疑問が提起されている．韓国のHRMにおける重要な転換が，特に新しい制度的枠組みとともに国際化とグローバリゼーション

の圧力によって推進された多くの一流のチェボルによって行われていることはまったく疑う余地がない．しかしながら，それらは，西洋の制度への完全な転換と同じではない．むしろ，伝統的な制度が依然として強く残っているように思われる．パクならびにその他 (2001) によって1999年に実施された107人のHRMのスペシャリスト（学者とHRMの実務家の両者）に関する調査によれば，大多数の回答者は，HRMパラダイムが4つの側面で移行していると主張した．

1．年功序列基準から業績基準へ
2．家父長制家族主義から契約へ
3．独裁的から民主的へ
4．ジェネラリストのHRMからスペシャリストのHRMへ

しかしながら，回答者は，人間に基づいたHRMから職務に基づいたHRMへの移行については自信がなかった．人間に関連したHRMは，年功序列に基づいた報酬やジェネラリストの配置の慣行を含んでいる (Park et al. 2002)．このことは，報酬と昇進が，文化に密接に関連した重要なHRM機能であるが，容易に確認できるほどには転換していないということを示しているので，上述した(1)と(4)は移行の主張と矛盾している．

すでに検討した経験的研究の情報と結果に基づいて，これらの変化は確かに将来に続くであろうけれども，韓国のHRMの転換が広範囲にわたっていないように思われる．多くの企業は，年功序列と業績に基づいた給料制度の組み合わせたものを導入しているけれども，給料制度は，依然として大部分年功序列に基づいている．ローリイならびにその他 (2004) は，年功序列から業績に基づいた制度への報酬の転換が依然として初期の段階にあると示唆している．新しい革新的なボーナス制度が導入されたが，それらは大部分グループを基礎に実施されている[19]．韓国の報酬制度の重要な要因となっているほとんどの付帯給付でさえも，依然として業績よりもむしろ個人の状況に基づいている．そのうえ，選抜基準が能力や個人の特性を重視するように著しく変わったけれど

も，募集は依然として大部分国内的である[20]．

　韓国にいる外国のビジネス・パーソンによって認識されているように，韓国におけるHRMはほとんど変わっていない．終身雇用が減少し，労働者のレイオフが増大しているという考えがあるけれども，韓国のHRMのその他の要因は変わらないままである．特に，外国のビジネス・パーソンは，韓国企業の募集プロセスが外国人にまで広く開かれていないという考えをもっている．

　文化的に，韓国人は，伝統的なHRM制度を大いに好んでいる．ホーフステッド (Hofstede 1991) によって指摘されたように，韓国人は，非常にリスクを嫌い，高い権力に格差をおいている．また，彼らは，アジアでもっとも家族志向的な人々である．それゆえ，韓国人は，雇用の確保と確実性を大いに好み，儒教文化のために権威主義的で，家父長制家族主義の経営に寛容である．雇用の確保を最優先する関心は，特に学歴と所得の低い人々のなかでは一般的である (Park and Kim 2005)．それゆえ，年功序列と終身雇用制度が予測できる範囲の将来にわたって韓国のHRM制度の重要な要因のままであるようである．したがって，韓国のHRMの課題は，ユニークな制度的枠組みを採用し，利用することによってその効率を上げることである．外国のMNEは，フォン・グリノウならびにその他 (Von Glinow et al. 2002, p. 127) によって示唆されているように，「最高の取り組み」をHRMで実施するときに，韓国に特有な文化的特徴とその伝統的HRM制度を見逃すべきではない．

　要するに，韓国のHRM制度のさまざまな機能は，表9.3にまとめられているように，一流のチェボルにおける新しい取り組みへ転換してきた．しかしながら，制度上の慣性や経路依存性のために，転換は近い将来に完成されるようには思われない．事実，韓国の制度は，西洋の制度へ完全には決して収束しないであろう．会社に対する従業員の忠誠心と参加の強さを維持する経営的試みは続くようである．したがって，経営者は，伝統的HRM制度を容易に捨て去ることはできないであろう．

（訳・奥本勝彦）

注

1) 国際ビジネスや国際経営に関するテキストは，一般に駐在員の HRM のみを取り扱っている (Hill 2003, pp. 606-29 ; Cullen 2002, pp. 428-56). HRM の収束あるいは発散の傾向を明らかにし，国ごとに HRM の「最高の方法」を明らかにした研究が文献にはある．収束傾向が存在するけれども，HRM は，文化的，制度的バックグラウンドに応じて，国によってまさに多様である (Von Glinow et al. 2002 ; Rowley et al. 2004).

2) 韓国における高齢化のもっとも重要な特徴の1つは，そのペースが先例がないほど早く進んでいることである．フランスは，65歳以上の高齢者が12パーセントに達するのに175年かかり，アメリカが65年かかり，日本が40年かかった．この変化は，韓国では25年もかからないと推定されている (T. H. Kwon 2003).

3) このことは，労働者の構成上の変化に起因している．経済が発展するにつれて，若い年齢グループ (15-19歳) による参加は，若い人々が学校にとどまる比率が高くなるので，減少した一方，より多くの雇用の機会が利用できるようになるので，もっとも高齢のグループの参加率が増大した．

4) 韓国統計庁 (2006) 統計データベース (*Statistical Database*). http://kosis.nso.go.kr/ 2006年8月21日アクセス．週の労働時間は，農業以外のすべての産業における10人以上の従業員のいる企業で月当たりの労働時間から推定している．つまり，12をかけて，52.143で割っている．1ヵ月の労働時間については，KLI (2003, p. 92) を参照されたい．

5) 2002年の韓国における外国のビジネス・パーソンに関する調査によれば，クォン (2003a) は，外国のビジネス・パーソンが韓国の労働者をそのような特徴をもっていると考えていることを明らかにした．

6) ナムならびにキム (Nam and Kim 1997) は，製造部門における実質賃金率が，1964年から1994年の期間に労働生産性の増大よりも実質的にすばやく増加したということを述べた．

7) 非正規労働者制度は，雇用契約に関連しており，それによって，雇用者は，労働者を直接雇用する代わりに，非正規労働者の仲介機関を通して労働者を雇用する．経営上の理由は，絶対的に避けられないケースや合併や買収の結果として生ずるケースを含んでいる．

8) 労働組合の加入率は，雇用労働者の総数の比率として組合員数に関連している．

9) パクならびにユ (2002) は，新労働法によって問題を起こした企業が，特に1997年の金融危機直後に，労働者を減らしたと述べている．

10) 2002年に，非正規労働者は，スペインの32パーセント，オーストラリアの27パーセント，ドイツの13パーセント，日本の12パーセントと比較して韓国の労働者の51.6パーセントを構成していた．

11) チョならびにクム (2004, p. 376-7) は，また，1994年から1999年の期間に，賃

金取得者のなかで在職期間が20.4パーセントまで低下したと指摘している．

12) 彼らの努力を示すために，従業員は，通常上司が帰宅するまで，職務上の労働時間の後でさえ，会社から帰宅しない．

13) すでに述べたように，本節は，その他の韓国企業がチェボルを真似することを予想して，チェボル，つまり，HRMの転換期において伝統的に先導者であった企業における新しいHRMを分析している．

14) 金融危機の後に，上場企業の66パーセントは，労働者をレイオフしたと報告した（Park and Yu 2002, p. 128）．

15) 2002年に33ヵ国で行われた労働者に関する調査で，グローバル平均の57パーセントと比較して，韓国の回答者のわずか36パーセントしか，仕事への献身を表わさなかった．韓国の労働者の35パーセントは，会社への献身を表わした．グローバル平均の43パーセントと比較して，わずか25パーセントが，仕事と会社の両者に献身があると明らかにした（Park and Kim 2005, pp. 43-4）．

16) チョースン・イルボ（*Chosun Ilbo* 2002）によれば，1997年から2002年の6年間にわたって，サムソン電子は，新規に募集した総従業員のうち，韓国の有名5大学からはわずか5パーセントしか雇用しなかった．それに続いて一流大学から21パーセント，二流大学から59パーセント，残りの大学から14パーセントを雇用した．このことは，応募者の大学や地域が韓国における募集にとってもはや重要な基準ではないことを明確に示している．

17) 用いられた年俸制度のタイプには，いくつかのバリエーションがある．たとえば，サムソンとヒョスン（Hyosung）は，わずかな業績しか上げられない従業員の給料を減らし，高い業績を上げた従業員の給料を上げた．その一方で，S. K. ドゥサン・アンド・デーソン（S. K. Doosan and Daesong）は，わずかな業績しか上げられない従業員の給料を下げることをしないで，高い業績を上げた従業員の給料を増やした（Rowley 2002, p. 187）．

18) 調査結果の詳細な説明と論及については，クォン（2006）を参照されたい．

19) 労働者との簡単な会話から，もしスタッフの1人がボーナスをもらえたとすると，そのスタッフは，同じ部署の同僚をもてなすにそのボーナスを全部支出するということを聞き知った．

20) この観察は，募集が実質的に転換したと述べたローリイならびにその他（2004）の観察とは多少異なっている．

参 考 文 献

Chang, C. and N. Chang (1994), *The Korean Management System : Cultural, Political, Economic Foundations*, Westport, Connecticut : Quorum Books.

Cho, J. and J. Keum (2004), 'Job Instability in the Korean Labour Market : Estimating the Effects of the 1997 Financial Crisis', *International Labour Review*, 143 (4), pp. 373-92.

Chosun Ilbo (2002), 'Status of Universities : not Important for Recruitment' (in Korean), 24 February.

Chosun Ilbo (2004), editorial, 22 April.

Cullen, John B. (2002), *Multinational Management : A Strategic Approach*, Cincinnati, OH : South-Western, Thomson Learning.

Economist Intelligence Unit (2003), *Country Commerce : South Korea*, New York : Economist Intelligence Unit.

Guillen, Mauro F. (2001), 'Is Globalization Civilizing, Destructive or Feeble? A Critique of Five Key Debates in the Social Science Literature', *Annual Review of Sociology*, 27, pp. 235-61.

Hill, Charles L. (2003), *International Business*, 4th edition, Boston, MA : McGraw-Hill Irwin.

Hofstede, G. (1991), *Cultures and Organizations : Software of the Mind*, London : McGraw-Hill.

Kim, K. S. and J. K. Kim (1995), 'Korean Economic Development : an Overview' (in Korean), in D. S. Cha and K. S. Kim (eds), *The Korean Economy 1945-1995 : Performance and Vision for the 21st Century* (in Korean), Seoul : Korea Development Institute, pp. 25-117.

Kim, Linsu (1995), 'Absorption Capacity and Industrial Growth : a Conceptual Framework and Korea's Experience', in B. H. Koo and D. H. Perkins (eds), *Social Capacity and Long-Term Economic Growth*, New York : St Martin's Press, pp. 266-87.

Kim, Linsu and S. M. Seong (1997), 'Science and Technology : Public Policy and Private Strategy', in D. S. Cha, Kwong Suk Kim and Dwight H. Perkins(eds), *The Korean Economy 1945-1995 : Performance and Vision for the 21st Century*, Seoul : Korea Development Institute, pp. 383-425.

Kim, Seongsu and D. R. Briscoe (1997), 'Globalisation and a New Human Resource Policy in Korea Transformation to a Performance-based HRM', *Employee Relations*, 19 (4), pp. 298-308.

Kim, Sookon (2001), 'Korea's Industrial Relations in Transition', in O. Yul Kwon and W. Shepherd(eds), *Korea's Economic Prospects : From Financial Crisis to Prosperity*, Cheltenham, UK and Northampton, MA, USA : Edward Elgar Publishing, pp. 207-24.

Kim, Sookon and Ju-Ho Lee (1997), 'Industrial Relations and Human Resource Development', in D. S. Cha, Kwong Suk Kim and Dwight H. Perkins (eds), *The Korean Economy 1945-1995 : Performance and Vision for the 21st Century*, Seoul : Korea Development Institute, pp. 586-622.

Korea Labor Institute (KLI) (2003), *KLI Labor Statistics 2003*, Seoul : Korea Labor Institute.

Korea Labor Institute (KLI) (2006a), *KLI Labor Statistics 2006*, Seoul : Korea Labor Institute.

Korea Labor Institute (KLI) (2006b), '*Labor Statistics for June 2006*' http.//www.kli.re.kr// accessed 21 August 2006.

Korea National Statistical Office (KNSO) (2002a), *Korea Statistical Yearbook 2002*, Seoul : National Statistical Office.

Korea National Statistical Office (KNSO) (2002b), *Major Statistics of Korean Economy*, Seoul : National Statistical Office.

Korean National Statistical Office (KNSO) (2003), *Korea Statistical Yearbook 2002*, Seoul : National Statistical Office.

Korean National Statistical Office (KNSO) (2004), *Korea Statistical Yearbook 2003*, Seoul : National Statistical Office.

Korean National Statistical Office (KNSO) (2005), *Korea Statistical Yearbook 2004,* Seoul : National Statistical Office.

Korean National Statistical Office (KNSO) (2006), 'Statistical Database' htttp://www.nso.go.kr/eng/index.html, accessed 21 August 2006.

Korea Productivity Centre, www. kpc.or.kr.

Kwon, O. Y. (2003), *Foreign Direct Investment in Korea : A Foreign Perspective*, Seoul : Korea Economic Research Institute.

Kwon, O. Y. (2006), 'Recent Changes in Korea's Business Environment : Views of Foreign Business People in Korea', *Asia Pacific Business Review*, 12 (1) pp. 77-94. http://www.informaworld. com.

Kwon, Tai-Hwan (2003), 'Demographic Trends and their Social Implications', *Social Indicators Research,* 62 (1), pp. 19-27.

Lee, H. C. (1989), 'Managerial Characteristics of Korean Firms', in K. Chung and H. Lee (eds), *Korean Managerial Dynamics*, New York : Praeger, pp. 147-62.

Lee, S. M. (1989), 'Management Styles of Korean Chaebols', in K. Chung and H Lee (eds), *Korean Managerial Dynamics*, New York : Praeger, pp. 181-92.

Lee, Won-Duck and B. H. Lee (2003), 'Industrial Relations and Labor Standards in Korea', in O. Y. Kwon, S. H. Jwa and K. T. Lee (eds), *Korea's New Economic Strategy in the Globalisation Era*, Cheltenham, UK and Northampton, MA, USA : Edward Elgar Publishing, pp. 173-91.

Lowe, K. B., J. Milliman, H. De Cieri and P. J. Dowling (2002), 'International Compensation Practices : a ten-Country Comparative Analysis', *Human Resource Management*, 41 (1), pp. 45-66.

Martin, J. P P. Tergeist and R. Torres (2004), 'Reforming the Korean Labour Market and Social Safety Net : Key Pending Issues' in C. Harvie, H. H. Lee and J. Oh(eds), *The*

Korean Economy : Post-Crisis Policies, Issues and Prospects, Cheltenham, UK and Northampton, MA, USA : Edward Elgar Publishing, pp 78-119.

Nam, S. W. and J. I. Kim (1997), 'Macroeconomic Policies and Evolution', in D. S. Cha, K. S. Kim and D. H. Perkins (eds), *The Korean Economy 1945-1995 : Performance and Vision for the 21st Century*, Seoul : Korea Development Institute, pp. 143-85.

Park, D. J., J. H. Park and G. C. Yu (2001), 'Assessment of Labor Market Response to the Labor Law Changes Introduced in 1998', in F. K. Park, Y. B. Park, G. Betcheman and A. Dar (eds), *Labor Market Reforms in Korea : Policy Options for the Future,* Seoul : Korea Labor Institute, pp. 125-50.

Park, G. S. and A. E. Kim (2005), 'Changes in Attitude toward Work and Workers' Identity in Korea', *Korea Journal*, 45 (3), pp. 36-57.

Park, W. S. and G. C. Yu (2002), 'HRM in Korea : Transformation and New Patterns', in Zasun Rhee and E. Chang (eds), *Korean Business and Management*, Elizabeth NJ : Hollym, pp. 367-91.

Pucik, V. and J. Lim (2002), 'Transforming Human Resource Management in a Korean Chaebol : a Case Study of Samsung', in C. Rowley, T.W. Sohn and J.S. Bae (eds), *Managing Korean Business : Organization, Culture, Human Resources and Change*, London : Frank Cass, pp. 137-60.

Rowley, C. (2002), 'South Korean Management in Transition', in M. Warner and P. Joynt (eds), *Managing Across Cultures : Issues and Perspectives*, London : Thomson Learning, pp. 178-92.

Rowley, C. and J. Bae (2004), 'Human Resource Management in South Korea after the Asian Financial Crisis', *International Studies of Management and Organization*, 34 (1), pp. 52-82.

Rowley, C., J. Benson and M. Warner (2004), 'Towards an Asian Model of Human Resource Management? A Comparative Analysis of China, Japan and South Korea', *International Journal of Human Resource Management*, 15 (4), pp. 917-33.

Samsung Electronics (2007), 'About Samsung-Samsung Group', Samsung website, www.samsung.com/about/SAMSUNG/index.htm, accessed 30 April 2007.

Von Glinow, M. A., E. A. Drost and M. B. Teagarden (2002), 'Converging on IHRM Best Practices : Lessons Learned from a Globally Distributed Consortium on Theory and Practice', *Human Resource Management*, 41 (1), pp. 123-40.

第10章 韓国におけるIJV：顕著な特徴と経営

10.1 はじめに

　国際的戦略提携は，価値連鎖におけるいかなる活動にも協力する異なった国々の2社以上の企業間の協定である．その活動には，研究開発，設計，生産，マーケティング，流通，サービスなどが含まれる．シェンカーならびにルォ（Shenkar and Luo 2004, p. 281）によれば，国際的戦略提携は，MNEにとってもっとも一般的な参入方法である．グローバリゼーションが市場，製品，技術へ参入する上で国際競争を激しくしたことによって，戦略提携の重要性は増している．

　もっとも一般的な戦略提携の1つは，資本による国際的合弁事業（International Joint Venture : IJV）であり，それは，異なった国々の2社以上の親会社によって共同で所有され，経営される新しい企業を設立することを必要とする．資本に基づかない国際的戦略提携とは，別会社を設立しないで，価値連鎖におけるいかなる活動にも協力する異なった国々からの2社以上の企業による契約による協定である．MNEは，価値創造活動に対して，1つには資本によるIJVを，もう1つには契約による協定提携の形態をとると考えられる．これらの2つのタイプの戦略提携は資本について異なっているけれども，それらが関連している目的と問題はまったく同じであり，2つの名称は実際には互換的に用いられている．本章の分析は，韓国における資本によるIJVに焦点を当てるが，戦略提携のその他のタイプにも適用可能である．

　グローバリゼーションや新技術の急速な出現に対応して，韓国企業は，一流

の外国企業とグローバルな戦略的協力関係を積極的に追求してきた．大多数のIJVは，韓国やその他の国々で韓国と外国企業間で行われている．韓国は，特に1997年以降，多数のFDIプロジェクトを受け入れてきた．承認されたFDIプロジェクト数は，1997年におよそ1,000件であったが，2004年に3,000件以上に増加した（MOCIE 2006）．これらの半分以上は，戦略提携の形で行われてきた（Lee and Lee 2004）．サムソン電子だけでも，2000年2月から2004年3月までの期間に49件の戦略提携を行った（Samsung 2004）．LG電子（LG Electronics）は，2000年から2005年までの期間に25件の戦略提携を行った（LG 2005）．

しかし，韓国のIJVは，特に英語の文献では分析するだけの注目を受けなかった．英語の文献は，広くアジア太平洋の全域に展開している合弁事業を検討しているが，韓国におけるIJVを検討しているものはほんのわずかである．そして，もっぱら経営問題にのみ焦点を当ててきた．その他の入手できる文献には，新聞や経営雑誌の記事も含まれる．これらの文献は，合弁事業の特殊なケースを報告しているので，韓国における合弁事業の状況的で理論的な基礎が不足している．しかしながら，韓国語では多くの経験的研究が存在している．本章は，韓国におけるIJVの顕著な特徴，動機づけ，経営問題を検討する際に，英語と韓国語の両方の文献を用いる．第1に，韓国の諸例に関する議論の文脈として，概念の問題，IJVを設立する動機づけ，成功の理由などに注意を向ける．それから，韓国におけるIJVに関連した特定の問題については，概念的論及に基づいて検討する．

10.2 IJV：動機づけと成功要因

10.2.1 IJV設立の動機づけ

企業は，コストとリスクを分担し，合弁事業が生み出す相乗効果を獲得するためにIJVを設立する．経済的利益は，コストとリスクの削減ばかりではなく，補完的資源の獲得，経済効率の改善，競争の緩和，都合のよい市場参入などを

も結果としてもたらす．合弁事業を設立するために，両パートナーは，財務，施設，設備，原材料，技術，経営の専門知識，労働者，土地の使用権，知的財産権などのある形態を含んだ補完的資源あるいは能力を与える．ホスト国におけるパートナーは，一般に海外のパートナーから先進技術，資本，マーケティング・ノウハウ，経営の専門知識を入手する．ホーム国におけるパートナーは，ホスト国の市場や社会状況，文化的・政治的・法律的制度に関する知識を現地の企業から入手する．また，言語もきわめて重要である．補完的資源あるいは能力を組み合わせることによって，企業は，リスクとコストがあまりにも高いので，自分たちだけでは追求不可能なビジネス活動を追求することができる．

両パートナーが原材料や部品の供給，研究開発，マーケティングや流通というような種々の活動における規模の経済と範囲の経済を大いに達成できるので，経済効率の改善が合弁事業から生まれる．このことは，財務資源とその他の補完的資源を組み合わせることによって規模の経済を向上させようとする小企業に特にあてはまっている．シェンカーならびにルォ（2004, p. 316）が述べたように，両パートナーが補完的技術，研究開発の結果，経営上のノウハウを含んだ知識と専門的知識を共有することから，IJVによって両パートナーは，著しくコストを削減して知識を獲得することが可能になる．このことは，技術のライフ・サイクルが時間の経過によって短縮され，研究開発費が急速に増大しているので，技術協力が時間と資金の両者を節約することが大いに要求される情報やテレコミュニケーションの分野に特に適している．また，合弁事業は，現地の企業イメージを向上させるであろう．そのことによって，合弁事業によって生産される製品は国産品の一部として，ホスト国の消費者によってよりよく受け入れられるであろう．

IJVは，潜在的競争者か，既存の競争者である企業と合弁事業をつくることによって競争を緩和させる．また，産業標準によりよく並ぶことができる．合弁事業によって，両パートナーは外国企業との競争に課された制約を克服することができる．新生の技術分野で，競争者は，異なる標準をつくる代わりに，技術を共同で開発することによって効果的に産業標準に並ぶことができ，採用

できる．その一部は，すばやく陳腐化するであろう．

　現地のパートナーとの合弁事業は，投資やビジネス過程をはかどらせ，政治的干渉あるいは国有化というようなホスト国の政治的リスクを減らすであろう．国内法が参入条件として現地企業との合弁事業を設立することを義務づけていることから，特に発展途上国では，IJV は，外国企業にとって唯一利用できる参入方法である．発展途上国で，現地のパートナーとの合弁事業は，国の経済発展における有効な手段とみなされている．ラセール (Lasserré 1999) は，アジア太平洋地域においてビジネスを行うためには現地パートナーとの合弁事業の形態で現地へ進出することが必要であると述べている．

　すでに検討したように，これらの優位のゆえに，MNE は FDI を行うときに，全所有の子会社を設立することとは正反対の，合弁事業の設立という参入方法をますます用いるようになっている (Choi and Beamish 2004)．絶えず変化するグローバル環境，市場における競争の増加，技術の急速な変化，コストの上昇などによって形成された直接投資にとっての現在の状況を考慮すると，合弁事業は外国の企業にとってもっとも有効な参入方法であるように思われる．この点について，パク (1991) は，直接投資にとって絶えず変化するグローバル環境に対処するために戦略提携のもっとも有効な形態として，大多数の MNE が韓国において資本による合弁事業の選択を表していると指摘している．

10.2.2　成　功　要　因

　これらの優位があるにもかかわらず，IJV は，多くのタイプの課題に直面し，多くの IJV は失敗している[1]．これらの失敗にはさまざまな理由が説明できる．第 1 に，合弁事業に参入する企業は，そのパートナーにとってその技術と経営に対する支配を喪失するリスクがある．特に知的財産権がしっかり保護されない発展途上国では，重要な技術の保護は難しい．したがって，提携活動が企業の統制下にないならば，現地パートナーは，外国のパートナーの重要な知識をその他の関係者へ撒き散らすかもしれない．ある場合には，現地パートナーは，合弁事業によって熟練や技術を発展させた後で，グローバル競争者とさえ

なるであろう．

　第2に，IJVの管理は，単一の企業の管理よりも必ずはるかに複雑になる．IJVがさまざまな国々からの親会社によって設立された新しい企業であることから，それは，組織相互間関係と組織内関係を意味する．これらは，親会社間，合弁事業のマネジャーと外国の親会社間，マネジャーと現地親会社間，さまざまな国籍をもつ合弁事業のスタッフ間などの関係を含んでいる．異文化間の差異，多様化した戦略目標，リーダーシップのスタイル，経営実践というようなさまざまな源泉から，これらの関係の各所で紛争が生じている．これらの紛争は，合弁事業の経営や管理を妨害する．合弁事業の各々のパートナーは，ビジネスだけを行うことと比較して，市場状況やその他のビジネス環境における変化に対応してその戦略を調節することは難しい．パクならびその他(Park et al. 2002)は，IJVの50パーセント以上が，財務問題かあるいは技術問題よりもむしろ，経営上の問題のために大部分失敗していると推定している．

　それゆえ，IJVの成功のためには，パートナーの選択が，もっとも重要で難しい要因と認識されている (Shenkar and Luo 2004, p. 319; Lasserré and Schutte 1995, p. 176)．IJVの成功は，パートナーの資源と能力による補完，パートナーの協力しようという意欲，それら両者間の信頼の雰囲気などにかかっている．また，合弁事業の経営過程や手続きもIJVの成功に重要な関連性がある．

　文献では，IJVの成功にとっての可能性を最大化するためにパートナーの選択に多くの基準が提案されている．本章は，適合性の4つの重要な分野における適合を明らかにしたラセールならびにシュッテ (Lasserré and Schutte 1995, p. 176) の枠組みを用いる．すなわち，戦略的適合，資源的適合，文化的適合，組織的適合の4つである[2]．戦略的適合は，パートナーの長期戦略的目的間での一致を意味している．パートナーは，長期的成長，マーケット・シェアの拡大，配当の最大化，重要な資源の入手，技術や経営のノウハウの習得などを含んださまざまな戦略的理由のために，あるいは，単にビジネス・チャンスを目的として合弁事業に参入する．もしパートナーの戦略的理由が違っていたならば，合弁事業の経営上のパートナー間の紛争は時間の経過とともに避けられないし，協力を継続しようするパートナーの関心は弱くなるであろう．合弁事業

に従事しているパートナーの明らかになっている動機と明らかになっていない動機の適合性の評価，そして，パートナーがパートナーシップを確立する以前にそれから得られるとパートナーが期待しているベネフィットの性質に関連していることから，戦略的適合の評価は難しい．ラセールならびにシュッテ（1995）は，戦略的適合を評価する際に，合弁事業に対するパートナーのかかわりあいの程度が特に重要であると述べている．

　資源的適合は，各々のパートナーが相乗効果を生み出し，最終的に競争を成功させる重要な補完的資源（人間，財務，原材料など），資産（有形と無形），能力（コンピタンス，経験，専門的知識）を合弁事業に貢献させる意志があり，それが可能であるときに存在する．資源的適合を評価する際に，資源，資産，能力の一部のものは市場価格で表わせないので，各々のパートナーによる貢献を評価することは，しばしば厄介な問題である．資源についてのパートナーの貢献の程度は，資本による合弁事業を組織するときに重要である各々のパートナーによって所有されている資本の比率を含んでいるので，合弁事業の所有構造の主要な決定要因である．パートナーが2社の場合に，所有権は，それらの間で均等に分けられるか，あるいは，少数の所有者と多数の所有者に不均等に分けられる．50：50の所有によって，両パートナーは，経営に等しくかかわりあい，均等に企業の利益を分け合うことができる．技術開発は先端技術が急速に拡大する分野で協力することに主要な理由があることから，均等な所有は，パートナーが開発された技術を共有することができるように，この分野における合弁事業の半分以上を占めている（Shenkar and Luo 2004, p. 324）．

　文化的適合は，両パートナーの文化の適合性に関連している．経験的研究は，文化的な差異によってパートナー間で生じる問題と紛争を示している（Lasserré and Schutte 1995）．社会におけるビジネスの役割を理解すること，ビジネスの時間的地平，経営システム，HRM，人間関係，リスクの回避，社会的階層などを含んでいるので，IJVのパートナー間には国の文化とビジネスの文化に多くの違いが存在しているかもしれない．これらの違いを考慮すると，文化的障害を克服する組織上の技術と能力は，IJVの成功にとってきわめて重要である．

組織的適合は，合弁事業の経営においてパートナーによって採用される意思決定，経営や統制のメカニズムを含んでいるので，企業経営システムの両立の可能性を意味している．もしこれらのメカニズムが各々のパートナー間で著しく異なっていたり，合弁事業に対して修正も，調整もされないならば，よいコミュニケーションと効果的な監督は不可能なので，合弁事業は失敗するであろう．

10.3 韓国におけるIJV

10.3.1 顕著な特徴

　韓国におけるIJVは，FDIの増加の結果として1990年代の後半から活発になりはじめた．韓国政府は，主として国内産業や経営支配を保護するために，特に1997年の金融危機までFDIを制限し，統制した．多くの産業部門は，1990年代中頃まで，法律によってFDIに閉ざされていた．また，FDIが許可された分野でさえも，FDIに対する行政上の規制や処理が複雑であり，不透明であった．韓国経済の構造も社会・文化的風土も対内FDIの助けとならなかった．韓国経済は，外国企業よりもさまざまなタイプの制度上の優位を享受していたごく少数の大規模なチェボルにはなはだしく集中していた．韓国の労働市場は柔軟ではなかったし，労働組合は戦闘的な戦術で有名であった．外国企業は，韓国企業のコーポレート・ガバナンスにおいて透明性と説明責任がなかったこと，そして，企業と政府との関係に広くいきわたっている仲間びいきから結果としてもたらされたビジネスの現地の経営においてさまざまな困難に遭遇した．また，生活水準の低さも外国の駐在員に問題を提起した．1997年までの韓国におけるFDIの低さは，対内FDIにこれらの障害を反映していた（Kwon 2003）．

　1997年の金融危機に続いて，韓国政府は，「規制と統制」から「振興と支援」へFDI政策をドラマティックに移行させた．ビジネス環境を改善し，FDIを誘致するための一連の政策法案と徹底した努力は，投資手続きを簡略化し，す

べてのビジネス部門の 99.8 パーセントまでが 2002 年までに FDI に開放された（Kwon 2003, p. 45）．現在韓国は，ネガティブ・リストのシステムを用いている．それは，ビジネスが明らかに制限されない限り，FDI に開放されることを意味している．外国人による株式所有が制限される部門には，国内の定期刊行物，テレコミュニケーション，発電所が含まれている．資本市場は，M&A（敵対的 M&A を含む）を含めて，自由化された．また，ビジネス環境も 1997 年以降著しく改善された．チェボルの改革は，すべての韓国企業のコーポレート・ガバナンス，経営の透明性と説明責任の基準を引き上げた．新しい法律は，韓国の労働市場の柔軟性を実質的に増大させた．また，韓国の社会と文化も，FDI 環境に助けとなるようになった[3]．その結果として，韓国における対内 FDI は，1998 年から 2000 年までの 3 年間に急増し，2001 年から 2002 年の後退の後に，2004 年には 77 億 US ドルへ徐々に増加した（UNCTAD 2005）．

　韓国における FDI 条件のこれらの変更によって，長期にわたって韓国における FDI のパターンは移行した．1997 年の金融危機以前に，韓国は，経済発展を刺激し，先端技術を誘致するために FDI を必要とし，外国の投資家は韓国の相対的に低廉な労働力に参入しようとした．したがって，対内 FDI の典型的なパターンは，それら自体で会社あるいは韓国のパートナーと新しい合弁事業会社としての新会社を設立するか，グリーン・フィールド投資であった．M&A の許可を含めた全面的な自由化と国際化を追求する政府の政策によって金融危機以後，新しい投資パターンが出現した．海外の投資家は，金融危機によって問題を抱えた韓国企業に魅力を感じ，そして，すべての株式を取得するか，パートナーとして経営に参加する権利を得ることができる割合の株式を購入した（Lee 1999）．

　韓国におけるほとんどの FDI プロジェクトは，合弁事業の形態をとっている．リーならびにリー（2004）が確認したように，1998 年から 2000 年までの期間に，韓国の FDI のおよそ 55 パーセントは，合弁事業の形態をとっていた（Kwon 2003, p. 25）．FDI のプロジェクト数について，2,000 件以上が 1998 年から 2004 年の期間に毎年行われた．それは，かなりの数の IJV が毎年設立されたことを示している（MOCIE 2006）．韓国における IJV のパートナーは，ほと

んどがアメリカもしくは日本だった．1990年から1999年の期間に，韓国におけるIJVの50パーセントはアメリカと，22パーセントは日本との間で設立され，韓国ではこの2ヵ国の技術と市場に対してかなり信頼がおかれている（Jun and Yo 2002）．この期間に，IJVの46.8パーセントは，技術開発と販売の分野で設立された（Jun and Yo 2002）．

韓国の環境のいくつかの特徴によって，IJVは外国の企業にとって魅力ある参入方法であった．韓国市場は外国企業によって進出しやすいけれども，韓国のビジネス環境は，依然として複雑で，不確実である．韓国の文化的複雑性，韓国人による外国人に対する基本的な不信感や国産品に対する一般的な好み，ビジネスを立ち上げる際にかかる高い費用などを組み合わせたものは，ほとんどの外国企業にとってもっとも適切な参入の選択肢ではなかったが，全所有の子会社を設立させた（Kwon 2006）．韓国のパートナーとの合弁事業によって参入することは，現地市場の知識，現地の契約，政府の奨励策，韓国コミュニティ内の外国人に対する不信感からのマイナスの影響を克服することなどを含んだ多くの利点がある．韓国人は，外国人に対して一般に不信感を抱いている．つまり，1945年の第二次世界大戦の終焉によって終わった日本の占領下でほとんどの韓国人が耐えなければならなかった苦難の記憶によって影響された性質である．ナショナリズムは，依然としてそれが日用品の購買について消費の多くの側面に影響を与える点では韓国において強力な力となっている．それゆえ，韓国企業とパートナーを組むことは，ナショナリズムや外国人嫌いの傾向というマイナスの商業的結果を軽減している．おそらく，その他の参入方法よりもIJVがもっとも説得力をもっている理由の1つは，韓国の規制，ビジネスや政治的環境，韓国のパートナーがもちたいと望んでいる広範囲にわたる個人的なネットワーク能力などに関する知識である．韓国でビジネスを行うときには，個人的な人間関係がもっとも重要である（Kwon 2006）．

外国市場で事業を設立し，経営することに関連したコストとリスクの両者が高いとき，企業は，その外国市場で国内の合弁事業のパートナーとこれらのリスクとコストを分担することを望んでいる．これは，特にコストのかかる先端技術産業やハイリスクの研究開発活動にあてはまっている．したがって，韓国

でこれらの分野で活動しようとしている企業が韓国企業との合弁事業へ参入することはもっとも適切であろう．そうすることによって，外国企業（特に，小企業）は，その他の方法ではあまりにも費用がかかりすぎる資源にも直接参入することができる．このことは，特に，韓国で人的資源と専門的な知識に関してあてはまっている．最近，特に，電子機器やテレコミュニケーションにおける多くのチェボルは，先端技術のスピーディな開発のために外国企業との合弁事業へ参入した．

クォン（2003）は，ほとんどの外国企業が，技術と経営やマーケティングのノウハウを含んだ企業特有の優位によって韓国で起こっているビジネス・チャンスを利用するために韓国でFDIを行うことを選択したと明らかにした．それらは，投資先を探している対象国として，あるいは，その他のアジア諸国の市場へ参入するための足がかりとして，一般に韓国を考えていなかった．韓国でビジネス・チャンスを利用するために，外国のパートナーと韓国のパートナーが韓国で設立したIJVには多くのケースがある．また，オーストラリアの銀行であるマッコーリー銀行（Macquarie Bank）も，韓国のパートナーとの合弁事業をはじめた．クックミン銀行（Kookmin Bank）と，マッコーリーは，クックミン・マッコーリー・ビジネス（Kookmin Macquarie Business Cooperation）を設立し，韓国における金融デリバティブを開拓し，今や韓国市場のリーダーの1つとなった．シンハン銀行（Shinhan Bank）とマッコーリーは，投資銀行サービスを提供することを第一に重視したシンハン・マッコーリー・ファイナンシャル・アドバイザー（Shinhan Macquarie Financial Advisory）を設立した[4]．1999年に，サムソンとテスコ（Tesco PLC，イギリス）は，韓国の小売部門へ深く進出するために合弁事業（Samsung-Tesco）をはじめた．そこでは，テスコが小売業のための資本，経営技術，IT技術を提供し，サムソンは相乗効果をつくり出すために強力な現地のバックグラウンドを提供した[5]．

補完的資源を十分に活用するために，キア自動車（Kia Motors）は，1988年にフォード・モーター（Ford Motor Company）との合弁事業をはじめた．フォードは，キアの流通とアフター・サービスのネットワークに関心がある一方，そのような自動車を生産するための技術移転があまりにも費用がかかるとき

に，キアは製品ラインを補完するプレミアム・モデルを求めた (Kim et al. 2004)．2002年に，韓国石油化学 (Korea Petrochemical: KPIC) とオドフェル (Odfjell, ノルウェー) は，補完的資源のために合弁事業 (Odfjell Terminals Korea) をはじめた．生産会社である KPIC は，安定した販売ネットワークを必要とし，輸送会社であるオドフェルは，輸送サービスの需要を増大させることを必要とし，韓国における北アジアのハブを建設しようと望んでいた[6]．電子機器とテレコミュニケーション部門において，日本に本拠地をおく日本電気硝子 (Nippon Electric Glass) は，「生産性を向上させることと同様に，LCD 部品の安定供給を確保する」ために 2005 年のはじめに LG フィリップス (LG Philips) と合弁事業をはじめた (WWP Inc. 2005)．もう1つの日系企業であるソニー (Sony) は，タンジョン (Tangjeong) の新しい工場で第 7 世代の TFT LCD 製品を生産するために S-LCG Corp. の社名でサムソン電子と 50：50 の合弁事業をはじめた (WWP Inc. 2004)．相対的に IJV は，より広く，アジアへの次の拡大の足がかりとして，韓国を利用するためにはほとんど設立されなかった．例として，航空機とエンジニアリング製品を取り扱うアメリカに本拠地をおくカーティス・ライト (Curtiss-Wright) は，その地域における製品の販売を拡大するために韓国のパートナーと合弁事業を設立した (PR Newswire 2002)．

　また，多くの IJV は，新技術を開発し，その開発に関連したリスクとコストを削減するために設立された．ヴァレオ (Vareo, フランス)，デュポン・エレクトロニック・テクノロジー (Du Pont Electoronic Techinology)，アメリカに本拠地をおく VAXGN は，韓国のパートナーと新技術の開発を共同で行うことを重視した若干の例である[7]．さらに，Perstop (スウェーデン)，Nortel (カナダ)，SingTel (シンガポール) は，最近韓国で合弁事業を設立した[8]．ジュンならびにヨー (Jun and Yo 2004) は，1990 年から 2000 年の期間に韓国のニュース・メディアで報告された合弁事業のそれを明らかにした．つまり，合弁事業の 52.5 パーセントは，3 つの分野——電気と電子，テレコミュニケーション，コンピュータと半導体——で設立され，60.5 パーセントは，新技術を開発し，関連したコストとリスクを削減するために設立された．

10.3.2　韓国の合弁事業に関連した法律と規制

1998年に制定された外国投資振興法（Foreign Investment Promotion Act）は，韓国における外国からの投資活動に対するこれまでの制限や障害を大幅に減らした[9]．同法によって導入されたネガティブ・システムとともに，認可制度は，合弁事業が開放されたビジネス部門に入る限り，簡単な報告制度に置き換えられた．会社設立の一部として，最低額の払込資本が義務づけられている．追加資金が最初に認可された金額以上に必要とされる場合に，韓国の資金源から資金を調達することについては依然として多くの制限が存在している．

韓国商法（Korean Commercial Code）は，4つのタイプの企業組織を明らかにしている．すなわち，合名会社，合資会社，有限会社，株式会社である（Lee 1999）．株式会社は，これまで，西洋世界における会社組織のように韓国における企業組織のもっとも一般的に用いられている形態である．有限会社は，出資者が2人以上50人以下であることが必要であり，そして，株式の譲渡には出資者の同意が必要であることを除いて，基本的に株式会社と同じである．株式会社あるいは有限会社として設立されたIJVには，代表取締役と取締役会がある．国内企業と同様に，IJVは，韓国の独占禁止法，公正取引法，労働法に従う．

公式に設立された後，合弁事業は，行おうとしているビジネスを経営するためには政府の認可を受ける必要がある．また，企業の本社が設置されている場所に裁判権がある現地の地方裁判所と，現地の税務署へ登記しなければならない．合弁事業は，企業の法人税と資産売却税を必要としている．これらの税は，IJVにおける外国のパートナーに適用される二重課税防止条約の規定を受ける必要がある．韓国には，50ヵ国以上との租税条約がある．選択された分野におけるFDIを奨励するために，韓国政府は，先端技術にかかわる投資や外国人投資地帯（Foreign Investment Zone）へ行われる投資に税優遇措置を与えている．技術革新に貢献している企業は，事業を開始した最初の7年間の法人税，収益税，配当税が免除され，そして，これらの税金の50パーセントの減税が次の3年間に許可されている．IJVの外国所有株は，地方税を8年から15

年間免除され，また産業活動のために輸入された商品の関税，消費税，付加価値税も免除されている．大規模なFDIプロジェクトを誘致しようとして，外国人投資地帯が主に対象としている製造業に導入された．特別減税や税の免除は，これらの外国人投資地帯内に外国から投資された企業に適用されている．

　IJVあるいは関連した協定のもとで生じた紛争を解決するために，両当事者は，韓国の内外の裁判所に自由に訴えることができる．紛争の解決方法として，韓国では調停の利用に法律的制限はまったくない．外国の当事者と韓国の当事者間のほとんどのIJV協定は，起こる可能性のある紛争を解決しようとして仲裁条項を含んでいる．一般に，仲裁裁定は，合弁事業のパートナーのいずれの国でもよい．韓国は，1958年の海外仲裁裁定の承認と施行に関する国連協定（UN Convention on the Recognition and Enforcement of Foreign Arbitral Awards of 1958）に加盟し，外国の仲裁裁定の施行は同国連委員会に従って加盟国間で承認されている．

10.3.3　IJVの所有構造

　株式資本あるいは所有の比率は，IJVを設立する際のもっとも敏感で物議をかもす問題の1つである．過半数の株式を所有する株主は，一般的に合弁事業の経営を支配するであろう．ほとんどの韓国企業，特にチェボルは，一族で所有され，管理されている企業であり，それらは，企業に対する支配を維持するために過半数の株式を所有する状況を望んでいる（Tung 1991）．チェボルが負債資本に非常に頼ることは，企業を支配するという好みを示している．株式の過半数を所有するという韓国企業の好みは，韓国の海外投資に反映されている．50パーセント以上の株式を所有する韓国企業による海外投資プロジェクトは，1999年までの長い期間に83パーセントまで増加した（Kwon and Oh 2001, p. 24）．同様の傾向は，キムならびにその他（2000）によっても明らかにされた．また，西洋企業も，IJVの経営を支配するために，そして，知的財産を保護するためにも過半数の株式の所有を望んでいる．

　株式所有の比率は，交渉技術に加えて，交渉力，戦略目標，各々のパートナ

ーのグローバル・コントロールの必要条件に左右される[10]．1997 年の金融危機後すぐに韓国内の IJV に対して，韓国企業は，生き残りのために外国資本をしゃにむに必要とした．そして，その多くは，過半数の株式を所有するという外国のパートナーの要求に屈した．Y. C. クォン（2001）は，韓国における 94 の IJV の調査から，標本抽出された外国企業の 40.4 パーセントが 51 パーセント以上の株式を所有し，33 パーセントが 50 パーセントの株式を所有していたと明らかにした．

2001 年以降の英語版のビジネス新聞の通り一遍の調査は，株式による合弁事業が最近韓国で設立された IJV のもっとも一般的な形態であると示唆している[11]．外国のパートナーによって投資された株式の比率は，ほとんどが支配できる株式の 51 パーセントである．このことは，おそらく，韓国における IJV 企業の支配に関する典型的な外国のパートナーの関心，あるいは，外国企業が 1997 年の金融危機直後に技術や財務能力における強力な交渉力によって行う優位を反映している[12]．最近，多くの IJV のパートーナーシップは，50：50 の株式比率によって韓国で設立されてきた[13]．また，80：20，90：10 などというようなその他の株式構成の IJV も存在している[14]．新技術の急速な発展のために，同じ分野の企業は，株式による合弁事業よりもむしろ，協力協定と呼ばれている契約による提携を設定している[15]．

IJV の所有は，静態的なままではない．ほとんどの場合に，それは，合弁事業を経営するにつれて，長期にわたって変化している．合弁事業の財務業績と当初の所有構造の両者は，将来の所有に重要な影響を及ぼす．ネスレ（Nestlé）は，規制されている現地の専門的技術に接近するために現地のパートナーと合弁事業の形で韓国を含む外国へ参入し，数年のうちに現地のパートナーを買い取るという合弁事業戦略で有名である．また，サムソン・テスコも，そのパートナーであるサムソンが所有していた株式のほとんどを買い取った（Kollewe 2004）[16]．中国における韓国企業と中国企業の IJV に関する研究から，リーならびにその他（Rhee et al. 2001）は，IJV の財務業績が産業の平均よりもよいか悪いかのいずれかであるとき，所有構造を変更する可能性が増大する傾向にあることを明らかにした．また，彼らは，事業開始時の株式所有構造が均等な場

合より，不均等な状態でスタートした合弁事業の方が，後に所有構造を変更する傾向があると見出した．すでに述べたように，リーならびにその他（2001）による研究と一致して，クォンならびにオ（2001），キムならびにその他（2000）は，韓国における過半数の株式を所有した海外の合弁事業が長年かかって株式を増加させる傾向があることを明らかにした．

10.4　韓国におけるIJVの経営

すでに述べたように，海外の企業が市場参入する形態として人気があるにもかかわらず，IJVの失敗率は高い．韓国の状況で，ラセール（1999）は，IJVの西洋のマネジャーが相対的に満足度が低いと明らかにした．失敗したIJVは通常報告されてこなかったが，韓国における合弁事業の失敗は2001年以来ごく少数だけ報告されている．オーストラリアに本拠地をおく映画とエンターテインメント会社であるビレッジ・ロードショー（Village Roadshow）は，支配が利かないということをオーストラリアの会社が認めたために，韓国の映画グループであるCGVの50パーセントの株式をオランダの会社であるアジア映画ホールディングス（Asia Cinema Holdings）へ売却した（ABC News 2002）．2005年の後半に，ヨーロッパ最大の消費者用電子機器会社であるフィリップス（Philips）は，LG電子（LG Electronics）との合弁事業であるLGフィリップス・ディスプレイズ（LG Philips Displays）の手元にあった株式の帳簿価値を償却費として記載した（Bickerton 2005）．IJVの高い失敗率は，一般に財務あるいは技術問題というよりもむしろ，経営問題に起因している（Park et al. 2002）．韓国の状況で，経営問題は，通常，合弁事業の失敗の主要な原因となっているお互いのパートナーが相容れないことに由来している．

10.4.1　戦略的適合

IJVの成功にとってもっとも重要な理由の1つは，パートナーの長期的戦略目標との一致である．韓国企業が短期的利益よりも長期的成長とマーケット・

シェアに対する傾向を強くもっていることはよく知られている（Tung 1991）．このことは，韓国で支配的な傾向がある長期的志向と，創立者とその一族による韓国企業の所有の集中との両者を反映している．また，この考え方は，朝鮮戦争後およそ 40 年にわたっての，政府による成長と拡大戦略の強力な推進を反映している．しかしながら，ヒットならびにその他（Hitt et al. 1997），またその他の研究者が述べているように，韓国企業によるこのような戦略志向は，短期利益の極大化によって株主に対する企業価値を高めようとする西洋企業に共通した考えとはまさに正反対である．それゆえ，この違いが認識され，対処されない限り，短期利益を生み出し，韓国外へ配当をすばやく送るという海外のパートナーの目標と，また，企業の成長を実現するばかりではなく，韓国の経済や社会一般の安寧に全体的に貢献するという現地パートナーの目標をめぐって，IJV の韓国と西洋のパートナー間で基本的な緊張が次第に生じているようである．

　Y. C. クォン（2001）は，戦略的適合（および，組織的適合）が両パートナーによる相互の信頼とかかわりあいを生み出し，次に，合弁事業関係によるパートナー同士の満足や，韓国における IJV の全体的目的の達成や成功の一因となっていることを明らかにした．クォンの調査結果は，合弁事業に対する両パートナーのかかわりあいの重要性についてのラセールならびにシュッテ（1995）の議論と一致しているように思われる．韓国における多くの IJV は，戦略目標の違いのために大部分失敗した．ひどいケースの 1 つは，1984 年にアメリカのゼネラル・モータース（General Motors：GM）と韓国のデーウ・モータース（Deawoo Motors）によって 50：50 の合弁事業が設立され，1992 年に解消したことである．提携している間，GM が提供した経営や技術上のアドバイスによって，デーウが実際の経営の大部分を担ってきた．賃上げ，品質管理，マーケティング，人間関係における文化的違いのインパクトというような問題をめぐって対立が多かった．しかし，合弁事業の解消の主要な理由は，デーウの絶え間ない拡大の提案とこの提案に対する GM の拒否にあった（Hill 2001）．

　もしパートナーに楽観的な動機があったならば，通常合弁事業が不満足な業績と不安定であるとき，合弁事業とのかかわりは低くなるであろう．リーなら

びにリー（2004）によって，外国のパートナーの親会社が韓国のパートナーが非常に楽観的な動機をもっているともし見抜けたならば，その親会社が合弁事業の経営をしっかり監視するためにHRMを合弁事業に委譲するということが韓国におけるIJVについての経験的研究から明らかにされた．しかしながら，もし韓国のパートナーが外国のパートナーによって信頼されるならば，合弁事業のHRMは，親会社による遠隔操作によって支配される傾向にある．

10.4.2 資源的適合

1997年の金融危機以前に，外国企業とIJVを設立することで，韓国企業は，本質的に合弁事業のパートナーから技術を手に入れることで動機づけられていると西洋の実業界で評判になった（Tung 1991; Lasserré and Schutte 1995）．しかしながら，金融危機以来，韓国企業は，先端技術のためばかりではなく，外国資本のためにもIJVへ参入し，韓国企業は通常人的資源と大量生産施設を提供するであろう．資源的適合が一致し，そして，各々のパートナーがその他のパートナーの資源に接近できるとき，協力を続けようとするパートナーは少なくなるであろう．もし資源と必要性のそれらの補完性が継続して明らかにされ，各々のパートナーが合弁事業における競争的成功を確実にするのに必要とされる資源に貢献する意志がなく，またそのことが可能でない限り，パートナー間に紛争が起こり，合弁事業はおそらく一方のパートナーによる吸収によって解消される（Tung 1991）[17]．

10.4.3 文化的適合

経験的研究は，文化的一致が，韓国におけるIJVの成功にとってきわめて重要であることを示している．Y. C. クォン（2001）は，企業文化の一致がIJVパートナー間の満足のいく関係を維持し，その事業の目標を達成するために重要な要因であることを明らかにした．第3章で説明されたように，韓国人は，階級的集団主義，家父長制家族主義，権威主義，地位意識，世俗主義，強いナシ

ョナリズムを支えている儒教によって大いに影響される独特な文化をもっている[18]．それゆえ，多くの研究が示しているように，IJV パートナーがとりわけ特異な文化特性を理解しあい，お互いに便宜を図り，合わせようとしない限り，文化相互間の誤解と対立は IJV の経営に遅かれ早かれ必ず生ずる[19]．

　韓国における IJV の文化的対立の1つの重要な原因は，韓国における個人的な人間関係を重視することに関係している．1997年の金融危機，また，グローバリゼーションの出現以後でさえも，個人の相互関係は，依然として，大部分多階層のグループから構成されている韓国社会のがんじがらめに結びついた特質のゆえに，韓国においては特にビジネスのあらゆる側面で重要である．韓国人は，信用している人々とビジネスを行う傾向がある．2002年の韓国における外国人ビジネス・パーソンに関する広範囲にわたる調査によれば，本著者は，外国人が韓国の現場の経営における重要な難しさをビジネスにおける個人的な人間関係の重要性と考えていると明らかにした（Kwon 2006）．韓国人は，個人的にも職業的にも，一生涯を通して家族の絆，高等学校や大学の結びつき，地域の結びつき，軍隊の結びつきなどに基づいた個人的な人間関係を維持し，育てている．韓国のビジネス・パーソンは，潜在的なビジネス関係を評価する際に，初期の段階よりも多少客観的になるが，コネをもつことがビジネスでは依然として有利である．ひいきやチャンスがしばしば与えられ，個人的な人間関係に基づいて韓国の実業界では契約が署名される[20]．韓国で合弁事業を行う際に必要とされる個人的な人間関係のもう1つの重要な側面は，韓国政府が国の経済や経営活動のすべての側面に対して強く影響力を及ぼしているので，政府の関連する省庁と良好な関係をつくり，維持することである．韓国人はこれらの個人的な人間関係の継続期間をかなり重要視しているので，韓国で信頼関係を築き上げるには時間がかかる．

　個人的な人間関係を非常に重視しているので，韓国人は，ある意味では，西洋人とは基本的に違った契約上の義務の概念をもっている．彼らは，法律的な協定を結ぶことよりも個人的な同意として契約を考え，そして，ビジネス関係を維持する方法としてビジネス環境が変化するにつれて契約を変更しようと望んでいる．ビジネス契約が存続している場合に，韓国人は，典型的に契約書あ

るいは法制度に訴えないで，インフォーマルなチャネルによって紛争を解決することを好んでいる．

多くの東アジア人のように，韓国人は，知らない人，特に外国人を相対的に警戒する文化をもっていると称されている．特に，韓国には外国企業との合弁事業が相対的に短い寿命しかもっていないと考える認識が強く存在している (Park 1991)．この認識は，韓国人がリスクを嫌い，可能である場合には長期的な雇用を確保することを好む傾向があるために，外国企業あるいはIJVにおける雇用を不名誉だとしている．それゆえ，合弁事業は，最上級の現地経営を誘致する上で，重大な困難にぶつかっている．このことに加えて，多くの韓国人は，外国人と働くことに関連した余分な言語や文化的問題を背負い込むことを嫌がっている．

パク (1991) は，現地マネジャーが管理する企業に対して，合弁事業の現地マネジャーによって認識されている経営の結束のレベルが，純粋な現地企業の韓国人マネジャーによる認識のレベルよりもはるかに低いことを明らかにした．このことは，IJVに対する韓国人労働者の忠誠心あるいは愛着心が純粋な韓国企業に対するほどではないことを示している．パクの調査によれば，報酬における不平等さの意識が合弁事業の現地マネジャーの活動状況の結束を下げるもっとも重要な要因であるということが明らかになった．これに続いたのは，韓国人が外国企業につけた「マイナスのグループ・イメージ」であった．韓国人が働く企業のステータスと企業内の雇用のステータスの両者が，企業の範囲を超えた個人の社会的ステータスに影響を及ぼす上で役立っている．外国企業の短期志向の認識から結果としてもたらされる「時間の意識」とフラットに組織された外国企業内の相対的にわずかな職位のゆえに，外国企業あるいはIJVは，韓国企業ほど権威があるとは韓国人によってみなされていない．したがって，外国企業は，ステータス意識の強い社会では相対的に不利である．すべてのこれらのマイナスのイメージは，合弁事業の経営の一致性の分離につながっている．

どんな国の状況におけるIJVでも，文化的一致が韓国で合弁事業を成功させる上では不可欠な要因である．韓国文化が個人的な人間関係を比較的に強く重

要視していることから，Y. C. クォン（2001）が指摘したように，合弁事業の成功は，各々のパートナーが合弁事業の経営にとる傾向がある違った取り組みの価値観についてオープンで，相互に共通し，尊敬に満ちたコミュニケーションに左右される．また，それらは，個人的な人間関係を築き上げるのに時間がかかることから，進展させるのには時間が必要である．スピードあるいは効率は，外国文化や文化的一致の発展を理解する上では役に立たないであろう．

10.4.4 組織的適合

顕著な韓国文化の特性は，韓国の企業文化にも深く留められている．第8章で説明されたように，意思決定，組織，指揮，統制メカニズムを含んだ韓国の経営システムは，西洋のシステムとは著しく異なっている．韓国の経営システムの特徴は，トップ・ダウンの意思決定，グループの和を重視した階層的組織，年功序列と終身雇用による指揮と統制，権威主義や家父長制家族主義のリーダーシップなどを含んでいる．これらのすべての特徴の基礎となっているのは，フォーマルとインフォーマルの個人的な人間関係である．西洋のビジネス・パーソンは，韓国の内部の経営手続きが硬直的で非効率であると認めている．

韓国のパートナーと外国のパートナーの親会社間では組織慣行が通常著しく違っていることを考慮すると，韓国のIJVは，特に技術の保護，経営統制，HRM，業績評価の考慮要因に対して，これらの違いを調節するような独自の組織設計を採用しなければならない．すでに述べたように，韓国企業のなかには，合弁事業のパートナーから技術を手に入れる可能性によって動機づけられ，その結果，合弁事業は，ご都合主義的な行動をとるパートナーの技術を盗むことを含むリスクを減らす構造にしなければならない[21]．合弁事業は，一方のパートナーの重要な技術がもう一方のパートナーから壁で囲むように構成される[22]．また，合弁事業も，機に乗じた行動を避けるように，貴重な技術をパートナー間で物々交換するように工夫されるであろう．

組織設計におけるより敏感な問題の1つは，合弁事業のパートナーに割り当

てられた経営のコントロールの割合である．経営形態では4つのタイプがもっとも一般的である．すなわち，分担したコントロール経営，外国のパートナーの優位な経営，現地のパートナーの優位な経営，分割したコントロール経営である (Cullen 1999, p. 377)．合弁事業に選択される経営構造のタイプは，通常各々のパートナーの貢献と経営の優先権に依存している．多くの場合に，パートナーは，等しい所有権と資源の貢献をもって合弁事業に参入し，相対的にバランスの取れた経営システムを採用している．これらのバランスの取れたシステムは，分担したり，分割した経営構造を含んでいる．前者はすべての経営の側面に対して両パートナーが等しくコントロールを分担することにかかわるが，後者は経営のコントロールの諸側面を分割し，各々のパートナーに特定の側面を割り当てる．

外国企業が同じ技術をもった韓国の合弁事業のパートナーを選び，両パートナーが合弁事業に等しく貢献する場合に，各々のパートナーが戦略上や業務上の意思決定におよそ同数のマネジャーを割り当てられるように，通常分担した経営構造が採用される．外国企業がそれ自体と違った技術をもった韓国の合弁事業のパートナーを選び，パートナーが組織に等しく貢献する場合には，分割した経営構造が通常採用される．両パートナーは，典型的に戦略的な意思決定に対して統制を分担するが，各パートナーは，特定のコンピタンスや技術に対応して生産，マーケティング，研究開発などというような業務上の意思決定の特定の側面に対する責任を割り当てられる (Cullen 1999, p. 378)．

チェならびにビーミッシュ (Choi and Beamish 2004) は，「分割したコントロール経営」が韓国のIJVにとってもっとも優れた経営形態であると韓国における71のIJVの研究から明らかにした．彼らは，分割したコントロール経営の概念が補完的資源の貢献に基づいており，各々のパートナーが資源の補完を最大化するようにそれ自体の企業に特有な優位をコントロールすることにかかわりがあると説明している．彼らの経験的研究は，残りの3つの経営形態間に業績の違いをまったく見出せなかったし，その結果，韓国では外国と現地の両パートナーがコントロールを分割し，各々の補完的資源に責任を割り当てることを強く示唆している．

その他の重要な組織設計上の問題は，合弁事業の社員を募集し，配置し，評価することを含んだHRMに関連している．すでに述べたように，文化的な問題は，両者の親会社とまったく違った合弁事業のHRMを実施するので，HRMのすでに複雑な問題をいっそう複雑にする．合弁事業の労働者を選抜するときに，親会社は，現地で，また国際的に雇用されるスタッフの割合，そして，合弁事業内のそれらのポジションを決定しなければならない．現地の労働者を用いる望ましさを評価することには，熟練，労働法，労働の供給，文化的価値観というような考慮要因が含まれる．現地の労働者を雇用する外国企業あるいは合弁会社は，韓国の法律が規定される．韓国には，労働に対する高い意識をもち，高等教育を受けた熟練労働者のしっかりした供給がある．スタッフの地位に対する評価基準においてパートナー間には違いがあるようである．たとえば，韓国のパートナーはグループ作業に対する従順さと能力に好意を示すが，西洋のパートナーはイニシアティブ，独立性，リーダーシップ・スキルを重視するようである．このことに関連づけて，パク (1991) は，西洋の駐在員のマネジャーが現地の従業員の士気を高めるために一時的な，金銭上の，個人的な解決策を採用する傾向がある一方，韓国のマネジャーは非金銭的な，名誉上の，グループの報奨を採用していると述べている．

　韓国人に対応するときに，外国人マネジャーは，その他の要因と同様に年齢や教育レベルに基づいて韓国の労働者における社会階層を認識するべきである．外国企業が合弁事業へ送り込むマネジャーは，年をとっており，高等教育を受けており，重要な職場と経営の経験をもっている．このことは，韓国人が年功を知識や知恵と結びつけており，そして，年をとった従業員が彼らよりもその他の若いあらゆる人々から尊敬されていることから，合弁事業の成功の見通しには重要である．したがって，若い外国人マネジャーは，その才能にもかかわらず，韓国のビジネス環境ではしっかりしているとか，尊敬されているとかは受け取られない．また，かなりの数の韓国人が博士号をもっていることを反映しているように，韓国人は，高学歴の人々を尊敬する[23]．

　Y. C. クォン (2001) による経験的研究は，パートナーとのかかわりあいが合弁事業の業績に対して重要なプラスの影響を与えるという予想を確認してい

る．合弁事業のマネジャーが合弁事業に対するスタッフの参加と忠誠心を高めるために，提携の理由，提携に対する親会社の目標，そのポジション，貢献，責任などについてスタッフを教育することは重要である．韓国の労働者が会社に対して忠誠心をもつ以前に自分の上司に最初に忠誠心を示し，彼らを雇用している合弁事業よりも韓国人の管理者に忠誠心を感じるということは一般に認識されている．したがって，韓国人が韓国人によって管理されることがもっとも適切である．外国企業は，外国に在住しているか，外国で教育を受けた韓国人を経営目的のために韓国へ送り込むならば，現地の経営には多くの点で価値があるけれども，これらの人々が自分たちの会社の利益以前に韓国企業に興味をもつように圧力を感じるということを正しく評価する必要がある．韓国人は，一般に強いナショナリズムをもっており，人間関係志向的であり，外国の雇用者に義務があるにもかかわらず，強い人間関係をつくり上げた韓国人の友人を援助するように容易に説得されるであろう．

10.5 おわりに

韓国におけるIJVの最近の増加を考慮して，本章は，その顕著な特徴，それらを鼓舞し，持続する動機づけ，経営に関する問題を検討した．企業は，コストとリスクを分担し，補完的な資源を結びつけることによって相乗効果を入手するために合弁事業へ参入する．韓国のような新興国において，典型的な合弁事業の構造は，外国のパートナーが製品や加工処理技術，ブランド・ネームあるいはトレード・マーク，海外のマーケティング支援というような企業特有の優位に貢献するものである．現地のパートナーの企業特有の優位は，マーケティングや人事の実務の形で現地の知識に関連した専門的知識，国内の政府機関との関係の管理を含んでいる．

市場参入の形態として優位と人気があるにもかかわらず，韓国におけるIJVには，相容れず，非協力的なパートナーの選択と経営問題に大部分が起因する失敗率が高い．本章は，4つの重要な点，すなわち，戦略，資源，文化，組織についてパートナー間の適合にかかわるラセールならびにシュッテ（1995）に

よって提起された適切なパートナーの選択の基準を考察した．パートナーの下手な選択は，経営問題につながる．しかしながら，もしパートナーが4つすべての点でお互いに一致し，相容れるならば，合弁事業は，通常効率的に，成功裏に管理され，結局相互の利益につながる．

　外国のMNEは，主に韓国におけるビジネス・チャンスを組み込んで利用するために韓国企業との合弁事業へ参入している．投資先を探している対象国として，あるいは，その他のアジア諸国への次の拡大の足がかりとして，合弁事業は韓国にはほとんど設立されていない．韓国におけるほとんどの戦略提携の相手は，技術開発と販売のためにアメリカと日本の企業であった．韓国で合弁事業を設立するための法律的枠組みは，西洋の先進諸国の枠組みに匹敵している．近年に設立された合弁事業にとって，コントロールの分担は，主に外国のパートナーによって握られており，それは，外国のパートナーが技術や資本というような重要な資源の供給によって通常高い交渉力をもっていることを示している．金融危機後の改革以降，50：50の資本比率をもつ非常に多くの合弁事業が，新技術の迅速な開発を目的に，電子機器やテレコミュニケーションの分野で設立された．

　本章は，合弁事業の成功のためにパートナーの適合性の重要性を示す経験的調査結果を考察した．戦略的志向，企業文化，経営コントロール，HRM，経営上の秘密や機密，契約上の義務の認識などにおける外国のパートナーと韓国のそれとの間で妥協できない違いから相容れないことが生じる．外国のパートナーが通常好む短期的利益よりも長期的成長を韓国企業が強く好むことは，経営問題の原因となっている．パートナーは，合弁事業の継続的な成功のために資源の補完を維持する必要がある．というのは，それがなければ，協力する必要性が減り，一方のパートナーがもう一方の貢献を買い占めてしまうからである．

　文化的一致は，韓国での合弁事業の成功には不可欠である．韓国文化は，個人的な人間関係を非常に重要視しており，それは，外国人がかなり文化的多様性を認識することへつながる．それゆえ，合弁事業内で文化的一致を築きあげることは，すべてのパートナーにとって骨の折れる課題である．また，それ

は，各々のパートナーが合弁事業の経営にとる傾向があるさまざまな取り組みの価値観について心を開き，双方向で，ていねいなコミュニケーションを必要としている．合弁事業経営の重要な問題の1つは，各々のパートナーに割り当てられた経営コントロールの割合である．各々の合弁事業のパートナーがそれ自体の企業に特有な優位をコントロールすることに関連した分割したコントロール経営は，分担したコントロール，外国のパートナーの優位な経営，韓国のパートナーの優位な経営というようなその他の形態と比較したとき，韓国におけるIJV経営にとってもっとも優れた形態であった．

韓国における合弁事業経営のもう1つの重要な問題は，韓国文化によって大いに影響されるHRMである．HRMにおける難しさには，IJVが短期的な期待をもち，そして，雇用目的に対しても低い威信しかもっておらず，そのことが，有能で，やる気があり，忠誠心の高い現地スタッフを募集する上で難しさを生み出すという韓国人の認識も含まれる．これらの難しさは，低レベルの経営の一致性や合弁事業に対する低い全体的かかわりあいにつながる．したがって，合弁事業のマネジャーが提携のビジョンや長期的かかわりあいについてスタッフを教育することはきわめて重要である．合弁事業へ駐在員を送り込む際に，外国のパートナーは，現地の文化によく適応し，さらに重要なことに現地の仲間から受け入れられ，尊敬される人々を選ぶべきである．

合弁事業は，喜んでリスクとコストを分担し，韓国のパートナーと相乗効果を生み出そうとして韓国市場へ参入しようとする外国企業にとって適切な参入方法である．成功するために，外国のパートナーは，韓国市場において長期にわたって存在することを明言するべきであり，戦略目標，資源的貢献，文化的態度，組織形態において現地のパートナーとその補完と適合性を維持するべきである．それらは，韓国の特異な文化，経営慣行，現地の企業文化に適応する準備をするべきである．韓国における合弁事業の成功のこれらの必要条件は，BATコリア（イギリスBATの全所有の子会社）やサムソン・テスコ（合弁事業）の成功の経営分析者の評価において簡潔に把握された．すなわち，「サムソン・テスコやBATコリアは，外国企業のもっとも成功した2例として考えられている．それらは，どこか他でうまくいっている経営戦略に基づいた経営に

固執する代わりに，初期の段階で韓国市場での成功にとって主要な鍵として現地化の重要性を認識し，それに従って行動した」(Park 2006).

(訳・奥本勝彦)

注

1) マッキンゼー (McKinsey & Company) やクーパー・アンド・リブランド (Coopers & Lybrand) の調査によれば，国際的戦略提携のおよそ 70 パーセントは，シェンカーならびにルォ (2004, p. 317) で引用されたように，期待に添っていない.
2) シェンカーならびにルォ (2004) とビーミッシュならびにその他 (2000) は，用語がラセールならびにシュッテ (1995) のものとは多少違っていたけれども，同じような基準を提案した.
3) 2005 年に実施された調査は，回答者の 50 パーセント以上が外国の投資家に対して肯定的な態度をもち，韓国経済とコーポレート・ガバナンスを高めることの両者に対する貢献を評価したことを明らかにした.
4) Macquarie Bank (2005).
5) KIEP (n. d.).
6) Invest Korea (2005),「サクセス・ストーリー── Odfjell Terminals Korea Co. Ltd」. http://www.investkorea.org/templet/type 18/l/list.jsp, 15 May 2006.
7) 3つのケース，つまり，PR Newswire Europe (2005), Elsevier Engineering Information (2003), WWP Inc. (2002b) のそれぞれを参照されたい.
8) 3つのケース，つまり，Elsevier Engineering Information (2003), Invest Korea (2005), Australian Stock Exchange Company Announcements (2002) のそれぞれを参照されたい.
9) 本節で論及した IJV に関連した法律と規制は，リー (1999) によっている.
10) 韓国の海外投資プロジェクトの場合に，キムならびにその他 (2000) は，所有に関する交渉力の重要な決定要因が技術と財務能力にあると明らかにした.
11) IJV に関する公式データは，ウェブサイトを含んだ政府の公文書では見出されなかった.
12) 韓国における最近の 51：49 の資本比率の国際的合弁事業のパートナーシップは，ユニクロ (日本) によって設立された事業であるファースト・リテイリング (Fast Retailing) や韓国ロッテ・ショッピング (Korea Lotte Shopping) (*Asia Wall Street Journal* 2004), iMax Solutions, つまり，VoIP (アメリカ) と韓国の iCable Systems によって設立されたナレーションの IP に関連した製品の事業を含んでいる (Business Wire 2004).
13) また，50：50 の資本比率の合弁事業は，自動車部品の製造業者であるヴァレオ・

サムソン・サーマル・システム（Valeo Samsung Thermal Systems）と SD フレックス（SD Flex Company）を含んでいる．前者は，ヴァレオ（フランス），サムソン・クライメイト・コントロール・グループ（Samsung Climate Control Group）によって設立された事業であり（PR News Wire Europe 2005），後者は，デュポン電子技術（Du Pont Electronic Technologies，アメリカ）とサムソンの子会社であるジェイル毛織（Samsung subsidiary Cheil Industries）間の電子集積回路製造業者である（Elsevier Engineering Information 2004）．

14) ドイツのラーメイヤー・インターナショナル（Lahmeyer International）と韓国のユニオン産業（Korea Union Industrial）間の持続可能なエネルギーに基づいた合弁事業は，80：20 の資本比率であった（WWP Inc. 2002a）．
15) アメリカに本拠地をおく企業 VAXGN と韓国タバコ（Korea Tobacco）間のセルトリオン（CELLTRION）と呼ばれている合弁事業は，契約による合弁事業である（WWP Inc. 2002b）．
16) 韓国における IJV の所有の変更に関する研究は，ほとんど行われていないように思われる．
17) 財務能力のある一方のパートナーは，合弁事業を拡大することを提案する．もう一方のパートナーは資金を拠出することができないことから，前者が後者を吸収することになる．すでに述べたように，ネスレは，この性質の合弁事業戦略で有名である．ネスレは，韓国でドゥサンと合弁事業に参入し，数年のうちにドゥサンの株式を買い取った．同じような過程で，また，サムソン・テスコも，そのパートナーであるサムソンが所有していた株式のほとんどを買い取った（Kellowe 2004）．
18) パクならびにその他（2002）は，韓国文化が個人相互間についてアメリカの文化とはもっとも異なった文化の 1 つであると述べている．
19) 韓国における文化の違いから生じる紛争については，パクならびにその他（2002），パク（1991），ドゥ・メンテ（De Mente 1994）を参照されたい．
20) パク（1991）は，韓国における多くの企業の意思決定が厳格な政策あるいはオフィシャルな方法よりもむしろ，個人的な人間関係のみに基づいていると述べている．
21) ドゥ・メンテ（1994）は，「企業内の秘密の概念が韓国では非常に弱く」，企業の内部情報を秘密にしておくことが難しいと指摘している．
22) たとえば，日本のパートナーとの合弁事業で，ボーイング（Boeing）は，自社が競争優位をもっていると考えた重要な分野（マーケティングや研究開発）を「閉じ込めておく」ことによって競争優位を保護することができた．同時に，相互の利益のために日本のパートナーと建設的に働いた（Hill 2001, p. 446）．
23) 2001 年の時点で，約 90,983 人の韓国人が博士号をもっており，総数では韓国の人口の 0.02 パーセントになっている（Education State University (n. d.)）．

参 考 文 献

ABC News (2002), 'Village Roadshow to Sell Off Korean Cinema Venture', 20 September, factiva. com, accessed 21 February 2006.

Asia Wall Street Journal (2004), 'Retail : Japanese Clothier to Launch Korean Venture', 13 October, factiva.com, accessed 21 February 2006.

Australian Stock Exchange Company Announcements (2002), 'Singapore Telecommunications Limited C2C forms Korean Joint Venture to Provide Deeper Local Reach', 7 June, http://global.factiva.com, accessed 12 June.

Beamish, P. W., A. J. Morrison, P. M. Rozenzweig and A. C. Inkpen (2000), *International Management : Text and Cases*, Boston, MA : Irwin McGraw-Hill.

Bickerton, Ian (2005), 'Phillips Writes-Off Value of South Korean Joint Venture', Financial Times, 21 December, factiva.com, accessed 21 February 2006.

Business Wire (2004), 'VoIP, Inc. Announces Joint Venture with Korean Corporation', 25 May, factiva.com, accessed 21 February 2006.

Choi, Chang-Bum and Paul W. Beamish (2004), 'Split Management Control and International Joint Venture Performance', *Journal of International Business Studies*, 35, pp. 201-15.

Cullen, J. (1999), *Multinational Management : A Strategic Approach*, Mason, OH : South-Western College Publishing.

De Mente, Boye L. (1994), *Korean Etiquette and Ethics in Business*, 2nd edn, Chicago, IL : NTC Business Books.

Education State University (n.d.), 'South Korea-educational System Overview', http://education.stateuniversity.com/pages/1400/South-Korea-EDUCATINAL-SYSTEM-OVERIVEW.html, accessed 3 October. 2007.

Elsevier Engineering Information (2003), 'Joint Venture in Korea Between Perstorp and Hansol Approved', 10 June, factiva.com, accessed 21 February 2006.

Elsevier Engineering Information (2004), 'Materials for Flexible Circuits : Korean Joint Venture for DuPon', 4 October, factiva.com, accessed 21 February 2006.

Hill, Charles, L.W. (2001), *International Business*, 3rd edn, Boston, MA : Irwin McGraw-Hill.

Hitt, Michael A., T. M. Dacin, B. B. Tyler and D. W. Park (1997), 'Understanding the Differences in Korean and U. S. Executives' Strategic Orientations', *Strategic Management Journal*, 18 (2), pp. 159-67.

Invest Korea (2005), 'Success Stories-OdQell Terminals Korea Co., Ltd', http://www.investk0rea.0rg/tempIet/ type 18/l/list.jsp, accessed 15 May 2006.

Invest Korea Journal (2005), 'LG-Nortel Joint Venture due in October', 23 (5), 6.

Invest Korea Journal (2006), 'Majority of Koreans Positive Toward Foreign Investors : Survey', 24 (2), 6.

Jun, Yongwook and Kyongchol Yo (2002), 'A Study on the Alliance Type and Business Performance in Strategic Alliances' (in Korean), *Korea Academy of International Business*, 13 (2), pp. 259-87.

Kim, D. K., D. Kandemir and S. T Cavusgil (2004), 'The Role of Family Conglomerates in Emerging Markets: What Western Companies Should Know', *Thunderbird International Business Review*, 46 (1), pp. 13-38.

Kim, T. K., Y. R. Park and S. C. Song (2000), 'Change in Equity Ownership of Korean Overseas Joint Ventures: Bargaining Power Perspective' (in Korean), *Korea Academy of International Business*, 11 (2), pp. 197-219.

Kollewe, Julia (2004), 'Tesco Raises Stake in Korean Venture', *Independent*, 23 October, p. 55, factiva.com, accessed 21 February 2006.

Korea Institute for International Economic Policy (KIEP) (n.d.), 'Case Study of Samsung-Tesco, Korea', http://72.14.209.104/search?q=cache : 3rwSJuTuQ9wJ : www.iie.com/publications/chapters_preview/356/mann-apecapp4b.pdf+Samsung-Tesco, +Korea&h 1 =en&gl=au&ct=clnk&cd= 1.

Kwon, O. Y. (2003), *Foreign Direct Investment in Korea : A Foreign Perspective*, Seoul : Korea Economic Research Institute.

Kwon, O. Y. (2006), 'Recent 'Changes' in "Korea's " Business Environment : Views of Foreign Business People in Korea', *Asia Pacific Business Review*, 12 (1), pp. 77-94.

Kwon, O. Y. and I. S. Oh (2001), 'Korean Direct Investment in Australia : Issues and Prospects', Brisbane : Australian Centre for Korean Studies, Griffith University.

Kwon, Y. C. (2001), 'An Empirical Study on the Determinants of Partnership and Performance in International Joint Ventures', *Korean Journal of Management* (in Korean), 2 (11), pp. 1-24.

Lasserré, P. and H. Schutte (1995), *Strategies for Asia Pacific*, London : Macmillan Press.

Lasserré, Philippe (1999), 'Joint Venture Satisfaction in Asia Pacific', *Asia Pacific Journal of Management*, 16, pp. 1-28.

Lee, Jae-You and Eung-Seok Lee (2004), 'A Study on the Structure of Control and Performance in International Joint Ventures in Korea : Moderating Effects of the Levels of Opportunism and Trust between Partners' (in Korean), *Korean Academy of International Business Journal*, 14 (2), pp. 1-37.

Lee, Tae Hee (1999), 'International Joint Ventures in Korea', Seoul : Lee & Ko, mimeo, http://www.leeko.co.kr, accessed 17 May 2006.

LG Electronics (2005), 'Strategic Alliances', www.lge.com 23 April 2006.

Macquarie Bank (2005), Korea, http://macquarie.com.au/au/aboutlmacquarie/international _acti viti es/asia_region.

Ministry of Commerce, Industry and Energy (MOCIE) (2006), 'Foreign Direct Invest-

ment', http://www.mocie.go.kr/index.jsp, 9 June 2006.
Park, Hoon (1991), 'Analysis of Joint Ventures Local Managers' Behaviour and its Impact on Joint Venture Cohesiveness : Korea case', *Journal of Global Marketing*, 5.
Park, H. K. (2006), 'Tesco, BAT Represent Success Story in Korea', Korea Times 25 May, http://times.hankooki.com/lpage/biz/200605/kt2006052517042711870.htm.
Park, Hoon, M. Gowan and S. D. Hwang (2002), 'Impact of National Origin and Entry Mode on Trust and Organizational Commitment', *Multinational Business Review*, 10 (2), p. 52.
PR Newswire (2002), 'Curtiss-Wright forms Korean Joint Venture' 2 April factiva.com, accessed 21 February 2006.
PR Newswire Europe (2005), 'Valeo Creates a Joint Venture in Korea for Engine Cooling Systems', 24 December, factiva.com, accessed 21 February 2006.
Rhee, D. K., M. S. Kim and Y. G. Cho (2001), 'Performance and Change in Ownership Structure of International Joint Ventures' (in Korean), *Korea Academy of International Business*, 12 (2), pp. 71-89.
Samsung Electronics (2004), 'Major Strategic Alliances', www.Samsung com, accessed 15 May 2004.
Shenkar, O. and Yadong Luo (2004), *International Business*, Hoboken NJ : John Wiley & Sons.
Tung, R. (1991), 'Handshakes across the Sea : Cross-cultural Negotiating for Business Success', *Organizational Dynamics*, 19, pp. 30-40.
UNCTAD (2005), *World Investment Report 2005*, New York : United Nations.
WWP Inc. (2002a), 'South Korea : Joint Venture Construction Plans for Proposed $ 110,000,000 wind Power Farm', *Report on Engineering Construction and Operations in the Developing World*, 11 (9), factiva.com, accessed 21 February 2006.
WWP Inc. (2002b), 'South Korea : Joint Venture Construction Start-up Planned $ 150,000,000 Build-Operate (BO) Pharmaceutical Plant is Tentatively Scheduled to Begin in June 2002', *Report on Oil, Gas and Petrochemicals in the Developing World*, 11 (3), factiva.com, accessed 21 February 2006.
WWP Inc. (2004), 'South Korea : Joint Venture Construction Plans for Proposed $ 200,0000,000 Flat-panel Liquid Crystal Display (LCD) Plant', *Report on Engineering Construction & Operations in the Developing World*, 12 (4), 1 April, factiva.com, accessed 21 February 2006.
WWP Inc. (2005), 'South Korea : joint venture construction plans for proposed glass substrate plant', *Business Opportunities in Asia and the Pacific*, 14 (3), factiva.com, accessed 21 February 2006.

訳者紹介

奥本　勝彦（おくもと　かつひこ）　中央大学企業研究所研究員
　　　　　　　　　　　　　　　　　中央大学商学部教授

児嶋　　隆（こじま　たかし）　　　中央大学企業研究所研究員
　　　　　　　　　　　　　　　　　中央大学商学部教授

野末　裕史（のずえ　ゆうじ）　　　中央大学企業研究所研究員
　　　　　　　　　　　　　　　　　中央大学総合政策学部特任准教授

金　　英信（キム　ヨンシン）　　　中央大学企業研究所準研究員
　　　　　　　　　　　　　　　　　松源大学マーケティング情報科非常勤講師

金　　貞姫（キム　ジョンヒ）　　　中央大学企業研究所準研究員
　　　　　　　　　　　　　　　　　中央大学商学部兼任講師

韓国の国際ビジネス──グローバル時代の市場変革──
中央大学企業研究所翻訳叢書　13

2013年3月29日　初版第1刷発行

監訳者　　奥　本　勝　彦
発行者　　中央大学出版部
代表者　　遠　山　　曉

発行所　〒192-0393　東京都八王子市東中野742-1
　　　　電話　042(674)2351　FAX　042(674)2354
　　　　http://www2.chuo-u.ac.jp/up/
　　　　　　　　　　　　　　　　　　　　中央大学出版部

© 2013　　　　　　　　　　　　　　　　　㈱千秋社

ISBN978-4-8057-3312-7